THIS IS GRAMMAR

THIS IS GRAMMAR 초급 1

지은이 넥서스영어교육연구소
펴낸이 임상진
펴낸곳 (주)넥서스

출판신고 1992년 4월 3일 제311-2002-2호 2-28
10880 경기도 파주시 지목로 5
Tel (02)330-5500 Fax (02)330-5555

ISBN 979-11-5752-363-4 54740
979-11-5752-362-7 (SET)

가격은 뒤표지에 있습니다.
잘못 만들어진 책은 구입처에서 바꾸어 드립니다.

www.nexusEDU.kr

THIS IS GRAMMAR

For Beginners 초급 1

넥서스영어교육연구소 지음

NEXUS Edu

Preface

To Teachers and Students,

This brand new edition of *This Is Grammar* contains a wide range of engaging exercises designed to improve students' English grammar skills in the areas of speaking and writing. In Korea, middle and high school students have traditionally learned English grammar through rote memorization. We believe, however, that grammar learning is more effectively realized when explicit explanation is paired with practice. *This Is Grammar*(Updated version) provides Korean students with opportunities to practice using English while learning more about the world around them.

The exercises in the workbooks have been specially redesigned to give students more practice producing the target structures in a wide range of natural contexts. The teacher's guide includes additional grammar explanations and notes, comments on usage, and classroom presentation tips.

In sum, *This Is Grammar* provides teachers in Korea with a comprehensive set of materials to help them teach their students English grammar more effectively and with greater ease. It will help beginner to advanced level students improve their English skills in the areas of speaking and writing. We trust you will enjoy using *This Is Grammar* as a classroom textbook or by itself as a self-study aid.

- *Christopher Douloff*

This Is Grammar 최신개정판은 무조건 외우면서 학습하던 과거의 방법과는 달리, 현실에서 많이 쓰이는 진정성 있는 문장들을 토대로 핵심 문법을 체계적으로 설명하고 있다. 또한, 자연스러운 문맥 안에서 영어의 문장 구조가 습득될 수 있도록 단계별 연습문제와 활동들을 제공하고 있어 초급부터 고급까지의 학습자들이 문법 지식을 바탕으로 말하기와 쓰기 등의 영어 실력을 향상시키는 데 큰 도움을 줄 수 있으리라 기대한다. *This Is Grammar*(최신개정판)가 강의용뿐만 아니라 자습서로서도 훌륭히 그 역할을 해 낼 수 있으리라 믿으며, 학습자들의 영어 실력 향상에 큰 다리 역할을 할 수 있기를 기대한다.

- 집필진 Christopher Douloff, McKathy, Rachel S. L., Jenicia H., Jackie Kim

Series of features
시리즈의 특징

초급 1, 2

기초 문법 강화 + 내신 대비

영어의 기본 구조인 형태(form)와 의미(meaning), 용법(usage) 등을 설명하여 기초적인 문법 지식을 강화할 수 있도록 하였습니다. 다양한 유형의 연습문제를 단계별로 구성하였습니다. 또한, 시험에 자주 등장하는 문법 문제를 Review 및 Review Plus에서 다루고 있어 기본 실력을 강화하고 내신에 대비할 수 있도록 구성하였습니다.

중급 1, 2

문법 요약(Key Point) + 체계적인 문법 설명

Key Point 부분에 도식화·도표화하여 한눈에 보기 쉽게 문법을 요약해 놓았습니다. Key Point에는 문법의 기본적인 내용을, FOCUS에는 문법의 상세한 설명을 수록해 놓았습니다. 이를 통해 기초 문법부터 심화 문법까지 체계적으로 습득할 수 있습니다. 또한, 문법 오류 확인 문제부터 문장 완성하기와 문장 바꿔 쓰기 등의 다양한 유형의 연습문제들로 문법 지식을 확실히 다질 수 있도록 구성하였습니다.

고급 1, 2

핵심 문법 설명 + 각종 수험 대비

중·고급 영어 학습자들을 대상으로 수능, 텝스, 토플, 토익 등 각종 시험을 완벽하게 대비할 수 있도록 핵심적인 문법 포인트를 분석, 정리하였습니다. 다양하고 진정성 있는 지문들을 통해 풍부한 배경지식을 함께 쌓을 수 있도록 하였습니다. 고급 1권으로는 일목요연하게 정리된 문법으로 수험 완벽 대비를 할 수 있도록 하였고, 그리고 고급 2권으로는 문장 쓰기에서 에세이 쓰기까지의 영작 연습을 통해 기본적인 작문 실력을 향상시킬 수 있도록 구성하였습니다.

Workbook

초급 1, 2, 중급 1, 2, 고급 1 총 5권

별책으로 구성된 Workbook은 원어민이 직접 집필하여 생생한 실생활 영어 표현으로 문장을 구성 하였으며, Unit별 2페이지씩 연습문제를 수록하여 학습한 내용을 다시 한 번 점검하고 확실한 본인의 실력을 쌓을 수 있도록 구성 하였습니다.

Composition and Features

구성과 특징

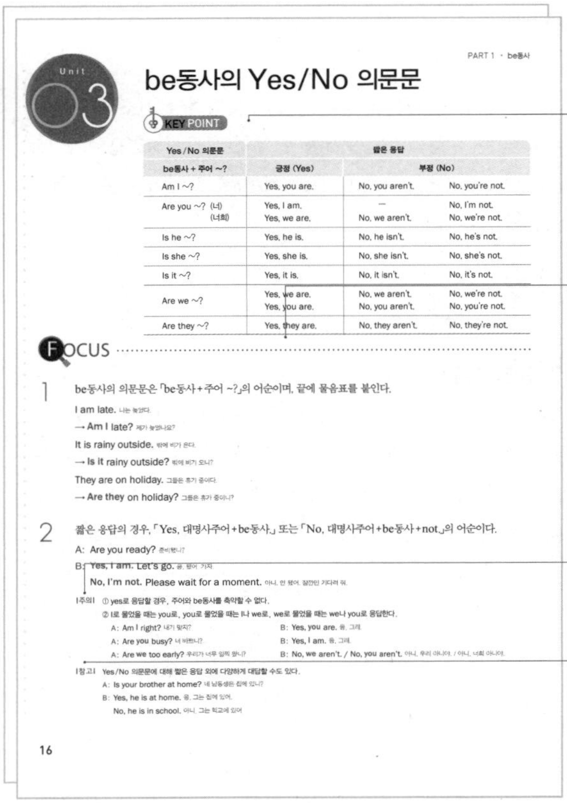

PART 1 · be동사

Unit 03

be동사의 Yes/No 의문문

KEY POINT

Yes/No 의문문	짧은 응답		
be동사 + 주어 ~?	긍정 (Yes)	부정 (No)	
Am I ~?	Yes, you are.	No, you aren't.	No, you're not.
Are you ~? (너) (너희)	Yes, I am. Yes, we are.	— No, we aren't.	No, I'm not. No, we're not.
Is he ~?	Yes, he is.	No, he isn't.	No, he's not.
Is she ~?	Yes, she is.	No, she isn't.	No, she's not.
Is it ~?	Yes, it is.	No, it isn't.	No, it's not.
Are we ~?	Yes, we are. Yes, you are.	No, we aren't. No, you aren't.	No, we're not. No, you're not.
Are they ~?	Yes, they are.	No, they aren't.	No, they're not.

FOCUS

1 be동사의 의문문은 「be동사 + 주어 ~?」의 어순이며, 끝에 물음표를 붙인다.

I am late. 나는 늦었다.
→ Am I late? 제가 늦었나요?
It is rainy outside. 밖에 비가 온다.
→ Is it rainy outside? 밖에 비가 오니?
They are on holiday. 그들은 휴가 중이다.
→ Are they on holiday? 그들은 휴가 중이니?

2 짧은 응답의 경우, 「Yes, 대명사주어+be동사.」 또는 「No, 대명사주어+be동사+not.」의 어순이다.

A: Are you ready? 준비됐니?
B: Yes, I am. Let's go. 응, 됐어. 가자.
No, I'm not. Please wait for a moment. 아니, 안 됐어. 잠깐만 기다려 줘.

|주의| ① yes로 응답할 경우, 주어와 be동사를 축약할 수 없다.
② I로 물었을 때는 you로, you로 물었을 때는 I나 we로, we로 물었을 때는 we나 you로 응답한다.
A: Am I right? 내가 맞지? B: Yes, you are. 응, 그래.
A: Are you busy? 너 바쁘니? B: Yes, I am. 응, 그래.
A: Are we too early? 우리가 너무 일찍 왔니? B: No, we aren't. / No, you aren't. 아니, 우리 아니야. / 아니, 너희 아니야.

|참고| Yes/No 의문문에 대해 짧은 응답 외에 다양하게 대답할 수도 있다.
A: Is your brother at home? 네 남동생은 집에 있니?
B: Yes, he is at home. 응, 그는 집에 있어.
No, he is in school. 아니, 그는 학교에 있어.

16

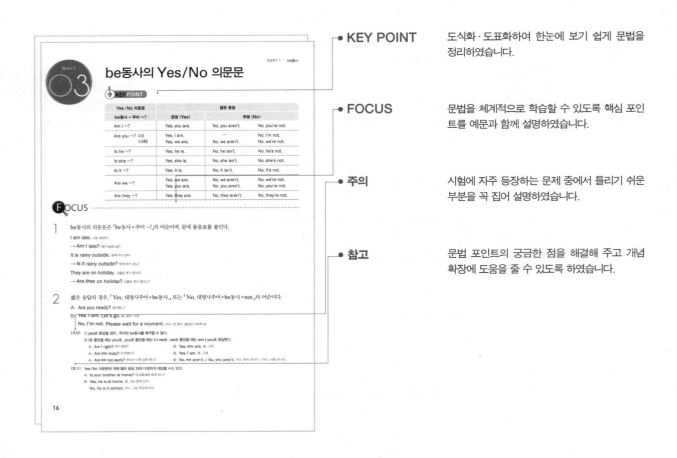

• KEY POINT 도식화 · 도표화하여 한눈에 보기 쉽게 문법을 정리하였습니다.

• FOCUS 문법을 체계적으로 학습할 수 있도록 핵심 포인트를 예문과 함께 설명하였습니다.

• 주의 시험에 자주 등장하는 문제 중에서 틀리기 쉬운 부분을 꼭 집어 설명하였습니다.

• 참고 문법 포인트의 궁금한 점을 해결해 주고 개념 확장에 도움을 줄 수 있도록 하였습니다.

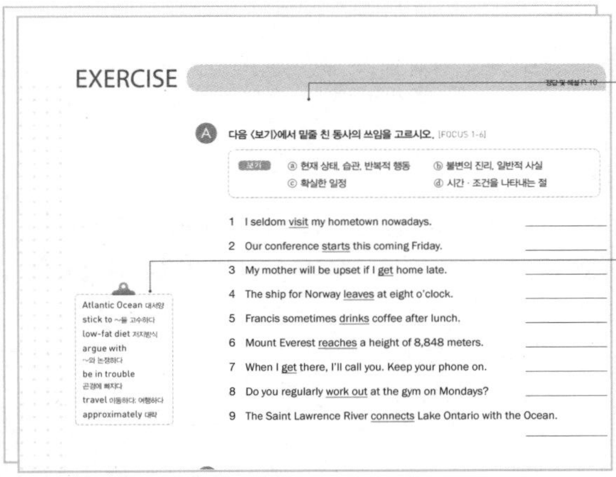

EXERCISE 정답 및 해설 p.10

A 다음 〈보기〉에서 밑줄 친 동사의 쓰임을 고르시오. [FOCUS 1-6]

보기 ⓐ 현재 상태, 습관, 반복적 행동 ⓑ 불변의 진리, 일반적 사실
ⓒ 확실한 일정 ⓓ 시간 · 조건을 나타내는 절

1 I seldom visit my hometown nowadays. ____
2 Our conference starts this coming Friday. ____
3 My mother will be upset if I get home late. ____
4 The ship for Norway leaves at eight o'clock. ____
5 Francis sometimes drinks coffee after lunch. ____
6 Mount Everest reaches a height of 8,848 meters. ____
7 When I get there, I'll call you. Keep your phone on. ____
8 Do you regularly work out at the gym on Mondays? ____
9 The Saint Lawrence River connects Lake Ontario with the Ocean. ____

Atlantic Ocean 대서양
stick to ~을 고수하다
low-fat diet 저지방식
argue with ~와 논쟁하다
be in trouble 곤경에 빠지다
travel 이동하다; 여행하다
approximately 대략

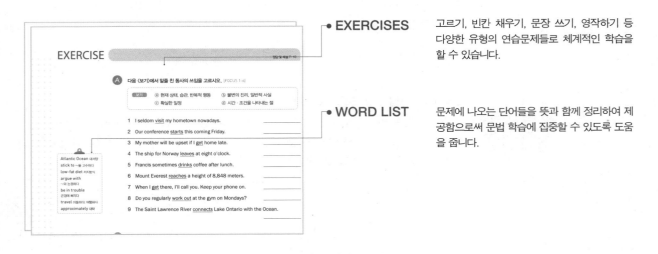

• EXERCISES 고르기, 빈칸 채우기, 문장 쓰기, 영작하기 등 다양한 유형의 연습문제들로 체계적인 학습을 할 수 있습니다.

• WORD LIST 문제에 나오는 단어들을 뜻과 함께 정리하여 제공함으로써 문법 학습에 집중할 수 있도록 도움을 줍니다.

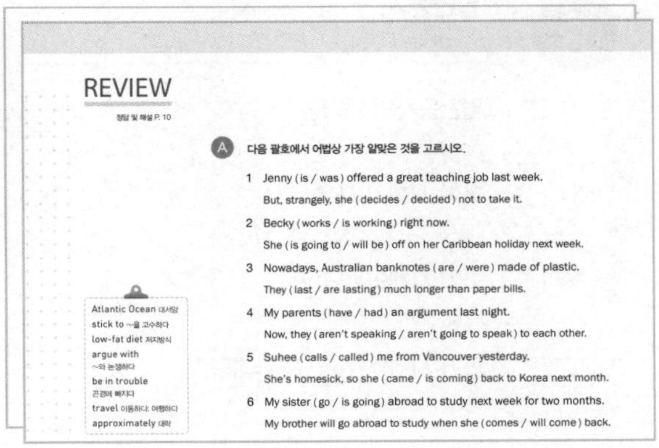

REVIEW

정답 및 해설 P. 10

A 다음 괄호에서 어법상 가장 알맞은 것을 고르시오.

1 Jenny (is / was) offered a great teaching job last week.
But, strangely, she (decides / decided) not to take it.
2 Becky (works / is working) right now.
She (is going to / will be) off on her Caribbean holiday next week.
3 Nowadays, Australian banknotes (are / were) made of plastic.
They (last / are lasting) much longer than paper bills.
4 My parents (have / had) an argument last night.
Now, they (aren't speaking / aren't going to speak) to each other.
5 Suhee (calls / called) me from Vancouver yesterday.
She's homesick, so she (came / is coming) back to Korea next month.
6 My sister (go / is going) abroad to study next week for two months.
My brother will go abroad to study when she (comes / will come) back.

Atlantic Ocean 대서양
stick to ~을 고수하다
low-fat diet 저지방식
argue with ~와 논쟁하다
be in trouble 곤경에 빠지다
travel 이동하다; 여행하다
approximately 대략

• **REVIEW**

문장 완성하기, 문장 고쳐 쓰기, 문장 배열하기 등 PART에서 배운 문법을 통합하여 학습할 수 있습니다.

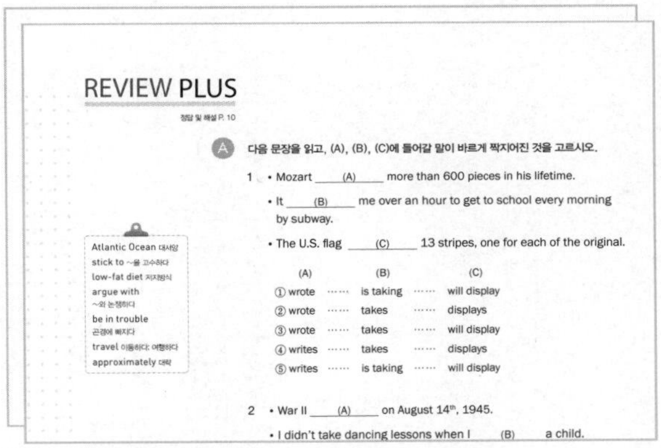

REVIEW PLUS

정답 및 해설 P. 10

A 다음 문장을 읽고, (A), (B), (C)에 들어갈 말이 바르게 짝지어진 것을 고르시오.

1 • Mozart ____(A)____ more than 600 pieces in his lifetime.
• It ____(B)____ me over an hour to get to school every morning by subway.
• The U.S. flag ____(C)____ 13 stripes, one for each of the original.

(A)	(B)	(C)
① wrote	is taking	will display
② wrote	takes	displays
③ wrote	takes	will display
④ writes	takes	displays
⑤ writes	is taking	will display

2 • War II ____(A)____ on August 14th, 1945.
• I didn't take dancing lessons when I ____(B)____ a child.

Atlantic Ocean 대서양
stick to ~을 고수하다
low-fat diet 저지방식
argue with ~와 논쟁하다
be in trouble 곤경에 빠지다
travel 이동하다; 여행하다
approximately 대략

• **REVIEW PLUS**

어법상 올바른 문장 고르기, 어색한 대화 찾기, 지문에서 문법 오류 찾아 고치기 등의 활동으로 학습한 문법을 적용하여 응용력을 키울 수 있습니다.

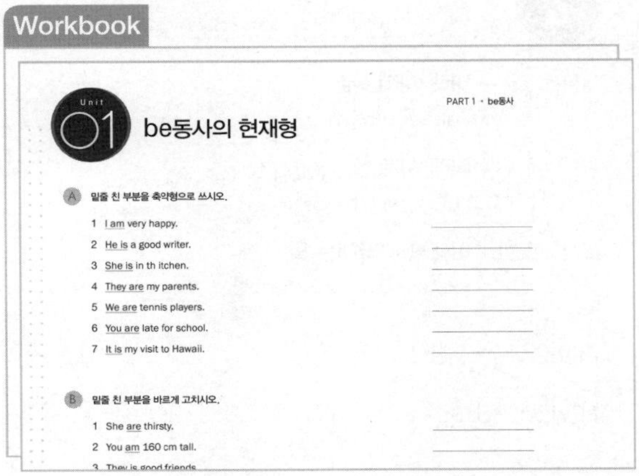

Workbook

PART 1 · be동사

Unit 01 be동사의 현재형

A 밑줄 친 부분을 축약형으로 쓰시오.

1 I am very happy. ________
2 He is a good writer. ________
3 She is in th itchen. ________
4 They are my parents. ________
5 We are tennis players. ________
6 You are late for school. ________
7 It is my visit to Hawaii. ________

B 밑줄 친 부분을 바르게 고치시오.

1 She are thirsty. ________
2 You am 160 cm tall. ________
3 They is good friends.

• **UNIT EXERCISES**

UNIT별로 2페이지에 걸쳐 문장, 대화, 지문 등 다양한 유형의 연습문제를 수록하였습니다. 공부한 내용을 제대로 이해하였는지 Workbook을 통해 확인할 수 있습니다.

Contents 차례

초급 1

Contents 차례

초급 2

PART 1

be동사
Be Verb

Unit 01

동사의 현재형

KEY POINT

단·복수	인칭	주어	be동사	축약형
단수	1	I	am	I'm
	2	you	are	you're
	3	she he it	is	she's he's it's
복수	1	we	are	we're
	2	you		you're
	3	they		they're

FOCUS

1 be동사의 현재형에는 am, are, is가 있다. 주어가 I이면 am을, she, he, it 등 3인칭 단수이면 is를, you나 복수이면 are를 쓴다.

I **am** Jimin. 나는 지민이다.

My best friend **is** Ann. 나의 가장 친한 친구는 앤이다.

We **are** fifteen years old. 우리는 열다섯 살이다.

2 am, are, is는 뒤에 명사나 형용사가 오면 '~이다'라는 뜻이고, at, in 등 장소를 나타내는 전치사가 오면 '~에 있다'라는 뜻이다.

I **am** a middle school student. I **am** in the science lab. 나는 중학생이다. 나는 과학실에 있다.

Mike **is** hungry. He **is** in the kitchen. 마이크는 배가 고프다. 그는 부엌에 있다.

James and I **are** soccer players. We **are** in the playground. 제임스와 나는 축구 선수이다. 우리는 운동장에 있다.

3 주어가 대명사일 때는 「주어+be동사」의 축약이 가능하며 「I'm/we're/you're/she's/he's/it's/they're」의 형태로 쓴다.

I am good at English. So **I'm** happy. 나는 영어를 잘한다. 그래서 나는 행복하다.

Chris is good at math. **He's** a bright student. 크리스는 수학을 잘한다. 그는 총명한 학생이다.

Daniel and Sujin are studying now. **They're** in the library.
대니얼과 수진이는 지금 공부하고 있다. 그들은 도서관에 있다.

|참고| 3인칭 단수의 경우 남자는 he로, 여자는 she로, 사물은 it으로 받는다. 3인칭 복수는 사람, 사물에 관계없이 they로 받는다.

EXERCISES

정답 및 해설 P. 1

A (   ) 안에서 가장 알맞은 것을 고르시오.

1 I (am / are / is) a painter.
You (am / are / is) a musician.
→ We (am / are / is) artists.

2 I (am / are / is) a soccer player.
Jake (am / are / is) a swimmer.
→ We (am / are / is) sportsmen.

3 Susan (am / are / is) in New York.
Rachel (am / are / is) in Los Angeles.
→ They (am / are / is) in the USA.

4 I (am / are / is) thirteen years old.
You (am / are / is) fourteen years old.
→ We (am / are / is) teenagers.

5 You (am / are / is) an English teacher.
Ms. Smith (am / are / is) a math teacher.
→ You (am / are / is) teachers.

6 Joshua (am / are / is) good at swimming.
Megan (am / are / is) good at running.
→ They (am / are / is) good at sports.

7 You (am / are / is) a middle school student.
She (am / are / is) a high school student.
→ You (am / are / is) students.

8 Tom and Jake (am / are / is) in their room.
Sarah and Emma (am / are / is) in the living room.
→ They (am / are / is) my children.

9 The 63 Building (am / are / is) in Seoul.
The Empire State Building (am / are / is) in New York City.
→ They (am / are / is) tall buildings.

10 Amanda (am / are / is) a cheerleader.
Her best friend (am / are / is) a cheerleader, too.
→ Amanda and her best friend (am / are / is) cheerleaders.

painter 화가
musician 음악가
artist 예술가
swimmer 수영 선수
sportsman 운동선수
teenager 10대
math 수학
be good at ~에 능숙하다
living room 거실
cheerleader 치어리더
best 최고의, 가장 친한

be late for ~에 늦다
Chinese 중국인(의)
cell phone 휴대 전화
brand-new 신제품의, 아주 새로운
slim 가느다란, 날씬한
light 가벼운
classmate 반 친구, 급우
actress 여배우
favorite 가장 좋아하는
kitchen table 식탁
delicious 맛있는
be poor at ~을 못하다, 서툴다
classroom 교실
be ready for ~할 준비가 되다
final exam 기말고사
be on vacation 휴가 중이다
member 일원, 회원

B 〈보기〉와 같이 빈칸에 am, are, is 중 가장 알맞은 것을 써넣고, 「대명사주어+be동사」의 축약형으로 고쳐 쓰시오.

> 보기 I ___am___ late for school.
> → ___I'm___ at home now.

1 You and I __________ from China.
→ __________ Chinese.

2 Philip __________ in the library.
→ __________ not in school.

3 You __________ good at English.
→ __________ a good student.

4 My cell phone __________ brand-new.
→ __________ slim and light.

5 Linda and I __________ best friends.
→ __________ classmates.

6 Jessica __________ a great actress.
→ __________ my favorite actress.

7 Bananas __________ on the kitchen table.
→ __________ delicious.

8 Mr. Smith __________ my new math teacher.
→ __________ very kind.

9 You and Sally __________ poor at dancing.
→ __________ bad dancers.

10 David and I __________ in the classroom.
→ __________ ready for the final exam.

11 Mr. Brown and Ms. Brown __________ in Hawaii.
→ __________ on vacation.

12 You and Jeremy __________ fourteen years old.
→ __________ middle school students.

13 Jake and Adam __________ members of the soccer team.
→ __________ good players.

C 빈칸에 am, are, is 중 가장 알맞은 것을 써넣으시오.

1 Jun __________ my brother. He __________ cute, but he __________ a little lazy.

2 My uncle __________ rich. He has many cars. They __________ all brand-new.

3 I have a cousin. He __________ always happy to see me. We __________ very close.

4 David __________ the best soccer player in the world. He __________ from England.

5 Australia __________ a big country. It __________ also an island. Australians __________ quite friendly.

6 My family likes music. I __________ a violinist, my sister __________ a pianist, and my parents __________ opera singers.

7 You and I go to the same school. We __________ classmates, too. You __________ my best friend. You always help me a lot.

8 My house __________ very nice. The living room and the kitchen __________ very big, but the dining room __________ small.

cute 귀여운
a little 약간
lazy 게으른
rich 부유한
cousin 사촌
close 친한, 친밀한
Australia 호주
island 섬
Australian 호주 사람(의)
quite 꽤, 정말
friendly 친절한
violinist 바이올린 연주자, 바이올리니스트
pianist 피아니스트
opera singer 성악가
kitchen 부엌
dining room 식당

D 대화를 읽고, 빈칸에 am, are, is 또는 「대명사주어+be동사」의 축약형을 써넣으시오.

T: Hello, class. (1) ______________ Brandon Miller, your new English teacher.

Ss: Hi, Mr. Miller. We (2) ______________ happy to meet you.

T: Please, just call me Brandon. Now, does anyone have any questions for me?

S1: Brandon! Are you from England?

T: No, I'm not. (3) ______________ from Australia.

S2: Brandon! How old are you?

T: I'll be 28 years old next month.

S3: Brandon! My partner says (4) ______________ very handsome!

T: Thank you.

call ~을 부르다
anyone 누군가
question 질문
handsome 멋진, 잘생긴

Unit 02

be동사의 부정문

KEY POINT

단·복수	주어	부정형	「be동사+not」축약	「인칭대명사+be동사」축약
단수	I	am not	—	I'm not
	you	are not	you aren't	you're not
	she	is not	she isn't	she's not
	he		he isn't	he's not
	it		it isn't	it's not
복수	we	are not	we aren't	we're not
	you		you aren't	you're not
	they		they aren't	they're not

FOCUS

1 be동사의 부정형은 be동사 뒤에 not을 붙인 「am/are/is+not」이다.

I am Jisu. I **am not** Suha. 나는 지수이다. 나는 수하가 아니다.

She is a teacher. She **is not** a student. 그녀는 선생님이다. 그녀는 학생이 아니다.

They are Korean. They **are not** American. 그들은 한국인이다. 그들은 미국인이 아니다.

2 be동사의 부정형은 '~이/가 아니다' 또는 '~에 없다'라는 뜻이다.

I am very honest. I **am not** a liar. 나는 매우 정직하다. 나는 거짓말쟁이가 아니다.

We are thirteen years old. We **are not** twenty years old. 우리는 열세 살이다. 우리는 스무 살이 아니다.

He is in the kitchen. He is **not** in the living room. 그는 부엌에 있다. 그는 거실에 없다.

3 be동사의 부정형은 aren't, isn't의 형태로 줄여 쓸 수 있다. 단, am not은 줄여 쓸 수 없다.

You **are not** John. 너는 존이 아니다.

→ You **aren't** John.

She **is not** sixteen years old. 그녀는 열여섯 살이 아니다.

→ She **isn't** sixteen years old.

| 참고 | be동사의 부정문은 「be동사+not」을 줄여 쓰거나 「대명사주어+be동사」를 줄여서 쓸 수 있다.
She **isn't** my sister. = **She's** not my sister. 그녀는 우리 언니가 아니다.

| 주의 | am not은 줄여 쓸 수 없다.
I am not Mina. 나는 미나가 아니다.
I'm not Mina. (O) → I amn't Mina. (X)

EXERCISES

정답 및 해설 P. 2

A 주어진 문장을 부정문으로 만들고, 부정문을 축약형으로 바꿔 쓰시오.

1 I am diligent.
→ I ___________ ___________ lazy.
→ ______________________ lazy.

2 The kitten is hungry.
→ It ___________ ___________ full.
→ ______________________ full.

3 The dishes are clean.
→ They ___________ ___________ dirty.
→ ______________________ dirty.

4 My new neighbor is American.
→ She ___________ ___________ French.
→ ______________________ French.

5 Mr. Park is a sport superstar.
→ He ___________ ___________ an actor.
→ ______________________ an actor.

6 My family is from Germany.
→ I ___________ ___________ English.
→ ______________________ English.

7 Chris and I are in the library.
→ We ___________ ___________ at home.
→ ______________________ at home.

8 You and James are photographers.
→ You ___________ ___________ scientists.
→ ______________________ scientists.

9 Foxes are smart animals.
→ They ___________ ___________ stupid animals.
→ ______________________ stupid animals.

10 Namsu and Dusan are in the classroom.
→ They ___________ ___________ in the playground.
→ ______________________ in the playground.

diligent 근면한, 성실한
kitten 새끼 고양이
hungry 배고픈
full 배가 부른
dish 접시
dirty 더러운
neighbor 이웃 사람
American 미국인(의)
French 프랑스인(의)
superstar 슈퍼스타
Germany 독일
English 영국인(의)
photographer 사진작가
scientist 과학자
smart 영리한
stupid 어리석은
playground 운동장

early 이른
British 영국인(의)
aunt 고모, 이모
towel 수건
cupboard 찬장
sink 개수대
judo 유도
Olympic 올림픽의

B 문장을 읽고, be동사를 이용하여 문맥에 맞게 문장을 완성하시오. [가능하면 축약형으로 쓸 것]

1 You are early. You ________________ late.

2 I am Australian. I ________________ British.

3 She is my aunt. She ________________ my sister.

4 They are my friends. They ________________ my brothers.

5 My parents are teachers. My mother ________________ a singer.

6 The towels are in the cupboard. They ________________ under the sink.

7 Judo is a summer Olympic sport. It ________________ a winter Olympic sport.

8 Today is Sunday. Sam and I are in the park. We ________________ in school.

available 유효한, 이용 가능한
airport 공항
twin 쌍둥이
healthy 건강에 좋은
on the counter 계산대 위에

C 밑줄 친 부분을 바르게 고쳐 문장을 다시 쓰시오. [축약형으로 쓸 것]

1 They <u>not</u> happy.
→ ________________________________

2 I <u>amn't</u> a student.
→ ________________________________

3 Paulo <u>not are</u> Korean.
→ ________________________________

4 The tickets <u>isn't</u> available.
→ ________________________________

5 Daniel <u>not is</u> at the airport.
→ ________________________________

6 My brother and I <u>am not</u> twins.
→ ________________________________

7 Hamburgers <u>not</u> healthy for you.
→ ________________________________

8 The money <u>aren't</u> on the counter.
→ ________________________________

D 대화를 읽고, 대명사주어와 be동사를 이용하여 문맥에 맞게 대화를 완성하시오. [축약형으로 쓸 것]

1 A: This is William. He is my brother.
B: A-ha! ________________ your boyfriend!

2 A: The Chinese are very good at table tennis.
B: I know. ________________ the best.

3 A: Is the water fountain on this floor?
B: No, it's not. ________________ on the third floor.

4 A: Hi. I'm a new student here. I think I'm lost.
B: Oh, really? ________________ a new student. I can help you.

5 A: I am afraid of many things. I am a coward.
B: No, you aren't. ________________ brave.

table tennis 탁구
water fountain 식수대
floor 층, 바닥
think ~라고 생각하다
be lost 길을 잃다
be afraid of ~을 무서워하다
coward 겁쟁이
brave 용감한

E 우리말과 같은 뜻이 되도록 〈보기〉와 같이 문장을 완성하시오.

보기 그녀는 의사가 아니다. (a doctor)
→ She isn't a doctor.

1 나는 1학년이 아니다. (a freshman)
→ ________________

2 너희들은 아기가 아니다. (babies)
→ ________________

3 그는 화가 난 것이 아니다. (angry)
→ ________________

4 너는 그의 여동생이 아니다. (his sister)
→ ________________

5 그들은 경찰이 아니다. (police officers)
→ ________________

6 그녀는 패션모델이 아니다. (a fashion model)
→ ________________

7 우리는 초등학생이 아니다. (elementary school students)
→ ________________

freshman 1학년, 신입생
angry 화난
police officer 경찰관
elementary school 초등학교

Unit 03

be동사의 Yes/No 의문문

KEY POINT

Yes/No 의문문	짧은 응답		
be동사 + 주어 ~?	긍정 (Yes)	부정 (No)	
Am I ~?	Yes, you are.	No, you aren't.	No, you're not.
Are you ~? (너) (너희)	Yes, I am. Yes, we are.	— No, we aren't.	No, I'm not. No, we're not.
Is he ~?	Yes, he is.	No, he isn't.	No, he's not.
Is she ~?	Yes, she is.	No, she isn't.	No, she's not.
Is it ~?	Yes, it is.	No, it isn't.	No, it's not.
Are we ~?	Yes, we are. Yes, you are.	No, we aren't. No, you aren't.	No, we're not. No, you're not.
Are they ~?	Yes, they are.	No, they aren't.	No, they're not.

FOCUS

1 be동사의 의문문은 「be동사+주어 ~?」의 어순이며, 끝에 물음표를 붙인다.

I am late. 나는 늦었다.

→ **Am I** late? 제가 늦었나요?

It is rainy outside. 밖에 비가 온다.

→ **Is it** rainy outside? 밖에 비가 오니?

They are on holiday. 그들은 휴가 중이다.

→ **Are they** on holiday? 그들은 휴가 중이니?

2 짧은 응답의 경우, 「Yes, 대명사주어+be동사.」 또는 「No, 대명사주어+be동사+not.」의 어순이다.

A: Are you ready? 준비됐니?

B: **Yes, I am.** Let's go. 응, 됐어. 가자.

No, I'm not. Please wait for a moment. 아니, 안 됐어. 잠깐만 기다려 줘.

|주의| ① yes로 응답할 경우, 주어와 be동사를 축약할 수 없다.

② I로 물었을 때는 you로, you로 물었을 때는 I나 we로, we로 물었을 때는 we나 you로 응답한다.

A: Am **I** right? 내가 맞지? B: Yes, **you** are. 응, 그래.

A: Are **you** busy? 너 바쁘니? B: Yes, **I** am. 응, 그래.

A: Are **we** too early? 우리가 너무 일찍 왔니? B: No, **we** aren't. / No, **you** aren't. 아니, 우리 아니야. / 아니, 너희 아니야.

|참고| Yes/No 의문문에 대해 짧은 응답 외에 다양하게 대답할 수도 있다.

A: Is your brother at home? 네 남동생은 집에 있니?

B: Yes, he is at home. 응, 그는 집에 있어.

No, he is in school. 아니, 그는 학교에 있어.

EXERCISES

정답 및 해설 P. 2

A ( ) 안에서 가장 알맞은 것을 고르고, Yes/No 의문문으로 바꿔 쓰시오.

1 Paul (am / are / is) from Singapore.

→ ______________________________

2 My sister and I (am / are / is) late for school.

→ ______________________________

3 The roads (am / are / is) slippery in winter.

→ ______________________________

4 Beijing (am / are / is) the capital of China.

→ ______________________________

5 She (am / are / is) a member of the debate club.

→ ______________________________

6 You (am / are / is) ready for the basketball game.

→ ______________________________

7 They (am / are / is) my cousins from the USA. (my → your)

→ ______________________________

Singapore 싱가포르
road 길, 도로
slippery 미끄러운
Beijing 베이징(중국의 수도)
capital 수도
debate 토론
be ready for ~할 준비가 되다
basketball 농구
cousin 사촌

B 질문에 알맞은 짧은 응답을 쓰시오.

1 A: Are you Korean?
B: ______________ I'm from Seoul.

2 A: Is this movie good?
B: ______________ It's really funny.

3 A: Is the necklace gold?
B: ____________________ It is silver.

4 A: Is Changsu the new class leader?
B: ______________ He won the class election.

5 A: Are cats good swimmers?
B: ____________________ They hate water.

6 A: Are your parents English teachers?
B: ______________ They teach English at my school.

7 A: Is Jane your neighbor?
B: ____________________ She lives far from my house.

necklace 목걸이
class leader 반장
class election 반장 선거
hate ~을 싫어하다, 미워하다
neighbor 이웃 사람
live far from ~에서 멀리 떨어져 살다

Unit 04

be동사의 과거형

KEY POINT

단·복수	주어	현재형	과거형	부정형	축약형
단수	I	am	was	was not	wasn't
	you	are	were	were not	weren't
	she	is	was	was not	wasn't
	he				
	it				
복수	we	are	were	were not	weren't
	you				
	they				

FOCUS

1 be동사의 과거형에는 was와 were가 있으며, '~이었다' 또는 '~에 있었다'라는 의미이다. 주로 과거를 의미하는 부사(yesterday, last ~, ~ ago 등)와 함께 사용한다.

I **was** sick **yesterday.** 나는 어제 아팠다.

You **were** in the park **last night.** 너는 어젯밤에 공원에 있었다.

She **was** here **an hour ago.** 그녀는 한 시간 전에 여기에 있었다.

2 주어가 I, he, she, it 등일 경우 was를, you, we, they 등일 경우 were를 사용한다.

He was hungry last night. 그는 어젯밤에 배가 고팠다.

We were in school yesterday afternoon. 우리는 어제 오후에 학교에 있었다.

They were on the table ten minutes ago. 그것들은 10분 전에 탁자 위에 있었다.

3 be동사 과거형의 부정은 「was/were + not」이고, wasn't와 weren't로 축약해서 쓸 수 있다.

I **was not [wasn't]** late for school this morning. 나는 오늘 아침 학교에 늦지 않았다.

It **was not [wasn't]** rainy last weekend. 지난 주말에 비가 오지 않았다.

They **were not [weren't]** here last Sunday. 그들은 지난 일요일에 여기에 없었다.

4 be동사 과거형의 의문문은 「Was/Were+주어+~?」의 어순이며, 짧은 응답의 경우 「Yes, 주어+was/were.」 또는 「No, 주어+wasn't/weren't.」의 어순이다.

A: **Was he** at home yesterday afternoon? 그는 어제 오후에 집에 있었니?

B: **Yes, he was.** 응, 있었어.

No, he wasn't. He was at the park. 아니, 없었어. 그는 공원에 있었어.

| 주의 | 과거형 응답의 경우, he was not은 he's not으로 줄여 쓰지 않는다.

EXERCISES

정답 및 해설 P. 3

A 빈칸에 알맞은 be동사의 과거형을 써넣으시오.

1 The baby ____________ hungry.

2 I ____________ very tired last night.

3 The movies ____________ fantastic.

4 They ____________ very good-looking.

5 It ____________ crowded at the mall.

6 My father ____________ sick yesterday.

7 You ____________ very helpful a few days ago.

8 My family and I ____________ at church last Sunday.

9 You and I ____________ late for school last Wednesday.

10 My old friend Eunhye ____________ a volleyball player.

tired 피곤한, 지친
fantastic 환상적인
good-looking 잘생긴
crowded 붐비는
helpful 도움이 되는
a few 약간의
volleyball 배구

B 빈칸에 am, are, is, was, were 중 가장 알맞은 것을 써넣으시오.

1 I ____________ free now.
Yesterday, I ____________ busy.

2 We ____________ at home now.
We ____________ at the gym an hour ago.

3 Myunghee ____________ in Busan last week.
Now, she ____________ here.

4 Last year, my brother ____________ in China.
Now, he ____________ in Malaysia.

5 You ____________ fourteen years old last year.
This year, you ____________ fifteen years old.

6 The price of oil ____________ expensive nowadays.
Last year, it ____________ cheap.

7 They ____________ in the playground two hours ago.
Now, they ____________ in the computer lab.

free 한가한
busy 바쁜
gym 체육관
Malaysia 말레이시아
price 값, 가격
expensive 값이 비싼
nowadays 요즘에는
cheap 값이 싼
computer lab
컴퓨터 실습실

on sale
판매 중인, 할인 판매 중인
school trip 수학여행
scenery 풍경
be proud of
~을 자랑스러워하다
too 너무, 매우
meeting 회의
open 열려 있는

C 주어진 문장을 〈보기〉와 같이 부정문과 의문문으로 바꿔 쓰시오.

보기 The jacket was on sale.
부정문 The jacket wasn't on sale.
의문문 Was the jacket on sale?

1 The school trip was fun.
부정문 ______
의문문 ______

2 You were at the concert.
부정문 ______
의문문 ______

3 The scenery was beautiful.
부정문 ______
의문문 ______

4 They were proud of their son.
부정문 ______
의문문 ______

5 We were too early for the meeting.
부정문 ______
의문문 ______

6 Mark was late for class last Monday.
부정문 ______
의문문 ______

7 Amanda and Ashley were best friends.
부정문 ______
의문문 ______

8 The restaurant was open this morning.
부정문 ______
의문문 ______

9 You were in the same class last year.
부정문 ______
의문문 ______

D 대화를 읽고, 인칭대명사와 be동사를 이용하여 대화를 완성하시오.

1 A: __________ __________ twins?
B: Yes, we are. We are identical twins.

2 A: __________ __________ on time?
B: Yes, she was. She wasn't late.

3 A: __________ __________ in Paris?
B: No, they aren't. They are in London.

4 A: __________ __________ rainy yesterday?
B: No, it wasn't. It snowed heavily.

5 A: __________ __________ at home last night?
B: Yes, I was. I was with my sister.

6 A: __________ __________ at the concert at that time?
B: No, they weren't. They watched TV.

7 A: __________ __________ a good student?
B: Yes, you were. You studied hard during the class.

twin 쌍둥이
identical twin 일란성 쌍둥이
be on time 제시간에 오다
rainy 비가 오는
snow 눈이 오다
heavily 심하게
at that time 그때
hard 열심히

E 질문에 알맞은 짧은 응답을 쓰시오.

1 A: Was Jane a popular singer?
B: ____________________ She had a lot of fans.

2 A: Were you tired last night?
B: ____________________ So I went to bed early.

3 A: Were the recycling boxes empty?
B: ____________________ They were full.

4 A: Was the English test difficult?
B: ____________________ I got a good score.

5 A: Was I too late?
B: ____________________ You were right on time.

6 A: Was Neil Armstrong the first man on Mars?
B: ____________________ But he was the first man on the moon.

7 A: Was the air conditioner loud last night?
B: ____________________ It was very noisy, so please don't turn it on tonight.

popular 인기 있는
a lot of 많은
fan 팬
recycling box 재활용 상자
empty 빈
full 가득 찬
difficult 어려운
score 점수
worry 걱정하다
right on time 정확히 정각에
Mars 화성
air conditioner 에어컨
loud 소리가 큰, 시끄러운
noisy 시끄러운
turn on ~을 켜다

REVIEW

정답 및 해설 P. 4

close 친한
both A and B A와 B 둘 다
popular 인기가 많은
figure skater 피겨 스케이트 선수
in the past 과거에는
be into ~을 좋아하다
talk to ~에게 이야기하다
excited 신이 난, 흥분한
lettuce 상추
fresh 신선한
tasty 맛있는
disappointed 실망한
amusement park 놀이공원
exciting 신나는
have a great time 즐거운 시간을 보내다
not ~ at all ~이 전혀 아니다
tired 피곤한

A 문장을 읽고, be동사를 이용하여 문맥에 맞게 문장을 완성하시오.

1 Jenny and Christine are close friends.
They ____________ both pretty and popular.
They ____________ nice to everybody, too.

2 My cousin ____________ a figure skater in the past.
But now she ____________ a skier.
She ____________ really into winter sports.

3 Sarah and Emily are my best friends in Canada.
I ____________ happy to talk to them again last week.
They ____________ excited, too.

4 I had chicken salad for lunch.
The lettuce wasn't fresh, and the chicken ____________ tasty.
I ____________ disappointed.

5 Chris and I went to the amusement park last Saturday.
It ____________ very exciting. We ____________ very happy.
We had a great time. I ____________ tired at all.

first language 모국어
be born in ~에서 태어나다
be afraid of ~을 두려워하다
ghost 귀신
not anymore 더 이상은 ~가 아니다
nervous 긴장한
scared 겁이 나는
fireworks 불꽃놀이
awesome 굉장한

B 대화를 읽고, be동사를 이용하여 문맥에 맞도록 대화를 완성하시오. [축약형으로 쓸 것]

1 A: ____________ Korean your first language?
B: No, it ____________. English is my first language. I ____________ born in England.

2 A: ____________ you afraid of ghosts?
B: No, I ____________. I was afraid of ghosts when I was a kid, but I'm not anymore.

3 A: ____________ today the first day of school?
B: Yes, it was. I ____________ so nervous and scared. But the teachers ____________ kind.

4 A: ____________ you at the fireworks festival last night?
B: Yes, I ____________. The fireworks ____________ so beautiful. The show ____________ awesome!

5 A: I met Ms. Parker. Is she your music teacher?
B: No, she ____________. She ____________ my art teacher.

C 대화를 읽고, be동사를 이용하여 문맥에 맞도록 대화를 완성하시오.

1 A: __________ this your book?
B: No, it isn't. It __________ my brother's.
A: __________ it interesting?
B: Yes, it is. You can borrow it.

2 A: __________ this your new scooter? It is very fast.
B: Yes, it __________.
A: __________ it expensive?
B: No, it __________. It was cheap.

3 A: What does your sister look like, David?
B: She __________ tall, pretty, and she has red hair just like me.
A: __________ she a middle school student?
B: No, she isn't. She __________ a high school student.

4 A: __________ you and your boyfriend at the museum last weekend?
B: Yes, we __________. We saw the Vincent van Gogh exhibition.
A: I __________ there, too. __________ you interested in classical paintings?
B: Yes, I am. I want to be a painter.

5 A: Is it rainy outside?
B: No, it __________. It __________ sunny but windy.
B: Let's play soccer. __________ you good at soccer?
A: No, I'm not. __________ good at basketball. I __________ on a basketball team last year.

interesting 흥미 있는, 재미있는
borrow ~을 빌리다
scooter 스쿠터
look like ~처럼 생기다
just like 꼭 ~처럼[같이]
museum 박물관
exhibition 전시회
be interested in ~에 관심이 있다
classical 고전의
rainy 비가 오는
outside 밖에
sunny 화창한
windy 바람이 부는
basketball 농구

D 글을 읽고, 밑줄 친 부분을 바르게 고쳐 쓰시오.

I have an American friend. Her name (1) <u>are</u> Tara. She (2) <u>are</u> from Boston. We ate lunch at a Korean restaurant yesterday. Tara (3) <u>not is</u> good at Korean, so I ordered our food. The waiter brought us kimchi jjigae, but Tara wasn't happy at all. It (4) <u>is</u> too hot and spicy for her. But I wasn't upset. Next time, I will take her for pizza!

(1) __________ (2) __________
(3) __________ (4) __________

order ~을 주문하다
bring ~을 가져오다
spicy 매운
upset 화난, 언짢은

REVIEW PLUS

정답 및 해설 P. 5

colorful 화려한, 색채가 풍부한
company 회사
healthy 건강한, 건강에 좋은

1 다음 중 어법상 어색한 문장을 고르시오.

① I amn't a good painter.
② Jake is a good soccer player.
③ These pictures are very colorful.
④ Nike is not a Japanese company.
⑤ Were the animals at the zoo healthy?

puppy 강아지
gym class 체육 수업
on the way home 집에 가는 길에[도중에]

2 다음 중 어법상 올바른 문장을 고르시오.

① The puppy were cute.
② Gym class not fun today.
③ My bike aren't brand-new.
④ They was tired on the way home.
⑤ Is your sister Jisu a middle school student?

on time 정각에
correct 맞는, 옳은
answer 정답

3 다음 중 대화가 자연스러운 것을 고르시오.

① A: Was I on time?	B: No, you wasn't.
② A: Is the window open?	B: Yes, it was.
③ A: Were you at the office?	B: No, I wasn't.
④ A: Were you the winners?	B: No, you weren't.
⑤ A: Was it the correct answer?	B: Yes, it wasn't.

messy 어질러진, 지저분한
tidy 단정한
waste bin 쓰레기통
be full of ~로 가득 차다
wrapper 포장지
blanket 담요
folded 접힌
everywhere 어디나, 도처에
sock 양말 (한 짝)
bookshelf 책장
dusty 먼지 쌓인
because ~때문에

4 다음을 읽고, 빈칸 (A), (B), (C)에 들어갈 말이 바르게 연결된 것을 고르시오.

I'm a messy person. My room ______(A)______ tidy. The waste bin is full of candy wrappers. My blankets aren't folded. Dirty dishes are everywhere. My dirty socks are under the bed. The bookshelves and TV ______(B)______ dusty. Yesterday, my mom saw my room, but she wasn't angry because the kitchen ______(C)______ very messy, too!

	(A)		(B)		(C)
①	is	…	is	…	were
②	are	…	are	…	weren't
③	is not	…	are	…	was
④	are not	…	is	…	wasn't
⑤	not	…	was	…	are

PART 2

일반동사 – 현재 시제
Simple Present

Unit 05

일반동사의 현재형

KEY POINT

주어	동사원형	주어	동사원형 + (e)s
I we you they	talk teach	she he it	talks teaches

FOCUS

1 일반동사는 be동사(am, are, is 등)와 조동사(can, may, will 등)를 제외한 동작이나 상태를 나타내는 모든 동사를 말한다.

I **am** Jiyoung. I **can** speak English. I **study** English every day.
나는 지영이다. 나는 영어를 할 수 있다. 나는 매일 영어를 공부한다.

He **is** an elementary school student. He **will** go to middle school next year. He **likes** soccer.
그는 초등학생이다. 그는 내년에 중학교에 갈 것이다. 그는 축구를 좋아한다.

They **are** my friends. They **may** go to the library after school. They **enjoy** reading books.
그들은 내 친구이다. 그들은 방과 후에 도서관에 갈지도 모른다. 그들은 책 읽는 것을 즐긴다.

2 현재 시제는 불변의 진리(truth)나 일반적인 사실(facts), 현재의 상태나 습관(habits) 또는 반복적인 일상(routines)을 나타낸다.

불변의 진리

The earth **moves** around the sun. 지구는 태양 주변을 돈다.

The sun **rises** in the east. 해는 동쪽에서 뜬다.

일반적인 사실

The English **speak** English. 영국 사람들은 영어를 한다.

In Korea, it **snows** in winter. 한국에는 겨울에 눈이 온다.

현재의 상태

I **feel** hungry now. 나는 지금 배가 고프다.

She **worries** about exams. 그녀는 시험이 걱정된다.

습관, 반복적인 일상

She **goes** to church every Sunday. 그녀는 매주 일요일에 교회에 간다.

We **walk** to school every day. 우리는 매일 학교에 걸어간다.

3 일반동사의 현재형은 주어가 I, you, we, they 등인 경우 동사원형을 그대로 쓰며, 주어가 he, she, it 등 3인칭 단수인 경우 동사 끝에 -s나 -es를 붙인다.

동사	주어 (I, you, we, they)	주어 (he, she, it)
대부분의 동사	clean, speak, visit, love, like	cleans, speaks, visits, loves, likes
-o, -x, -s, -sh, -ch로 끝나는 동사	do, mix, kiss, wash, watch	does, mixes, kisses, washes, watches

You **speak** English very well. 너는 영어를 매우 잘한다.
She **speaks** French very well. 그녀는 프랑스어를 매우 잘한다.

They **move** around the sun. 그것들은 태양 주변을 돈다.
It **moves** very fast. 그것은 매우 빨리 움직인다.

We **go** to school every weekday. 우리는 주중에 매일 학교에 간다.
He **goes** to work every weekday. 그는 주중에 매일 출근한다.

They **watch** television dramas after dinner. 그들은 저녁 식사 후에 드라마를 본다.
She **watches** TV after dinner. 그녀는 저녁 식사 후에 TV를 본다.

4 「자음+y」로 끝나는 동사, 「모음+y」로 끝나는 동사, 불규칙 동사의 3인칭 단수 현재형에 주의한다.

동사	주어 (I, you, we, they)	주어 (she, he, it)
「자음+y」로 끝나는 동사	study, fly, try, copy	studies, flies, tries, copies
「모음+y」로 끝나는 동사	say, pay, buy, enjoy	says, pays, buys, enjoys
불규칙 동사	have	has

I **study** computer science. 나는 컴퓨터 공학을 공부한다.
Hyunmin **studies** modern art. 현민이는 현대 미술을 공부한다.

Misu and Suji **buy** groceries. 미수와 수지가 식료품을 산다.
Sora **buys** books. 소라가 책을 산다.

You and I **have** bikes. 너와 나는 자전거를 소유하고 있다.
Andrew **has** a car. 앤드루는 차를 소유하고 있다.

EXERCISES

정답 및 해설 P. 6

genius 천재
shy 수줍어하는

A 밑줄 친 동사를 종류별로 분류하시오.

ⓐ He is from England.
ⓑ They look great.
ⓒ Korean students study very hard.
ⓓ My sister and I can play the piano.
ⓔ You are a genius.
ⓕ It is time for bed.
ⓖ He really likes spaghetti.
ⓗ I am very shy.
ⓘ He has a computer in his room.
ⓙ We will visit her soon.

1 be동사 ______________________
2 일반동사 ______________________
3 조동사 ______________________

carry ~을 나르다, 운반하다
try ~하려고 노력하다; 시도하다

B 동사를 3인칭 단수 현재형으로 바꿔 쓰시오.

1 visit ____________
2 go ____________
3 teach ____________
4 read ____________
5 carry ____________
6 close ____________
7 finish ____________
8 fall ____________
9 have ____________
10 try ____________

puppy 강아지
yoga 요가
wash the dishes 설거지하다
convenience store 편의점
weekend 주말

C 주어진 동사를 이용하여 현재 시제로 문장을 완성하시오.

1 Ashley ____________ puppies. (love)
2 They ____________ in a big house. (live)
3 You ____________ in the library. (study)
4 She ____________ yoga every day. (do)
5 We ____________ singing together. (enjoy)
6 Ms. Brown ____________ English. (teach)
7 My father ____________ the dishes. (wash)
8 I ____________ snacks at the convenience store. (buy)
9 He ____________ television shows every weekend. (watch)
10 Nick and Jordan ____________ computer games together. (play)

D ( ) 안에서 알맞은 것을 모두 고르시오.

1 (Dogs / A dog) likes running in the park.

2 (I / You and James / James) enjoys bike riding.

3 (Jennifer / James and Kayla / I) have a bad cold.

4 (He / They / We) reads comic books with his brother.

5 (They / We / Changsu) studies English on Mondays.

6 (Ryan and Justin / We / She) study together on Sundays.

7 (My mom / You / I) goes grocery shopping every weekend.

8 (Dad / My sister and I / Ms. Jang) teaches the dog tricks.

bike riding 자전거 타기
have a cold 감기에 걸리다
comic book 만화책
grocery 식료품
trick 묘기, 재주

E 주어진 동사를 이용하여 현재 시제로 문장을 완성하시오.

1 (watch)
- I ____________ comedy shows.
- Tony ____________ American dramas.
- They ____________ movies together.

2 (love)
- I ____________ movie stars.
- Taylor ____________ roller coasters.
- We ____________ to spend time at the mall.

3 (have)
- I ____________ a headache.
- John ____________ a part-time job.
- She ____________ many pretty accessories.

4 (do)
- We ____________ our homework every day.
- Isabel ____________ the dishes after dinner.
- He ____________ his best in everything.

5 (play)
- I ____________ with my friends after school.
- John ____________ sports on the weekend.
- The kids ____________ with their dog every night.

6 (carry)
- I ____________ my dog on the subway.
- Jim ____________ his backpack to school every day.
- My mother always ____________ a small black bag.

spend time 시간을 보내다
headache 두통
part-time job 아르바이트
accessory 액세서리
do the dishes 설거지를 하다
do one's best 최선을 다하다
carry 가지고 다니다, 운반하다
subway 지하철
backpack 배낭

Unit 06

일반동사의 부정문

KEY POINT

긍정문			부정문(축약형)		
I We You They	live	in Seoul.	I We You They	do not live = don't live	in Scotland.
She He It	lives		She He It	does not live = doesn't live	

FOCUS

1 일반동사의 부정문은 주어가 I, you, we, they 등인 경우, do not이나 don't를 쓰고 동사원형을 쓴다.

「I/you/we/they + do not/don't + 동사원형」

I **eat** breakfast every day. 나는 매일 아침을 먹는다.
I **don't eat** dinner. 나는 저녁을 먹지 않는다.

James and Sarah **like** action movies. 제임스와 사라는 액션 영화를 좋아한다.
They **don't like** horror movies. 그들은 공포 영화를 좋아하지 않는다.

You and I **go** to school on foot. 너와 나는 학교에 걸어서 간다.
We **don't go** to school by subway. 우리는 학교에 지하철을 타고 가지 않는다.

2 일반동사의 부정문은 주어가 she, he, it 등 3인칭 단수인 경우, does not이나 doesn't를 쓰고 동사원형을 쓴다.

「she/he/it + does not/doesn't + 동사원형」

Justin **lives** in London. He **doesn't live** in New York. 저스틴은 런던에 산다. 그는 뉴욕에 살지 않는다.
It **snows** in January. It **doesn't snow** in July. 1월에는 눈이 온다. 7월에는 눈이 오지 않는다.
My cousin **speaks** three languages. She **doesn't speak** Russian. 내 사촌은 3개 국어를 한다. 그녀는 러시아어를 못한다.

EXERCISES

정답 및 해설 P. 7

A (   ) 안에서 가장 알맞은 것을 고르시오.

keep (동물을) 기르다
meat 고기
pet 애완동물
not ~ anymore 더 이상 ~이 아니다

1 He (don't / doesn't) play soccer.

2 She (don't / doesn't) walk very fast.

3 James (don't / doesn't) speak Chinese.

4 Michelle (don't / doesn't) keep a dog.

5 Carl and Jake (don't / doesn't) eat meat.

6 I (don't / doesn't) go to school on Sundays.

7 The students (don't / doesn't) have class today.

8 My brothers and sisters (don't / doesn't) like pets.

9 My parents (don't / doesn't) go to work on weekends.

10 Matthew and Emily (don't / doesn't) live in Korea anymore.

B 주어진 문장을 부정문으로 만드시오. [축약형으로 쓸 것]

quick learner 학습이 빠른 사람
shop 쇼핑하다
sleep late 늦잠을 자다
talented 재능이 있는
generous 후한, 잘 베푸는
snowboarder 스노보드를 타는 사람
firefighter 소방관

1 I am a quick learner. ____________________
I shop on weekends. ____________________

2 Carol is from Canada. ____________________
Carol sleeps late on Saturdays. ____________________

3 You are a talented singer. ____________________
You cook breakfast every day. ____________________

4 They are generous. ____________________
They buy gifts for their friends. ____________________

5 My brother is a snowboarder. ____________________
My brother studies very hard. ____________________

6 She is a firefighter. ____________________
She walks to school. ____________________

7 Terry and I are close friends. ____________________
Terry and I teach music. ____________________

have a snack 간식을 먹다
brunch 아침 겸 점심
hiking 도보 여행
mystery novel 미스터리 소설
comic book 만화책
take the subway 지하철을 타다

C (   ) 안에서 가장 알맞은 것을 고르고, 부정문으로 바꿔 쓰시오. [축약형으로 쓸 것]

1 He (have / has) a snack.
→ He ________________ a snack.
They (have / has) brunch.
→ They ________________ brunch.

2 Sally (go / goes) to concerts.
→ Sally ________________ to concerts.
I (go / goes) to the movies.
→ I ________________ to the movies.

3 You (live / lives) in Australia.
→ You ________________ in Australia.
Brandon (live / lives) in Hawaii.
→ Brandon ________________ in Hawaii.

4 I (like / likes) swimming.
→ I ________________ swimming.
She (like / likes) hiking.
→ She ________________ hiking.

5 We (sleep / sleeps) on the bed.
→ We ________________ on the bed.
The dog (sleep / sleeps) on the floor.
→ The dog ________________ on the floor.

6 Jennifer (read / reads) mystery novels.
→ Jennifer ________________ mystery novels.
You and I (read / reads) comic books.
→ You and I ________________ comic books.

7 Sunny (take / takes) a bus.
→ Sunny ________________ a bus.
Hyejin and Sunny (take / takes) the subway.
→ Hyejin and Sunny ________________ the subway.

8 My brother and I (listen / listens) to classical music.
→ My brother and I ________________ to classical music.
My sister (listen / listens) to rock music.
→ My sister ________________ to rock music.

D 〈보기〉와 같이 부정문으로 만들고 주어진 단어를 이용하여 긍정문을 만드시오.

spot 점	stripe 선, 줄
mushroom 버섯	sunlight 햇빛, 햇살
darkness 어둠, 암흑	lesson 수업
give a bath to ~을 목욕시키다	pen pal 펜팔, 편지를 교환하는 친구
go camping 캠핑 가다	

보기 Tigers have spots. (stripes)

→ Tigers don't have spots.

→ They have stripes.

1 The shop sells cell phones. (computers)

→ ______________________

→ ______________________

2 Mushrooms grow in sunlight. (darkness)

→ ______________________

→ ______________________

3 Jeff plays golf in the winter. (summer)

→ ______________________

→ ______________________

4 Mr. Lee comes home early after work. (late)

→ ______________________

→ ______________________

5 Ms. Brown has a violin lesson on Friday. (Thursday)

→ ______________________

→ ______________________

6 Tim gives a bath to the dog. (cat)

→ ______________________

→ ______________________

7 Jennifer and her sisters live in Canada. (America)

→ ______________________

→ ______________________

8 The kids send letters to their pen pals. (emails)

→ ______________________

→ ______________________

9 Cathy goes camping every weekend with her friends. (swimming)

→ ______________________

→ ______________________

Unit 07

일반동사의 Yes/No 의문문

KEY POINT

일반동사의 Yes / No 의문문			짧은 응답					
Do / Does	주어	동사원형~?	Yes,	주어	do / does.	No,	주어	don't / doesn't.
Do	I we you they	take ~?	Yes,	I we you they	do.	No,	I we you they	don't.
Does	she he it			she he it	does.		she he it	doesn't.

FOCUS

1 일반동사의 Yes/No 의문문은 주어가 I, you, we, they 등인 경우, 문장 앞에 Do를 붙여 「Do + 주어 + 동사원형~?」 어순이며 끝에 물음표를 붙인다.

You **take** a walk on Saturdays. 너는 토요일마다 산책한다.

→ **Do** you **take** a walk on Saturdays? 너는 토요일마다 산책하니?

James and Sarah **like** action movies. 제임스와 사라는 액션 영화를 좋아한다.

→ **Do** James and Sarah **like** action movies? 제임스와 사라는 액션 영화를 좋아하니?

2 일반동사의 Yes/No 의문문은 주어가 she, he, it 등 3인칭 단수인 경우, 문장 앞에 Does를 붙여 「Does + 주어 + 동사원형~?」 어순이며 끝에 물음표를 붙인다.

Justin **lives** in London. 저스틴은 런던에 산다.

→ **Does** Justin **live** in London? 저스틴은 런던에 사니?

It **snows** in January. 1월에는 눈이 온다.

→ **Does** it **snow** in January? 1월에 눈이 오니?

3 짧은 응답의 경우, 「Yes, 주어 + do/does.」 또는 「No, 주어 + don't/doesn't.」로 한다.

A: **Do** you **live** with your parents? 너는 부모님과 함께 사니?

B: **Yes, I do.** / **No, I don't.** 응, 그래. / 아니, 안 그래.

A: **Does** Kayla **have** a part-time job? 카일라는 아르바이트를 하니?

B: **Yes, she does.** / **No, she doesn't.** 응, 해. / 아니, 안 해.

A: **Do** you **like** potato chips? 너희들은 감자튀김을 좋아하니?

B: **Yes, we do.** Potato chips are our favorite snack. 응, 좋아해. 감자튀김은 우리가 제일 좋아하는 간식이야.

EXERCISES

정답 및 해설 P. 8

A (   ) 안에서 가장 알맞은 것을 고르시오.

copy machine 복사기
work 작동하다
seem ~처럼 보이다
winner 우승자
contest 경기, 대회

1 Your mother (play / plays) tennis.
(Do / Does) your mother (play / plays) tennis?

2 This copy machine (work / works).
(Do / Does) this copy machine (work / works)?

3 Mary and John (seem / seems) happy.
(Do / Does) Mary and John (seem / seems) happy?

4 The boys (like / likes) playing basketball.
(Do / Does) the boys (like / likes) playing basketball?

5 You (know / knows) Sally and Jeff very well.
(Do / Does) you (know / knows) Sally and Jeff very well?

6 The winner of the contest (get / gets) this new bike.
(Do / Does) the winner of the contest (get / gets) this new bike?

7 Jake's dog (enjoy / enjoys) swimming in the water.
(Do / Does) Jake's dog (enjoy / enjoys) swimming in the water?

B 주어진 동사를 이용하여 현재 시제로 의문문을 완성하시오.

need ~을 필요로 하다
a lot of 많은
romantic movie 멜로 영화
laptop computer 노트북 컴퓨터
belong to ~에 속하다

1 ____________ you ____________ my help? (need)

2 ____________ Sally and Mike ____________ fast? (run)

3 ____________ you ____________ a lot of milk? (drink)

4 ____________ you ____________ romantic movies? (like)

5 ____________ they ____________ to the same school? (go)

6 ____________ it ____________ a lot in this area? (snow)

7 ____________ your father ____________ at a bank? (work)

8 ____________ Steve ____________ a laptop computer? (have)

9 ____________ this jacket ____________ you? (belong to)

10 ____________ Sam ____________ dinner on weekends? (cook)

play the guitar
기타 연주를 하다
guitarist 기타 연주자
choir 합창단
in-line skates
인라인스케이트

C 대화를 읽고, ( ) 안에서 가장 알맞은 것을 고르시오.

1 A: Do you want some cocoa?
B: (Yes / No), I don't. I want some milk.

2 A: Does your uncle play the guitar?
B: (Yes / No), he does. He is a good guitarist.

3 A: Do they sing in a choir?
B: (Yes / No), they do. They are good singers.

4 A: Does Ann like potato chips?
B: Yes, she (does / doesn't). She likes chocolate, too.

5 A: Do you have a bike?
B: No, I (don't / does). I have in-line skates.

6 A: Does Mike take a bus to school every day?
B: No, he (don't / doesn't). He walks to school.

7 A: Do you eat breakfast every day?
B: Yes, (I / you) do. I have toast and milk every morning.

fall 가을
country 국가, 나라
come with
~이 딸려 있다

D 질문에 알맞은 짧은 응답을 쓰시오.

1 A: Do you live in Canada?
B: ______________________ I live in Korea.

2 A: Do we have an art class today?
B: ______________________ We have a music class, too.

3 A: Does your sister study French?
B: ______________________ She studies Japanese.

4 A: Does it rain a lot in fall in your country?
B: ______________________ It rains a lot in summer.

5 A: Do they play basketball after school?
B: ______________________ They play soccer.

6 A: Does the computer come with a monitor?
B: ______________________ It comes with a twenty-inch monitor.

E 주어진 단어를 이용하여 현재 시제로 대화를 완성하시오.

cry at ~에 울다
go hiking 도보 여행 가다
take a walk 산책하다
spaghetti 스파게티
chopsticks 젓가락
sculpture 조각상
view 경치, 전망

1 (cry) A: __________ you __________ at the movies?
B: No, I __________. I never __________ at the movies.

2 (play) A: __________ Mike __________ tennis on Saturdays?
B: No, he __________. He goes hiking.

3 (take) A: __________ you __________ a walk after dinner?
B: Yes, I __________. I __________ a walk with my sister.

4 (eat) A: __________ you __________ spaghetti with chopsticks?
B: No, I __________. I __________ spaghetti with a fork.

5 (like) A: __________ you __________ going to museums?
B: Yes, I __________. I __________ paintings and sculptures.

6 (wash) A: __________ Jessica __________ her hair in the morning?
B: No, she __________. She __________ her hair at night.

7 (have) A: __________ your new apartment __________ a nice view of the city?
B: Yes, it __________. It __________ a wonderful view.

F 〈보기〉와 같이 주어진 단어를 이용하여 의문문을 완성하시오.

own 소유하다
SUV(=Sport Utility Vehicle) 스포츠 유틸리티 차량
poem 시
happy ending 행복한 결말
salt 소금
German 독일어, 독일인

보기 they, open, on Sundays
→ Do they open on Sundays?

1 your father, own, an SUV
→ __________________________

2 you, know, any English poems
→ __________________________

3 the movie, have, a happy ending
→ __________________________

4 you, want, some salt in the soup
→ __________________________

5 Mr. Kim, teach, German at the high school
→ __________________________

Unit 08

빈도부사

KEY POINT

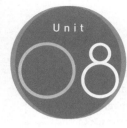

주어	빈도부사	일반동사	빈도
Emily	**always** (항상) **usually** (대개) **often** / **frequently** (자주) **sometimes** / **occasionally** (가끔, 때때로) **seldom** (드물게) **rarely** / **hardly** (거의 ~않는) **never** (한번도 ~아닌)	watches television.	100% ↕ 0%

FOCUS

1 빈도부사는 어떤 일이 얼마나 자주 일어나는지를 나타내는 말이다.

I **always** carry a dictionary. 나는 항상 사전을 가지고 다닌다.

He **usually** wears blue jeans and a white T-shirt. 그는 대개 청바지와 하얀색 티셔츠를 입는다.

She **often** writes letters to him in English. 그녀는 종종 그에게 영어로 편지를 쓴다.

We **sometimes** make mistakes. 우리는 가끔 실수를 한다.

She **seldom** complains. 그녀는 좀처럼 불평을 하지 않는다.

You **hardly** tell the truth. 너는 거의 진실을 말하지 않는다.

They **never** eat chicken soup. 그들은 절대 닭고기 수프를 먹지 않는다.

|주의| seldom, rarely, hardly는 부정의 의미를 가지고 있기 때문에 not과 같은 부정어와 함께 쓰지 않는다.
He hardly cleans his room. (O) 그는 방 청소를 거의 하지 않는다.
He doesn't hardly clean his room. (X)

2 빈도부사는 be동사와 조동사 뒤, 일반동사 앞에 위치한다.

「be/조동사 + 빈도부사」 「빈도부사 + 일반동사」

Jacob is **always** late for school. He likes to sleep. 제이콥은 학교에 항상 늦는다. 그는 잠자는 것을 좋아한다.

Florida is warm all year round. It is **rarely** cold. 플로리다는 일 년 내내 따뜻하다. 거의 춥지 않다.

I'm so tired. I can **hardly** stay awake. 나는 너무 피곤하다. 나는 거의 깨어 있을 수가 없다.

She will **never** forget your kindness. 그녀는 너의 친절을 절대 잊지 않을 거야.

The babies **usually** take a nap after lunch. 아기들은 대개 점심 식사 후에 낮잠을 잔다.

My grandmother lives alone. She **sometimes** feels lonely. 우리 할머니는 혼자 사셔. 그녀는 가끔 외로움을 느끼셔.

EXERCISES

정답 및 해설 P. 9

A 대화를 읽고, ( ) 가장 알맞은 것을 고르시오.

1 A: Does she often call you?
B: No, she (usually / never) calls me. I always call her.

2 A: Does your father usually have coffee in the morning?
B: No, he (hardly / always) drinks coffee. He likes tea.

3 A: Do you sometimes cook for yourself?
B: Yes, I (rarely / often) cook noodles for myself. I'm a great cook!

4 A: Do you ever stay at a friend's house overnight?
B: No, I (seldom / often) do that. My mom doesn't like it.

5 A: Does she often answer her teacher's questions correctly?
B: Yes, she (occasionally / always) answers her teacher's questions correctly. She's so smart!

6 A: Does he usually go jogging in the morning?
B: No. He likes exercising in the evening. He (seldom / always) exercises after dinner.

7 A: Do you often watch TV at night?
B: No, I hardly watch TV. I (usually / rarely) read books before going to bed.

cook ~을 요리하다; 요리사
yourself 당신 자신을[에게]
noodle 국수
myself 나 자신을[에게]
stay at ~에 머무르다
overnight 하룻밤 동안
answer ~에 대답하다
correctly 바르게, 정확하게
go jogging 조깅하러 가다
exercise 운동하다

B 두 학생의 영어 공부 습관에 대한 표이다. 각각의 내용이 두 학생에게 맞도록 글을 완성하시오.

Habit	James	Cindy
use a dictionary	seldom	always
meet English-speaking friends	never	sometimes
listen to English programs	rarely	often
keep an English diary	usually	usually

keep a diary 일기를 쓰다
improve ~을 향상시키다
do one's best 최선을 다하다

1 James
I don't do many things to improve my English. I seldom use a dictionary. I (1) ________________ English-speaking friends. I (2) ________________ to English programs on the radio. But I (3) ________________ an English diary.

2 Cindy
I like English very much, so I do my best to improve my English every day. I (1) ________________ a dictionary. I (2) ________________ English-speaking friends. I (3) ________________ to English programs on the radio. And I (4) ________________ an English diary.

REVIEW

정답 및 해설 P. 9

life 생물; 생명
Mars 화성
clothes 옷
virus (컴퓨터) 바이러스
enjoy ~을 즐기다
weather 날씨
how to ~하는 방법
text message 문자 메시지
neighborhood 이웃
taekwondo 태권도
during ~동안
period 기간

A (　　) 안에서 가장 알맞은 것을 고르시오.

1 (Do / Does) life exist on Mars?

2 (Do / Does) you often wash your clothes?

3 My new laptop computer (have / has) a bad virus.

4 (Do / Does) your new friends enjoy the weather in Korea?

5 My grandfather (don't / doesn't) know how to send a text message.

6 Amanda always (study / studies) English and French on the weekends.

7 Mr. and Ms. Jang (teach / teaches) the neighborhood children taekwondo.

8 The students (don't / doesn't) usually have time to play soccer during exam periods.

popular 인기 있는
company 회사
keep a journal 일기를 쓰다
address 주소
gym 체육관
department store 백화점
talk on the phone 전화로 이야기하다

B 우리말과 같은 뜻이 되도록 주어진 단어를 배열하시오.

1 그 회사는 인기 있는 휴대 전화를 만든다. (makes, popular cell phones, the company)

→ ______________________________

2 린다는 요즘 일기를 쓰지 않는다. (these days, doesn't, Linda, a journal, keep)

→ ______________________________

3 제이슨이 네 이름과 주소를 아니? (Jason, your name and address, know, does)

→ ______________________________

4 그 소년은 매일 체육관에 간다. (every day, goes, to the gym, the boy)

→ ______________________________

5 너는 형제자매들과 함께 시드니에 사니?
(with your brothers and sisters, do, live in Sydney, you)

→ ______________________________

6 어떤 사람들은 백화점에서 쇼핑을 즐기지 않는다.
(enjoy, at the department store, some people, don't, shopping)

→ ______________________________

7 앤드루와 캐시는 매일 방과 후에 전화로 이야기를 한다.
(talk, every day after school, Andrew and Cathy, on the phone)

→ ______________________________

C 밑줄 친 부분을 바르게 고쳐 문장을 다시 쓰시오.

Spanish 스페인어
school uniform 교복
humid 습한
weather 날씨

1 Laura learn Spanish at the university.

→ ____________________

2 She speaks always English so quickly.

→ ____________________

3 You do eat breakfast every morning?

→ ____________________

4 They doesn't wear school uniforms after school.

→ ____________________

5 Do your father washes his car every weekend?

→ ____________________

6 Emily enjoy not the hot and humid weather of summer.

→ ____________________

7 Brandon and Joseph plays video games every day after school.

→ ____________________

D 주어진 동사를 알맞은 형태로 바꿔 현재 시제로 문장을 완성하시오.

tough 힘든; 거친
challenge 도전
joke 농담
ride ~을 타다
in-line skate 인라인스케이트
practice ~을 연습하다
hurt 다치다
himself 그 자신
quit 그만두다
reading room 서재
newspaper 신문

1 Michael __________ (play) on his high school basketball team. It is sometimes tough, but he __________ (enjoy) the challenge very much.

2 Emily __________ (go) to school by bus. Every morning, she __________ (meet) the same bus driver. He __________ (tell) her a new joke every day. He's always very funny.

3 My little brother __________ (love) to ride in-line skates. He usually __________ (practice) every day in the park for two hours. He sometimes __________ (hurt) himself, but he never __________ (quit).

4 Mr. and Ms. Smith __________ (have) a house. It __________ (have) a small reading room and a swimming pool. Mr. Smith always __________ (swim) in the morning, and Ms. Smith __________ (like) to read the newspaper in the afternoon.

REVIEW PLUS

정답 및 해설 P. 10

more than ~보다 더
arrive 도착하다
on time 제시간에, 정각에

1 다음 빈칸에 들어갈 do동사의 형태가 나머지와 다른 것을 고르시오.

① ____________ your mom go to work?
② ____________ she usually go to bed at 10 p.m.?
③ ____________ Sarah like Daniel more than Michael?
④ ____________ the train to Busan usually arrive on time?
⑤ ____________ your brother and sister go to the same school now?

newspaper 신문
mountain 산
health 건강

2 다음 중 어법상 올바른 문장을 고르시오.

① I do not live in Paris anymore.
② My big brother not read newspapers.
③ Do Rachel usually go to the mountains on Sundays?
④ He drinks often a lot of water every day for his health.
⑤ My sister always buy flowers for Mom and Dad on Parents' Day.

can't wait to + 동사원형 매우 ~하고 싶다
almost 거의, 대부분

3 다음 중 대화가 자연스럽지 않은 것을 고르시오.

① A: Do you sometimes exercise in the morning?
   B: No, I don't. I exercise never in the morning.
② A: Do you occasionally cook dinner for yourself?
   B: No, I don't. My mom always cooks dinner for me.
③ A: Does the soccer game start at 8 o'clock tonight?
   B: Yes, it does. I can't wait to see it!
④ A: Does it usually rain in Seattle during the summer?
   B: Yes, it does. It rains almost every day.
⑤ A: Do you play soccer with your friends on the weekend?
   B: Yes, I do. I really love soccer.

pet 애완동물
wag (꼬리를) 흔들다
tail 꼬리
take A for a walk A와 산책을 가다
ahead of ~의 앞에
sniff 킁킁거리며 냄새를 맡다
fight 싸우다

4 다음을 읽고, 주어진 말을 이용하여 현재 시제로 글을 완성하시오.

I ____________ (have) a pet. Her name ____________ (be) Ruby, and she is a cute little Yorkshire Terrier. When I come home from school, she ____________ (wag) her tail and ____________ (jump) up and down. She ____________ (have) so much energy! I ____________________ (take, always) her for a walk at night. She ____________________ (run, sometimes) ahead of me, but she ____________________ (come, always) back. She ____________ (like) to sniff her friends, but she ____________________ (not, fight) with them. Ruby is my best friend.

PART 3

일반동사 – 과거 시제
Simple Past

Unit 09

일반동사의 과거형

KEY POINT

현재 (present)	과거 (past)
I **live** in Seoul now. 나는 지금 서울에 산다.	I **lived** in Suwon last year. 나는 작년에 수원에 살았다.
He always **helps** me a lot. 그는 항상 나를 많이 도와준다.	He **helped** me a lot yesterday. 그는 어제 나를 많이 도와주었다.

FOCUS

1 일반적으로 동사의 과거형은 동사원형에 -(e)d를 붙인다.

talk – talked　　call – called　　live – lived　　change – changed

I **call** my mother every day. 나는 매일 어머니에게 전화를 한다.

I **called** my mother last night. 나는 어젯밤에 어머니에게 전화를 했다.

My sister **changes** her hairstyle very often. 내 동생은 헤어스타일을 매우 자주 바꾼다.

My sister **changed** her hairstyle again. 내 동생은 헤어스타일을 또 바꿨다.

2 「자음+y」로 끝나는 동사는 y를 i로 바꾸고 -ed를 붙인다.

study – studied　　dry – dried　　try – tried　　cry – cried

worry – worried　　hurry – hurried　　reply – replied　　carry – carried

You **study** science. 너는 과학을 공부한다.

You **studied** science last year. 너는 작년에 과학을 공부했다.

We **worry** about you. 우리는 너를 걱정한다.

We **worried** about you last night. 우리는 어젯밤에 너를 걱정했다.

|주의| enjoy – enjoyed, play – played, stay – stayed 등 「모음+y」는 그냥 -ed를 붙인다.

I **enjoy** my class. 나는 수업을 즐긴다.　　I **enjoyed** my class. 나는 수업을 즐겼다.

3 1음절어로 「단모음+자음」이거나 2음절어로 뒤에 강세가 있으면 「끝자음+-ed」를 붙인다.

stop – stopped　　drop – dropped　　occur – occurred　　prefer – preferred

plan – planned　　hug – hugged　　slip – slipped　　skip – skipped

He **drops** a book on the floor. 그가 바닥에 책을 떨어뜨린다.

He **dropped** a book on the floor. 그가 바닥에 책을 떨어뜨렸다.

The little boy **hugs** his mom every day. 그 작은 소년은 매일 엄마를 안아 준다.

The little boy **hugged** his mom this morning. 그 작은 소년은 오늘 아침에 엄마를 안아 주었다.

4 불규칙 동사의 과거 변화는 따로 외워야 한다.

불규칙 변화 패턴	원형	과거	원형	과거
A-A형	cost (비용이) 들다	cost	put 놓다	put
	cut 자르다	cut	set 두다	set
	hurt 아프다, 다치다	hurt	shut 닫다	shut
	read [ri:d] 읽다	read [red]	fit 어울리다	fit / fitted
	let ~에게 ...시키다	let	hit 치다	hit
A-B형	become ~이 되다	became	know 알다	knew
	begin 시작하다	began	lay 두다, 눕다	laid
	bend 구부리다	bent	lead 이끌다, 지도하다	led
	blow 불다	blew	leave 떠나다	left
	break 부수다	broke	lend 빌려주다	lent
	bring 가져오다	brought	lose 잃다, 지다	lost
	build 짓다	built	make 만들다	made
	buy 사다	bought	meet 만나다	met
	catch 잡다	caught	pay 지불하다	paid
	choose 고르다	chose	ride 타다	rode
	come 오다	came	ring 울리다	rang
	do 하다	did	run 달리다	ran
	draw 그리다	drew	say 말하다	said
	drink 마시다	drank	see 보다	saw
	drive 운전하다	drove	sell 팔다	sold
	eat 먹다	ate	send 보내다	sent
	fall 떨어지다	fell	sing 노래하다	sang
	feed 먹을 것을 주다	fed	sit 앉다	sat
	feel 느끼다	felt	sleep 자다	slept
	fight 싸우다	fought	speak 말하다	spoke
	find 찾다	found	spend 보내다	spent
	fly 날다	flew	stand 서다	stood
	forget 잊다	forgot	steal 훔치다	stole
	get 얻다	got	swim 수영하다	swam
	give 주다	gave	take 가지고 가다	took
	go 가다	went	teach 가르치다	taught
	grow 기르다	grew	tell 말하다	told
	hang 걸다, 매달다	hung	think 생각하다	thought
	have 가지다	had	throw 던지다	threw
	hear 듣다	heard	wake 깨어나다	woke
	hide 숨다	hid	wear 입다	wore
	hold 잡다	held	win 이기다	won
	keep 유지하다	kept	write 쓰다	wrote

EXERCISES

정답 및 해설 P. 11

A 주어진 동사의 알맞은 과거형을 쓰시오.

	원형		과거
1	become	-	
2	begin	-	
3	bend	-	
4	blow	-	
5	break	-	
6	bring	-	
7	build	-	
8	buy	-	
9	catch	-	
10	choose	-	
11	cost	-	
12	cut	-	
13	draw	-	
14	drink	-	
15	drive	-	
16	drop	-	
17	eat	-	
18	fall	-	
19	feed	-	
20	feel	-	
21	fight	-	
22	find	-	
23	fit	-	
24	fly	-	
25	forget	-	
26	give	-	
27	go	-	
28	grow	-	
29	hang	-	
30	hear	-	
31	hide	-	
32	hit	-	
33	hold	-	
34	hug	-	
35	hurt	-	
36	keep	-	
37	know	-	
38	lay	-	
39	lead	-	
40	leave	-	
41	lend	-	
42	let	-	
43	lose	-	
44	meet	-	
45	occur	-	
46	pay	-	
47	plan	-	
48	prefer	-	
49	put	-	
50	read	-	
51	ride	-	
52	ring	-	
53	run	-	
54	say	-	
55	see	-	
56	sell	-	
57	send	-	
58	set	-	
59	shut	-	
60	sing	-	
61	sit	-	
62	skip	-	
63	sleep	-	
64	slip	-	
65	speak	-	
66	spend	-	
67	stand	-	
68	stay	-	
69	steal	-	
70	stop	-	
71	swim	-	
72	take	-	
73	teach	-	
74	think	-	
75	throw	-	
76	wake	-	
77	wear	-	
78	win	-	
79	worry	-	
80	write	-	

B 주어진 문장을 과거 시제로 바꿔 쓰시오.

word 단어, 말
wait for ~을 기다리다
take A for a walk A와 산책을 가다

1 It is 8 p.m. now.
→ ______________________ two hours ago.

2 My dad sleeps for six hours a day.
→ ______________________ for six hours yesterday.

3 We learn new words in class every day.
→ ______________________ today.

4 My mom goes to BIG Mart on weekends.
→ ______________________ yesterday.

5 Nicole waits for the bus each morning.
→ ______________________ this morning.

6 I take my puppy for a walk after school.
→ ______________________ last night.

7 Daniel plays computer games every night.
→ ______________________ this evening.

C 〈보기〉와 같이 과거 시제로 문장을 완성하시오.

shut ~을 닫다
sick 아픈

보기 it, snow, early this year
→ It snowed early this year.

1 I, shut, the door
→ ______________________

2 Justin, be, sick all day
→ ______________________

3 I, have, a great time in Bali
→ ______________________

4 We, visit, LA last Christmas
→ ______________________

5 my sister, wear, a new dress to the party
→ ______________________

6 my friend and I, watch, the soccer game last night
→ ______________________

Unit 10

과거 시제의 사용

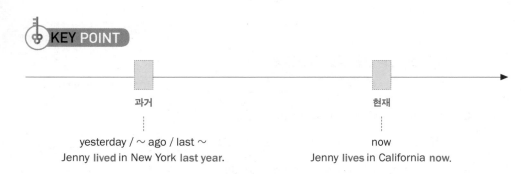

KEY POINT

과거 → 현재

yesterday / ~ ago / last ~
Jenny **lived** in New York **last year**.

now
Jenny **lives** in California **now**.

FOCUS

1 과거 시제(simple past)는 이미 지난 과거의 동작이나 상태, 반복적인 행동을 나타낸다.

My father **bought** me a bike. (과거의 동작)
아버지는 나에게 자전거를 사 주셨다.

I **painted** the roof white. (과거의 동작)
나는 지붕을 하얀색으로 칠했다.

I **knew** him very well. (과거의 상태)
나는 그를 매우 잘 알고 있었다.

Emma and James **loved** each other. (과거의 상태)
엠마와 제임스는 서로 사랑했다.

I usually **walked** to school last year. (과거의 반복적인 행동)
나는 작년에 대개 학교에 걸어 다녔다.

Steve often **visited** the zoo. (과거의 반복적인 행동)
스티브는 동물원을 자주 방문했었다.

2 과거 시제는 종종 과거 시점을 나타내는 어구(yesterday, last~, ~ago 등)와 같이 쓰여 과거의 특정 시점에 일어난 일을 나타낸다. 현재나 미래를 나타내는 어구(now, tomorrow 등)와 함께 쓸 수 없다.

My boyfriend **sent** me some beautiful roses **yesterday**.
내 남자 친구가 어제 나에게 아름다운 장미를 보냈다.

Taylor and Rachel **went** to the shopping mall together **last Saturday**.
테일러와 레이첼은 지난 토요일에 함께 쇼핑몰에 갔다.

My brother **graduated** from high school **three years ago**.
우리 형은 3년 전에 고등학교를 졸업했다.

| 주의 | 동사의 과거형은 현재나 미래를 나타내는 어구와 함께 쓸 수 없다.
My boyfriend **sent** me some beautiful roses tomorrow. (X)
Taylor and Rachel **went** to the mall together now. (X)

EXERCISES

정답 및 해설 P. 12

A (　) 안에서 가장 알맞은 것을 고르시오.

1 We left for Toronto (last night / now).

2 The snow stopped (an hour ago / now).

3 Sarah ate pizza for lunch (yesterday / next week).

4 Cathy studies in the library (every day / yesterday).

5 We played soccer after school (last week / next week).

6 He reads books to his children (every night / last night)

7 She swam in the Hangang (last summer / next summer).

8 Mr. Kim worked in his garden (last weekend / tomorrow).

9 (Yesterday / Tomorrow) he came home from work at 11 p.m.

10 My friends waited for me at the bus stop (this morning / tomorrow).

leave for ~을 향해 떠나다
garden 정원
wait for ~을 기다리다
bus stop 버스 정류장

B (　) 안에서 가장 알맞은 것을 고르시오.

1 I (ride / rode) my bike last Saturday.

2 They (go / went) hiking last weekend.

3 My uncle (has / had) a black SUV now.

4 Greg (arrives / arrived) in Paris three days ago.

5 I (woke up / wake up) at ten o'clock yesterday.

6 The kids (feed / fed) their turtles two hours ago.

7 The cat (caught / catches) a big, fat rat last night.

8 My grandparents (live / lived) in the countryside now.

9 The trees (grow / grew) tall after the rains last month.

10 I (find / found) your wallet under the desk. Here it is.

11 My mom (buys / bought) me a pretty dress for the party yesterday.

12 Cindy (loves / loved) flowers and grows many plants in her garden.

go hiking 도보 여행 가다
SUV(=Sport Utility Vehicle) 스포츠 유틸리티 차량
wake up 일어나다
feed ~에게 먹이를 주다
turtle 거북이
catch ~을 잡다
rat 쥐
countryside 시골
wallet 지갑
plant 식물

feel 느끼다
steal ~을 훔치다
scissors 가위
on the way home 집에 오는 도중에
suddenly 갑자기
heavily 심하게
go out 외출하다
brunch 아침 겸 점심
fight over ~을 놓고 싸우다
hurt 다치다
on the way to work 출근하는 도중에
the finals 기말고사

C 주어진 단어를 과거형으로 바꿔 문장을 완성하시오.

1 He __________ hungry and cold. (feel)

2 Somebody __________ my bike. (steal)

3 He __________ talking to her. (stop)

4 I __________ the paper with scissors. (cut)

5 They __________ together on the stage. (sing)

6 He __________ for London last weekend. (leave)

7 I __________ my aunt on the way home. (meet)

8 Suddenly, it __________ to rain heavily. (begin)

9 Tom just __________ the baseball with a bat. (hit)

10 We __________ out for brunch last Saturday. (go)

11 He __________ over the jacket with his brother. (fight)

12 Mr. Anderson __________ his leg on the way to work. (hurt)

13 She __________ hard to get good scores on the finals. (try)

14 My mom __________ her bag on the subway this morning. (lose)

take ~을 타다; ~을 잡다
tight-fitting 몸에 꼭 맞는
baggy 헐렁한
midnight 자정, 밤 열두 시
listen to ~을 듣다
classical music 고전 음악

D 주어진 동사의 현재형과 과거형을 각각 한 번씩 사용하여 문장을 완성하시오.

1 (take) Yesterday, my uncle __________ his car to work, but he usually __________ a bus.

2 (wear) My sister usually __________ tight-fitting jeans, but yesterday she __________ baggy pants.

3 (go) Christine usually __________ to bed at 10 p.m. But last night she __________ to bed at midnight.

4 (listen) Andrew often __________ to dance music at night, but last night he __________ to classical music.

5 (make) Last Sunday, my grandmother __________ banana pancakes for breakfast, but she usually __________ blueberry pancakes for breakfast.

E 〈보기〉에서 알맞은 동사를 골라 과거형으로 바꿔 문장을 완성하시오.

[1-6] 보기 cook take study cost meet do

1 The new computer ___________ more than $700.

2 They ___________ in Chicago. They fell in love at first sight.

3 My brother ___________ hotel management in Australia.

4 You ___________ your homework quickly! I'm proud of you.

5 Hoon ___________ the TOEIC last month. His score was 820.

6 William ___________ ramen noodles for his Korean friend yesterday.

[7-12] 보기 wake put drive draw wear become

7 She ___________ a famous movie star.

8 He ___________ his cell phone on the table.

9 The students ___________ school uniforms.

10 I ___________ up late and was late for school.

11 My father ___________ me to school this morning.

12 My daughter ___________ a beautiful flower on the sketchbook.

cost (비용이) 들다
fall in love at first sight 첫눈에 사랑에 빠지다
hotel management 호텔 경영
quickly 빨리
be proud of ~을 자랑스러워하다
noodle 국수
school uniform 교복
wake up 일어나다
daughter 딸
sketchbook 스케치북

F 일정을 보고, 오늘의 일기를 완성하시오.

morning	afternoon	evening	night
go jogging	• do my homework • meet Jasmine and see a movie	play the piano	• listen to music • read a book

go jogging 조깅하러 가다
funny 재미있는

I had a great day. I ___________ jogging early in the morning. In the afternoon, I ___________ my homework. After finishing the homework, I ___________ my best friend Jasmine, and we ___________ a movie together. The movie was really funny. In the evening, I ___________ the piano. At night, I ___________ to music and ___________ a book. I feel very happy now.

Unit 11

과거 시제의 부정문

KEY POINT

긍정문			부정문 (부정 축약형)		
I You We They She He It	**lived**	in Seoul.	I You We They She He It	**did not live** **= didn't live**	in New York.

FOCUS

1 일반동사의 과거 시제 부정문은 주어에 관계없이 동사 앞에 did not이나 didn't를 붙인다.

I **don't** live in Seoul now. 나는 지금 서울에 살지 않는다.

I **didn't** live in Suwon last year. 나는 작년에 수원에 살지 않았다.

She **doesn't** watch TV. 그녀는 TV를 보지 않는다.

She **didn't** watch TV last night. 그녀는 어젯밤에 TV를 보지 않았다.

They **don't** play baseball. 그들은 야구를 하지 않는다.

They **didn't** play baseball yesterday. 그들은 어제 야구를 하지 않았다.

It **doesn't** snow in deserts. 사막에는 눈이 내리지 않는다.

It **didn't** snow last week. 지난주에 눈이 내리지 않았다.

2 일반동사의 과거 시제 부정문은 did not이나 didn't 뒤에 동사원형을 쓴다.

「주어+did not/didn't+동사원형」

I **ate** breakfast this morning. 나는 오늘 아침을 먹었다.

I **didn't eat** breakfast this morning. 나는 오늘 아침을 먹지 않았다.

Our soccer team **won** the game last night. 우리 축구팀이 어젯밤 경기에서 승리했다.

Our soccer team **didn't win** the game last night. 우리 축구팀은 어젯밤 경기에서 졌다.

She **read** a story to us. 그녀가 우리에게 이야기책을 읽어 주었다.

She **didn't read** a story to us. 그녀는 우리에게 이야기책을 읽어 주지 않았다.

We **met** interesting people. 우리는 재미있는 사람들을 만났다.

We **didn't meet** interesting people. 우리는 재미있는 사람들을 만나지 않았다.

EXERCISES

정답 및 해설 P. 13

A ( ) 안에서 가장 알맞은 것을 고르시오.

1 David (doesn't / didn't) work at the post office now.

2 I (don't / didn't) finish my math assignment last night.

3 The copy machine didn't (work / works / worked) properly.

4 Andrew (doesn't / didn't) stay with his aunt in Tokyo last summer.

5 Sue didn't (wear / wears / wore) her new jeans to the dance last weekend.

post office 우체국
assignment 숙제
copy machine 복사기
work 작동하다
properly 적절하게
stay with ~와 머무르다
Tokyo 도쿄(일본의 수도)
wear ~을 입다

B 긍정문을 부정문으로 바꿔 쓰시오. [축약형으로 쓸 것]

1 I liked the movie.

→ ______________________

2 Brandon washed his hair this morning.

→ ______________________

3 My new cell phone cost a lot of money.

→ ______________________

4 Amanda lost her mother's car key.

→ ______________________

5 David and Joseph built a robot with their friends.

→ ______________________

wash one's hair 머리를 감다
cell phone 휴대 전화
build ~을 조립하다, ~을 짓다

C 밑줄 친 부분을 과거 시제 부정문으로 바르게 고쳐 쓰시오. [축약형으로 쓸 것]

1 I <u>don't cooked</u> steak for dinner last night.

→ ______________________

2 Her parents <u>gave not</u> her enough money.

→ ______________________

3 My smartphone <u>didn't worked</u> this morning.

→ ______________________

4 Samantha <u>not studied</u> chemistry last semester.

→ ______________________

5 My friend <u>didn't likes</u> the food at the restaurant.

→ ______________________

enough 충분한
chemistry 화학
semester 학기

Unit 12

과거 시제의 Yes/No 의문문

KEY POINT

일반동사 과거 시제의 Yes / No 의문문			짧은 응답					
Did	주어	동사원형~?	Yes,	주어	did.	No,	주어	didn't.
Did	I we you they she he it	동사원형~?	Yes,	I we you they she he it	did.	No,	I we you they she he it	didn't.

FOCUS

1 일반동사의 과거 시제 Yes/No 의문문은 「Did + 주어 + 동사원형~?」 어순이며, 끝에 물음표를 붙인다.

You **took** a walk yesterday. 너는 어제 산책을 했다.
→ **Did** you **take** a walk yesterday? 너는 어제 산책을 했니?

She **lost** her umbrella. 그녀는 우산을 잃어버렸다.
→ **Did** she **lose** her umbrella? 그녀가 우산을 잃어버렸니?

They **brought** their lunch. 그들은 점심을 싸왔다.
→ **Did** they **bring** their lunch? 그들은 점심을 싸왔니?

He **enjoyed** the movie. 그는 영화를 재미있게 보았다.
→ **Did** he **enjoy** the movie? 그는 영화를 재미있게 보았니?

2 짧은 응답의 경우, 「Yes, 주어 + did.」 또는 「No, 주어 + didn't.」로 한다.

A: Did she call you yesterday? 그녀가 어제 너에게 전화했니?
B: **No, she didn't.** I called her! 아니, 안 했어. 내가 전화했어!

A: Did you visit your grandma last weekend? 너 지난 주말에 할머니 댁에 갔었니?
B: **Yes, I did.** I had a great time. 응, 갔었어. 좋은 시간을 보냈어.

A: Did you have a test last week? 너희들은 지난주에 시험을 봤니?
B: **Yes, we did.** / **No, we didn't.** 응, 봤어. / 아니, 안 봤어.

A: Did they invite you to the party? 그들이 너를 파티에 초대했니?
B: **Yes, they did.** / **No, they didn't.** 응, 초대했어. / 아니, 초대하지 않았어.

EXERCISES

정답 및 해설 P. 13

A (   ) 안에서 긍정문과 의문문에 가장 알맞은 것을 고르시오.

1 You (work / worked) very hard yesterday.
→ (Was / Did) you work very hard yesterday?

2 Joseph usually (get / gets) up at 7 a.m.
→ (Do / Does) Joseph usually get up at 7 a.m.?

3 Ashley (wait / waited) for you after the concert.
→ (Did / Do) Ashley wait for you after the concert?

4 The swimming pool (close / closes) at 6 p.m. on weekends.
→ (Does / Do) the swimming pool close at 6 p.m. on weekends?

5 Edward and Frank (eats / ate) lunch together today.
→ (Did / Does) Edward and Frank eat lunch together today?

6 They (sent / sends) a postcard to their parents in Italy.
→ (Do / Did) they send a postcard to their parents in Italy?

7 Mr. Thompson (jog / jogs) around the park every morning.
→ (Did / Does) Mr. Thompson jog around the park every morning?

get up 일어나다
wait for ~을 기다리다
swimming pool 수영장
close 닫다
postcard 엽서
Italy 이탈리아
jog 조깅하다

B 주어진 말을 이용하여 의문문을 완성하시오.

1 A: ________ you ________ Allen last night? (see)
B: Yes, I did.

2 A: ________ Mike ________ in a band last year? (play)
B: No, he didn't.

3 A: ________ they ________ the new Chinese restaurant? (try)
B: No, they didn't.

4 A: ________ you ________ the book to the library? (return)
B: Yes, I did.

5 A: ________ she ________ the coat to the dry cleaner's? (take)
B: No, she didn't.

6 A: ________ the teacher ________ you many questions? (ask)
B: Yes, she did.

7 A: ________ the subway ________ on time this morning? (arrive)
B: No, it didn't. I was late for school.

play in a band
밴드(음악단)에서 연주하다
return
~을 반납하다, 돌려주다
dry cleaner's 세탁소
on time 제시간에
be late for
~에 늦다, ~에 지각하다

project
과제, 연구 프로젝트
get on ~을 타다
pen pal
펜팔, 편지를 교환하는 친구
backpack 배낭
more than ~보다 더
change A into B
A를 B로 바꾸다
casual 평상복의

C 주어진 문장을 의문문으로 바꿔 쓰시오.

1 She did her class project yesterday.
→ ______________________

2 Ryan got on the plane this morning.
→ ______________________

3 You bought new sunglasses at the mall.
→ ______________________

4 Her Australian pen pal sent her an email.
→ ______________________

5 I lost my backpack in the playground. (I → you)
→ ______________________

6 My sister slept more than twelve hours last night. (my → your)
→ ______________________

7 Sally changed from her uniform into casual clothes after school.
→ ______________________

invite ~을 초대하다
cafeteria 구내식당
tell A about B
A에게 B에 대해서 말해주다
ending 결말
dolphin 돌고래
touch 만지다

D 짧은 응답을 이용하여 대화를 완성하시오.

1 A: Did you take the test?
B: No, ______________. How about you?

2 A: Did Tom call you yesterday?
B: Yes, ______________. He invited me to his birthday party.

3 A: Did Jake and Maggie have lunch together?
B: Yes, ______________. They ate at the cafeteria.

4 A: Did I tell you about the new restaurant?
B: ______________ Tell me about it.

5 A: Did you see Brad Pitt's new movie?
B: ______________ I didn't like the ending of the movie.

6 A: Did Jane get there on time?
B: ______________ She was late for the meeting.

7 A: Did you see dolphins at the zoo?
B: ______________ They were really cute. I even touched them.

E 대화를 읽고, 주어진 단어를 이용하여 대화를 완성하시오.

invent ~을 발명하다
telephone 전화기
metal detector 금속 탐지기

1 (write) A: ___________ J. K. Rowling ___________ the *Harry Potter* series?
B: Yes, she did. She also ___________ *The Silkworm* series.

2 (finish) A: ___________ Megan ___________ her homework last night?
B: No. She ___________ her homework at 6 this morning.

3 (invent) A: ___________ Alexander Graham Bell ___________ the telephone?
B: Yes, he did. He also ___________ the metal detector.

4 (meet) A: ___________ you ___________ your girlfriend's parents last Friday?
B: No, I didn't. I ___________ them last month in Seoul.

5 (go) A: ___________ you ___________ to Fun Land with your friends yesterday?
B: Yes, I did. I ___________ there for a school picnic. It was great!

F 대화를 읽고, 주어진 단어와 짧은 응답을 이용하여 대화를 완성하시오.

hear ~을 듣다
driving test 운전면허 시험
pass 합격하다, ~을 통과하다
someday 언젠가
throw away ~을 버리다
move to ~로 이사하다
weather 날씨
feed ~에게 먹을 것을 주다
petting zoo (동물을 만질 수 있는) 어린이 동물원
amazing 놀라운
build ~을 짓다
design ~을 설계하다, 디자인하다
construct ~을 건설하다

1 A: I heard you took the driving test. ___________ you ___________ (pass) it?
B: ______________________ I have to take it again.

2 A: ___________ you ___________ (read) Jane Austen's novel, *Emma*?
B: ______________________ But I ___________ (watch) the movie, *Emma*. I want to read it someday.

3 A: ___________ your sister ___________ (throw) away all of her old clothes when she moved to the USA?
B: ______________________ She still has them all in a big brown box under the bed.

4 A: The weather was beautiful yesterday. ___________ the children ___________ (enjoy) the zoo?
B: ______________________ They ___________ (feed) the deer in the petting zoo. They ___________ (have) an amazing time.

5 A: ___________ your father ___________ (build) your house?
B: ______________________ He ___________ (design) and ___________ (construct) it himself. It ___________ (take) five years to build it.

REVIEW

정답 및 해설 P. 15

trip 여행
finish 끝나다
on time 정각에
the day before yesterday 그저께

A ( ) 안에서 가장 알맞은 것을 고르시오.

1 Did you (enjoyed / enjoy) your trip to the USA?

2 The game (doesn't finished / didn't finish) on time.

3 Bill Gates (doesn't / didn't) invent the first computer.

4 Sarah (studies / studied) for an English test yesterday.

5 Jacob (came / comes) to class the day before yesterday.

6 (Did / Do / Does) you and he do anything fun last weekend?

7 Michael and David (has / have / had) a bad cold last weekend.

8 She didn't (go / goes / went) to the mall with her friends last Saturday.

raincoat 비옷
strange 이상한, 낯선
New Zealand 뉴질랜드
enough 충분한
trip to ~로의 여행
dream about ~에 대한 꿈을 꾸다
marry ~와 결혼하다

B 우리말과 같은 뜻이 되도록 주어진 단어를 배열하시오.

1 너의 여동생은 비옷을 가져왔니? (bring, did, her raincoat, your sister)

→ ______________________________

2 제인은 파티를 위해 새 드레스를 샀니? (for the party, buy, Jane, a new dress, did)

→ ______________________________

3 나는 어제 공원에서 친구들과 놀지 않았다. (play, I, didn't, with my friends)

→ ______________________________ in the park yesterday.

4 너는 뉴질랜드에서 많은 이상한 것들을 보았니? (see, did, many strange things, you)

→ ______________________________ in New Zealand?

5 나는 오늘 아침에 아침을 충분히 먹지 못했다. (eat, didn't, enough food, I, at breakfast)

→ ______________________________ this morning.

6 에밀리와 그녀의 엄마는 어젯밤에 재미있는 텔레비전 쇼를 보았다.
(watched, Emily and her mom, a funny TV show)

→ ______________________________ last night.

7 브랜든과 레이첼은 지난여름에 즐겁게 영국 여행을 했다.
(enjoyed, Brandon and Rachel, their trip to the UK)

→ ______________________________ last summer.

8 나는 어젯밤에 유명한 영화배우와 결혼하는 꿈을 꾸었다.
(dreamed about, a famous movie star, I, marrying)

→ ______________________________ last night.

C 주어진 동사를 알맞은 형태로 바꿔 문장을 완성하시오. [축약형으로 쓸 것]

1 My family ____________ (rent) a beach house in Bali last month. It ____________ (have) five rooms and a beautiful view of the ocean. We ____________ (swim) in the ocean.

2 My father woke up early this morning. He ____________ (eat) a bagel and ____________ (drink) a cup of coffee for breakfast. After breakfast, he ____________ (read) the newspaper at his desk.

3 I ____________ (drop) a glass yesterday. It ____________ (fall) on the floor and ____________ (break) into a million pieces! I ____________ (throw) them away.

4 I ________________ (not, have) enough money to buy lunch yesterday. So my friend ____________ (lend) me some money. I ____________ (be) lucky, but now I ____________ (owe) him $5.

5 Rick ____________ (travel) to Australia last winter. He ____________ (visit) many good places and ____________ (meet) many interesting people. He ____________ (have) a wonderful time in Australia.

rent ~을 빌리다
view 경치, 풍경
ocean 해양, 대양
wake up 일어나다
bagel 베이글(빵의 일종)
drop ~을 떨어뜨리다
glass 유리컵
fall 떨어지다
break into pieces 산산조각이 나다
a million 수많은
throw away 버리다
lend ~을 빌려 주다
owe ~을 빚지고 있다
travel 여행하다

D 밑줄 친 부분을 바르게 고쳐 문장을 다시 쓰시오. [축약형으로 쓸 것]

1 Kate <u>practices</u> Taekwondo last Friday after school.

→ ____

2 Did you <u>helped</u> your mother do the housework?

→ ____

3 I <u>didn't won</u> first prize in the English speech contest yesterday.

→ ____

4 Michael <u>cuts</u> his finger when he cooked dinner for his family.

→ ____

5 <u>Visited you</u> Big Ben and Buckingham Palace in London last year?

→ ____

6 They <u>not wear</u> school uniforms when they went on the school field trip.

→ ____

practice ~을 연습하다
Taekwondo 태권도
do the housework 집안일을 하다
win first prize 1등을 하다
speech contest 말하기 대회
finger 손가락
school uniform 교복
field trip 현장 학습

REVIEW PLUS

정답 및 해설 P. 16

own 자기 자신의
keep ~을 보관하다, 간직하다

1 다음 중 어법상 어색한 문장을 고르시오.

① I don't play a lot of team sports at school.
② My baby brother had a bad cold last week.
③ Nicole studies French in Paris last summer.
④ The children didn't wash their own clothes.
⑤ Did you keep old friends' letters?

forget ~을 잊다
miss ~을 그리워하다

2 다음 중 어법상 올바른 문장을 고르시오.

① I didn't forgot to do my homework.
② Do your new American friend like Korean food?
③ He want to go out, but she didn't want to go out then.
④ Students doesn't enjoy cleaning their classrooms after school.
⑤ Megan missed her parents when she traveled to Europe last year.

mail 우편, 우편물
build a fire 불을 피우다
get lost 길을 잃다
ask for help 도움을 청하다
by oneself 혼자서, 혼자 힘으로
spend 돈 on A A에 돈을 쓰다
rent 집세

3 다음 중 대화가 자연스럽지 않은 것을 고르시오.

① A: Did the mail come today, Mom?
B: Yes, she does. You got a letter from Emily.
② A: Did you sleep well last night?
B: No, I didn't. I built a fire, but I was still cold!
③ A: Did you get lost when you traveled through Europe?
B: Yes, I did. I sometimes had to ask people for help.
④ A: Did your sister help you cook this wonderful dinner?
B: No, she didn't. I cooked it all by myself.
⑤ A: Did you live at home when you were a university student?
B: No, I didn't. I spent a lot of money on rent.

bathe 목욕하다
run 흐르다
run away 도망가다
give A a bath A를 목욕시키다
hide 숨다
growl 으르렁거리다
pull out ~을 빼다
bubbly 거품이 나는
splash 첨벙대다, 물을 튀기다

4 다음을 읽고, (　) 안에서 가장 알맞은 것을 고르시오.

My new puppy doesn't like bathing. When she hears the water run, she (1) (runs / ran) away. Yesterday, I called her name to give her a bath, but she (2) (doesn't come / didn't come) to me and hid under the bed. "Ruby, do you want to smell nice?" I asked. "Grrr," she growled. I pulled her out and (3) (drop / dropped) her in the bubbly water. She splashed so much. Now we're both clean!

PART 4

미래 시제
Simple Future

UNIT 13 **미래 시제 will**
Future with will

UNIT 14 **미래 시제 be going to**
Future with be going to

UNIT 15 **미래를 나타내는 말**
Expressions for Future

Unit 13

미래 시제 will

KEY POINT

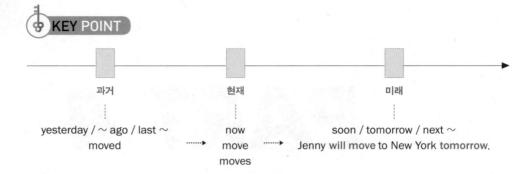

과거		현재		미래
yesterday / ~ ago / last ~		now		soon / tomorrow / next ~
moved	→	move moves	→	Jenny **will move** to New York **tomorrow**.

FOCUS

1 미래 시제(simple future)는 단순한 미래, 미래에 일어날 일에 대한 예측, 화자의 의지를 나타낼 때 사용하며, 「will + 동사원형」으로 나타낸다.

I **was** late for school yesterday. I **will be** on time tomorrow.
나는 어제 학교에 늦었다. 나는 내일은 제시간에 올 것이다.

We **went** to a concert last weekend. We **will go** to see a musical today.
우리는 지난 주말에 콘서트에 갔다. 우리는 오늘 뮤지컬을 보러 갈 것이다.

I **took** these pictures on my last trip. I **will take** some more pictures on my next trip.
나는 지난 여행에서 이 사진들을 찍었다. 나는 다음 여행에서 사진을 좀 더 찍을 것이다.

2 will의 긍정문은 「will + 동사원형」으로 나타내며, 부정문은 「will not/won't + 동사원형」으로 나타낸다.

Dinner **will be** ready at 7 p.m. 저녁은 일곱 시에 준비가 될 것이다.

Dinner **won't [will not] be** ready at 5 p.m. 저녁은 다섯 시에는 준비가 되지 않을 것이다.

She **will study** late tonight. 그녀는 오늘 밤에 늦게까지 공부할 것이다.

She **won't [will not] study** late tomorrow. 그녀는 내일 늦게까지 공부하지 않을 것이다.

It **will snow** tomorrow. 내일은 눈이 올 것이다.

It **won't [will not] snow** this Sunday. 이번 일요일에는 눈이 오지 않을 것이다.

3 will의 Yes/No 의문문은 「Will + 주어 + 동사원형~?」으로 나타내며, 그에 대한 짧은 응답은 「Yes, 주어 will.」 또는 「No, 주어 won't.」로 나타낸다.

A: **Will you be** at home this afternoon? 너 오늘 오후에 집에 있을 거니?

B: **Yes, I will. / No, I won't.** 응, 그럴 거야. / 아니, 안 그럴 거야.

A: **Will they arrive** next week? 그들은 다음 주에 도착할 거니?

B: **Yes, they will. / No, they won't.** 응, 그럴 거야. / 아니, 안 그럴 거야.

EXERCISES

정답 및 해설 P. 16

A ( ) 안에서 가장 알맞은 것을 고르시오.

1 I (give / gave / will give) my dad a blue tie for his birthday last year.
I (give / gave / will give) him a red tie for his birthday next year.

2 I (go / went / will go) to the mall with my friends last Saturday.
I (go / went / will go) to the mall with them next Saturday, too.

3 Our school soccer team (wins / won / will win) the match last Friday.
They (win / won / will win) the match again next Friday, too.

4 Ms. Nam (gives / gave / will give) the students a speaking quiz yesterday.
She (gives / gave / will give) them a quiz tomorrow as well.

tie 넥타이
match 경기, 시합
speaking quiz 말하기 시험
as well 마찬가지로, 또한

B 문장을 읽고, will을 이용하여 미래 시제로 문장을 완성하시오.

1 My dad called from New York last night.
He ________________ again tonight.

2 William helped his father in the restaurant yesterday.
He ________________ his father again today.

3 The weather was sunny yesterday.
The weather ________________ sunny tomorrow as well.

4 Nayoung enjoys learning English in Korea these days.
She ________________ learning English in London even more!

sunny 화창한
even 훨씬, 더욱더
more 더 많은

C 주어진 단어와 will을 이용하여 대화를 완성하시오.

1 A: I don't have a pen and paper.
B: I __________ __________ (lend) you mine.

2 A: __________ he __________ (finish) the project today?
B: No, __________ __________. He is busy today.

3 A: __________ you and your sister __________ (see) a movie tonight?
B: Yes, __________ __________.

4 A: Dad __________ __________ (go) hiking this weekend. __________ you __________ (join) him?
B: No, __________ __________. I __________ __________ (stay) home.

go hiking 도보 여행 가다
even 훨씬, 더욱더
more 더 많은
join ~에 참여하다, ~와 함께하다

Unit 14

미래 시제 be going to

KEY POINT

미래시제	will + 동사원형	be + going to + 동사원형
의미	• 단순 미래 • 미래의 일을 추측 • 화자의 의지나 고집에 의한 순간적 결정	• 단순 미래 • 미래의 일을 추측 • 근거가 있거나 미리 계획된 일정
긍정문	주어 + will + 동사원형	am/are/is + going to + 동사원형
부정문	주어 + will not/won't + 동사원형	am/are/is + not going to + 동사원형
의문문	Will + 주어 + 동사원형 ~?	Am/Are/Is + 주어 + going to + 동사원형 ~?

FOCUS

1 미래 시제를 나타내는 will과 be going to는 단순히 미래를 의미하거나 미래에 대한 추측을 나타낼 때는 같은 의미로 쓰인다. 하지만, will은 화자의 의지나 고집에 의한 순간적인 결정을 나타내는 반면, be going to는 주로 미리 계획된 미래의 일정을 나타낸다.

It **will** be sunny tomorrow. (예측) 내일은 맑을 것이다.

It **is going to** be sunny tomorrow. (예측) 내일은 맑을 것이다.

A: The phone is ringing. 전화 왔어.

B: O.K. I **will** get it. (순간적 결정) 알았어. 내가 받을게.

A: What **are** you **going to** do this weekend? (계획된 일정) 너 이번 주말에 무엇을 할 거야?

B: I**'m going to** see a movie with Tim. 팀이랑 영화 보러 갈 거야.

2 미래 시제 be going to의 긍정문은 「am/are/is + going to + 동사원형」이며, 부정문은 be동사 뒤에 not을 붙인 「am/are/is + not + going to + 동사원형」이다.

I **am going to be** on time. I**'m not going to be** late.
나는 정시에 도착할 것이다. 나는 늦지 않을 것이다.

Clara **is going to cook** spaghetti. She**'s not going to cook** kimchi jjigae.
클라라는 스파게티를 만들 것이다. 그녀는 김치찌개를 만들지는 않을 것이다.

We **are going to arrive** in London at 6 p.m. We**'re not going to arrive** at 9 p.m.
우리는 오후 여섯 시에 런던에 도착할 것이다. 우리는 오후 아홉 시에 도착하지는 않을 것이다.

3 미래 시제 be going to의 의문문은 주어와 be동사의 자리를 바꾼 「Am/Are/Is + 주어 + going to + 동사원형 ~?」의 형태이며, 그 응답은 「Yes, 주어 am/are/is.」 또는 「No, 주어 am/are/is not.」이다.

Kelly **is going to meet** Hyunbin tomorrow. 켈리는 내일 현빈이를 만날 것이다.

→ **Is** Kelly **going to meet** Hyunbin tomorrow? 켈리는 내일 현빈이를 만날 거니?

Yes, she is. / No, she isn't. 응, 그래. / 아니, 그렇지 않아.

EXERCISES

정답 및 해설 P. 17

A (　) 안에서 가장 알맞은 것을 고르시오.

1 I'm (go to / going to) paint the walls.

2 (Be / Is) he going to move to another city?

3 Louise is going (attend / to attend) the meeting.

4 Are you (to going / going to) buy a new computer?

5 I'm (going not / not going) to talk to her anymore.

6 My sister is going (study / to study) art in college.

paint ~에 페인트칠하다
wall 벽
move to ~로 이사하다
another 또 다른
attend ~에 참석하다
meeting 회의, 모임
not ~ anymore 더는 ~하지 않다

B 〈보기〉에서 알맞은 단어를 고르고, 주어진 표현을 이용하여 문장을 완성하시오.

[1-5] will

보기	clean	buy	miss	play	drop by

1 I'm so sad. I ________________ my family a lot.

2 She ________________ your office this evening.

3 He ________________ the drums in the band tonight.

4 They ________________ the whole house tomorrow.

5 Nicole ________________ the tickets for us. Don't worry.

[6-10] be going to

보기	do	get	sign	help	move

6 Samuel ______________________ up for tennis lessons.

7 Adam ______________________ the laundry this weekend.

8 My family ______________________ to Seoul next month.

9 Matthew and Sara ______________________ married next spring.

10 I ______________________ Joseph with his homework this afternoon.

miss ~을 그리워하다
drop by ~에 들르다
whole 전체의
sign up for ~에 등록하다
laundry 세탁물
get married 결혼하다

get up 일어나다
Toronto
토론토(캐나다 남동부의 도시)
pen pal
펜팔, 편지를 교환하는 친구

C 문장을 읽고, be going to를 이용하여 미래 시제로 문장을 완성하시오.

1 I don't get up early on Sundays.
→ I ______________________ early this Sunday.

2 I studied English in Toronto last year.
→ I ______________________ English in Toronto next year.

3 Nicole went to the library yesterday.
→ She ______________________ to the library this afternoon, too.

4 Did you meet your pen pal last month?
→ ________ you ________________ your pen pal next month?

5 Does Tim play soccer with his friends on Saturdays?
→ ________ he ________________ soccer with his friends next Saturday?

6 Ashley doesn't eat lunch with her boyfriend very often.
→ She ______________________ lunch with her boyfriend tomorrow.

be afraid of
~을 무서워하다
secret 비밀
between A and B
A와 B 사이에
vacation 방학, 휴가
whale 고래
look forward to + 명사
~을 기대하다
be on a diet
다이어트하다

D 주어진 동사와 will 또는 be going to를 이용하여 대화를 완성하시오.

1 A: __________ he __________ __________ __________ (learn) to swim?
B: No, he __________. He's afraid of water.

2 A: __________ you __________ (help) me move these boxes?
B: Sure. Don't worry. Let's do it together.

3 A: This is a secret between you and me.
B: OK. I __________ __________ (not, tell) anybody.

4 A: Do you have any plans for your vacation?
B: Yes. I __________ __________ __________ __________ (visit) my aunt in Canada.

5 A: __________ they __________ __________ __________ (go) whale watching?
B: Yes, they __________. They are looking forward to seeing the whales.

6 A: Dinner's ready! Call your sister!
B: She __________ __________ __________ __________ __________ (not, eat) dinner. She is on a diet.

E 대화를 읽고, ( ) 안에서 가장 알맞은 것을 고르시오.

1 A: I can't solve this puzzle!
B: Don't worry, Sarah. I (will / am going to) help you.

2 A: (Will you / Are you going to) go to English camp?
B: Yes, I am. I'm going to the camp.

3 A: Why did you buy so much cheese?
B: Dad (will / is going to) make pizza for dinner tonight.

4 A: Why do you look so happy?
B: I (will / am going to) see a movie with Jennifer tonight!

5 A: Tyler! Look at this mess.
B: Sorry, Mom. I (will / am going to) clean it up after lunch.

6 A: Are you ready to order?
B: I can't decide. Okay, I (will / am going to) have a tuna sandwich.

7 A: (Will you / Are you going to) vacuum the floor for me?
B: Yes, I will. I'm happy to help you.

8 A: (Will you / Are you going to) eat out tonight?
B: Yes, we are. I already made a reservation.

solve ~을 풀다
mess 난잡, 뒤죽박죽
clean up 깨끗이 청소하다, 치우다
order ~을 주문하다
decide ~을 결정하다
vacuum 진공청소기로 청소하다
floor 바닥
eat out 외식하다
already 벌써
make a reservation 예약하다

F 대화를 읽고, 주어진 동사와 will 또는 be going to를 이용하여 대화를 완성하시오.

1 A: It's so hot in here, Amanda!
B: Is it? I __________ (turn on) the air conditioner.

2 A: Do you need a ride to school today, Michael?
B: No, thanks. Dad __________ (take) me to school.

3 A: My mom is coming home from work now!
B: Don't worry. I __________ (help) you clean the kitchen.

4 A: Why did you buy so many stamps yesterday?
B: I __________ (write) letters to my friends in other countries.

5 A: I'm so tired! I want to go to sleep.
B: I __________ (get) you a cup of coffee. That will wake you up.

6 A: Are you free this evening? Let's go to a baseball game.
B: Sorry. I __________ (take care of) my sister. My parents are going out.

turn on ~을 켜다
air conditioner 에어컨
ride 탈 것
take A to~ A를 ~로 데려가다
stamp 우표
wake up 잠을 깨우다
take care of ~을 돌보다

Unit 15

미래를 나타내는 말

KEY POINT

과거 시점을 나타내는 어구 Past Tense	현재 시점을 나타내는 어구 Present Tense	미래 시점을 나타내는 어구 Future Tense
last year last month last night yesterday a few days ago	now	in a few days next summer tomorrow night soon later

FOCUS

1 과거 시제와 함께 쓰이는 과거 시점을 나타내는 어구에는 yesterday, last ~, ~ ago 등이 있다.

She **didn't** stop by my house **yesterday.** 그녀는 어제 우리 집에 들르지 않았다.

They **went** on a field trip to Gyeongju **last year.** 그들은 작년에 경주로 수학여행을 갔다.

We **met** in France **five months ago.** 우리는 5개월 전에 프랑스에서 만났다.

2 미래 시제와 함께 쓰이는 미래 시점을 나타내는 어구에는 in ~, next ~, tomorrow, soon, later 등이 있다.

I'**m going to** leave for Spain **in two weeks.** 나는 2주 후에 스페인으로 떠날 것이다.

Will he start to learn German **next week?** 그는 다음 주에 독일어를 배우기 시작할 거니?

Sally **will** be here for the concert **tomorrow.** 샐리는 내일 콘서트를 위해서 여기에 올 것이다.

The movie **is going to** start **soon.** 영화가 곧 시작할 거야.

I **will** see you **later.** 나중에 보자.

|참고| I will be here.는 직역하면 '여기 있을 것이다.'라는 뜻이지만, 결국, '여기에 있겠다'라는 의미는 여기에 올 것이라는 말이 된다. 또한 I'll be there, I'll come there, I'll go there.는 '내가 갈게.'라는 의미로 이해하면 되고, come은 화자와 청자가 만나게 될 때 사용하는 동사이다.

3 말하는 시점에 따라 과거, 현재, 미래 등 다양한 때와 어울려 쓸 수 있는 시간을 나타내는 어구에는 every day, today, tonight, after school, this morning, this afternoon, on Sunday 등이 있다.

I **wasn't** home **this afternoon.** 나는 오늘 오후에 집에 없었다.

They'**re going to go** shopping **this afternoon.** 그들은 오늘 오후에 쇼핑을 갈 것이다.

She **has** an appointment **this afternoon.** 그녀는 오늘 오후에 약속이 있다.

John **visited** his uncle **on Sunday.** 존은 일요일에 그의 삼촌을 방문했다.

The store **doesn't** open **on Sunday.** 그 가게는 일요일에 문을 열지 않는다.

I **will go** camping **on Sunday.** 나는 일요일에 캠핑하러 갈 것이다.

EXERCISES

정답 및 해설 P. 18

A ( ) 안에서 가장 알맞은 것을 고르시오.

1 The class (ends / ended) two hours ago.

2 I will pay the money back (yesterday / later).

3 We visit our grandparents (last / every) weekend.

4 We (celebrated / will celebrate) your birthday next weekend.

5 Is Hanna going to visit you in London (last / next) summer?

6 Brandon (doesn't / didn't / won't) come to Korea last month.

7 Jessica didn't eat anything (this morning / tomorrow morning).

end 끝나다
pay A back A를 갚다
celebrate ~을 축하하다

B 주어진 동사를 현재 또는 과거, 미래(will) 시제로 바꿔 문장을 완성하시오.

1 (meet) We ___________ the new English teacher last Monday.
We ___________ the new English teacher next Monday.

2 (cost) It ___________ a lot of money to live overseas last year.
It ___________ a lot of money to live overseas next year.

3 (lose) My sister ___________ her electronic dictionary last semester.
My sister ___________ her electronic dictionary every semester.

4 (not, sit) Last year, I ___________ often ___________ in the front row.
Now, I ___________ often ___________ in the back row.

5 (forget) ___________ you ___________ to bring your textbook yesterday?
I ___________ to bring my textbook yesterday.

6 (stay) ___________ you ___________ in a luxury hotel in Guam last month?
___________ you ___________ in a luxury hotel in Guam next month?

7 (not, go) My friends and I ___________ ___________ out for dinner last night.
My friends and I ___________ ___________ out for dinner tomorrow.

cost (비용이) 들다
live overseas 외국에 살다
electronic dictionary 전자사전
semester 학기
front row 앞줄
back row 뒷줄
forget ~을 잊다
bring ~을 가져오다, 데려오다
textbook 교과서
luxury 호화; 호화로운
Guam 괌(북태평양의 미국령 섬)

nowadays 요즘
instead 그 대신에
go snowboarding 스노보드를 타러 가다
for the first time 처음으로
awesome 굉장한
on the way to ~ ~로 가는 길[도중]에
precious 귀중한
favorite 가장 좋아하는
look for ~을 찾다
art gallery 미술관
exhibition 전시
be interested in ~에 관심이 있다
work 작품

C 글을 읽고, 주어진 동사를 시제에 맞게 바꿔 문장을 완성하시오.

1 Nowadays, Ryan usually __________ (play) sports with his friends on Saturday afternoon. But last Saturday, he __________ (be) too tired, so he __________ (watch) a movie at home instead. Next week, he __________ __________ __________ __________ (play) baseball with his friends.

2 I __________ (go) snowboarding for the first time last winter. My friends and I __________ (have) so much fun. It is an awesome sport! Next winter, we __________ __________ __________ __________ (ride) a snowboard every weekend!

3 David __________ (lose) his cell phone on the way to school today. It had all his friends' numbers, precious pictures, and favorite songs on it. But now he __________ (think) he can find it. After school, he __________ __________ (walk) home the same way and look for it.

4 Sue __________ (visit) an art gallery and __________ (see) Picasso's paintings yesterday. The exhibition was great. Now, she __________ (be) really interested in Picasso's paintings and his life. This weekend, she __________ __________ (go) to the library and find some books about him and his works.

exercise 운동하다
senior 4학년
homeroom teacher 담임 교사
famous 유명한
comedian 코미디언

D 우리말과 같은 뜻이 되도록 주어진 단어를 배열하시오.

1 내일은 비가 올까요? (tomorrow, it, is, rain, going to)

→ ______________________________

2 나는 운동 후에 스포츠 음료를 마실 것이다. (I, have, a sports drink, will)

→ ______________________________ after I exercise.

3 브리트니는 올해 예일 대학 4학년이다. (is, at Yale University, a senior)

→ Britney ______________________________ this year.

4 그린 씨는 작년에 우리 담임이었다. (was, last year, my homeroom teacher)

→ Ms. Greene ______________________________.

5 나는 언젠가 유명한 코미디언이 될 것이다. (am going to, I, a famous comedian, be)

→ ______________________________ one day.

6 에밀리는 매일 밤 남동생에게 이야기를 읽어준다. (reads, to her brother, Emily, a story)

→ ______________________________ every night.

E will 또는 won't와 주어진 단어를 이용하여 대화를 완성하시오.

1 A: Mom, we are out of milk and fruit.
B: Okay. I ________________ (go) grocery shopping later.

2 A: How was your trip to London?
B: It was amazing! I ___________ ever ___________ (forget) it.

3 A: I think the TV is broken.
B: I ________________ (call) a repairman this evening.

4 A: Ryan promised to come to my party.
B: Don't believe him. He ________________________ (show up) tomorrow.

5 A: Did you buy everything on the shopping list?
B: Yes. But the stuff in the A-Mart was expensive. I ________________ (go) there again.

6 A: Do you have any special plans for the weekend?
B: Not really, but I ________________ (stay) home and spend time with my kids.

be out of 다 떨어지다
go grocery shopping 장을 보러 가다
broken 고장 난
repairman 수리공
promise ~을 약속하다
believe ~을 믿다
show up 나타나다
stuff 물건
expensive 값이 비싼
special 특별한
Not really. 꼭 그런 것은 아니다.

F be going to 또는 be not going to와 주어진 단어를 이용하여 대화를 완성하시오.

1 A: What is your New Year's plan?
B: I want to lose weight. I ________________________ (eat) fast food.

2 A: Did you watch the comedy show yesterday?
B: No, but I ________________________ (watch) the rerun this weekend.

3 A: Let's go for a walk.
B: I can't. I'm waiting for Jane. We ________________________ (study) for the mid-terms.

4 A: Your hair is too long.
B: I know, but I ________________________ (get) a haircut. I like long hair.

5 A: Did you invite Jessy and Brenda to dinner?
B: Yes, but they won't come. They ________________________ (visit) their cousin tonight.

6 A: What will you do this weekend?
B: The department store is having a sale this week.
I ________________________ (buy) some clothes there this Sunday.

lose weight 체중을 줄이다
rerun (TV프로그램 등의) 재방송
go for a walk 산책하러 가다
mid-term 중간고사
get a haircut 머리를 자르다
have a sale 세일하다, 할인행사를 하다

REVIEW

정답 및 해설 P. 19

episode 1회 방송분
CSI(= Crime Scene Investigation) 과학 수사대
enter ~에 들어가다, 입학하다
probably 아마도
feed ~에게 먹이를 주다
remind ~을 상기시키다
publish ~을 출판하다
result 결과
survey 설문 조사

A ( ) 안에서 가장 알맞은 것을 고르시오.

1 Will you (going to lend / lend) me your pen?

2 (Will / Are) you going to watch this episode of *CSI* with me?

3 Both of my brothers (will / going to) go to university next year.

4 Matthew and Kate (joined / will join) the drama camp next week.

5 He (is going / will) probably forget to feed the cat. Please remind him.

6 Cathy and I (am not going to / are not going to) study English tomorrow.

7 Are you (will / going to) publish the results of your survey in the school newspaper?

stadium 경기장
way 길
follow ~을 따라가다
kindergarten 유치원
attend ~에 다니다, 출석하다
scarf 목도리
go on vacation 휴가를 가다
relative 친척
both 둘 다

B 주어진 동사를 알맞은 형태로 바꿔 문장을 완성하시오.

1 A: Do you know how to get to the baseball stadium?
B: Yes, I do. I will show you the way.
A: Great! We ________ ________ (follow) you.

2 A: How old is your brother?
B: He'll be six in May.
A: When is he going to start kindergarten?
B: He ________ ________ ________ ________ (attend) kindergarten in the fall.

3 A: What are you going to give Dad for his birthday?
B: I ________ (make) this scarf for him last weekend.
A: How sweet of you! I think he ________ ________ (like) it.

4 A: Where are you and your sister going to go on vacation?
B: We ________ ________ ________ ________ (visit) our relatives in America.
A: That ________ ________ (be) a lot of fun. I hope you both have a great time!

5 A: What did you have for breakfast this morning, Michael?
B: I ________ (have) cereal with milk, but tomorrow I ________ ________ ________ ________ (make) blueberry pancakes.
A: That sounds great! I think I ________ ________ (join) you.

C 우리말과 같은 뜻이 되도록 주어진 단어를 배열하시오.

horseback riding 승마
leave 떠나다
discuss the problem 문제를 논의하다
in front of ~ 앞에

1 그녀는 우리와 함께 오지 않을 것이다. (isn't, to, she, come, going)

→ ______________________________ with us.

2 이번 여름에 승마를 배울 예정이니? (horseback riding, are, learn, going, to, you)

→ ______________________________ this summer?

3 제가 당신의 위해 문을 열어 줄게요. (will, I, the door, open)

→ ______________________________ for you.

4 떠나기 전에 개를 산책시켜 줄래? (you, will, the dog for a walk, take)

→ ______________________________ before you leave?

5 우리는 이번 주말 전에 그 프로젝트를 끝마칠 것이다. (finish, will, we, the project)

→ ______________________________ before this weekend.

6 제이는 방과 후에 선생님과 그 문제에 대해 토론을 할 것이다.
(going, discuss, the problem, to, is)

→ Jay ______________________________ with his teacher after school.

7 샘과 나는 오전 10시에 박물관 앞에서 만날 것이다.
(are going to, Sam and I, in front of the museum, meet)

→ ______________________________ at 10 a.m.

D 밑줄 친 부분을 바르게 고쳐 문장을 다시 쓰시오.

use bad language 나쁜 말을 쓰다
business 사업, 장사
accept ~을 받아들이다
apology 사과
all the way ~ 내내
Spanish 스페인어
semester 학기

1 I <u>not will</u> use bad language again.

→ ______________________________

2 They <u>be</u> going to start a new business.

→ ______________________________

3 We are <u>going not</u> to accept his apology.

→ ______________________________

4 She <u>wills</u> come with me to the dance tonight.

→ ______________________________

5 Are you going <u>walk</u> all the way to the beach?

→ ______________________________

6 Professor Park will <u>teaches</u> Spanish next semester.

→ ______________________________

REVIEW PLUS

정답 및 해설 P. 20

scare ~을 놀라게 하다
get to work 출근하다

1 다음 중 어법상 어색한 문장을 고르시오.

① David likes scaring his sister.
② You will pass the exam tomorrow.
③ I'm going to get to work on time.
④ Will I see you next week in Seoul?
⑤ The store won't open at 9 a.m. yesterday.

squash 스쿼시 (운동)
Singapore 싱가포르

2 다음 중 어법상 올바른 문장을 고르시오.

① My sister play squash tomorrow.
② I'm going to travel to Singapore.
③ Does he plays the piano very well?
④ Our teacher has a bad cold last week.
⑤ We didn't stayed at the Wonder Hotel in Seoul.

how to+동사원형 ~하는 방법
cricket 크리켓
I'd(= I would) love to 나는 ~하고 싶다
dye ~을 염색하다
wig 가발
pay the bill 지불하다
treat 대접, 한 턱 낼 차례
sibling 형제, 자매
Taj Mahal 타지마할(인도의 아그라에 있는 왕비의 묘)
make arrangements for ~의 준비를 하다

3 다음 중 대화가 자연스럽지 않은 것을 고르시오.

① A: Do you know how to play cricket, Jihoon?
B: No, I don't. Will you teach me? I'd love to learn.
② A: Is Sarah going to dye her hair green for Halloween?
B: No, she isn't. She's going to wear a wig instead.
③ A: That was a great meal! So who's going to pay the bill?
B: Oh, I will. It'll be my treat.
④ A: Do you have any siblings, Jennifer?
B: Yes, I do. I have a brother. He is going to 23 next month.
⑤ A: Are you going to visit the Taj Mahal?
B: Yes, I will! I made arrangements for a guide to take me there.

vacation 방학, 휴가
Great Barrier Reef 그레이트배리어리프(오스트레일리아 북동부의 큰 산호초)

4 다음 주어진 동사를 사용하여 글을 완성하시오.

Hi. Let me tell you about my summer vacation plans. First, I __________ __________ __________ __________ (visit) my friend Dennis in Sydney, Australia. I spoke to him last week, and he was really excited! He promised to take me to see the Great Barrier Reef. Then, after I return to Korea, I __________ __________ (join) my brother at soccer camp. We __________ __________ __________ __________ (learn) how to play soccer. My dream is to play for Manchester United one day. It __________ __________ (be) a busy summer, but I __________ __________ __________ __________ (enjoy) it!

PART 5

진행 시제
Progressive

Unit 16

현재 진행

KEY POINT

주어	be동사의 현재형	동사의 -ing형
I	am	working.
You / We / They	are	
She / He / It	is	

FOCUS

1 -ing형은 「동사원형+ing」가 기본형이며, -e로 끝나는 동사는 -e를 빼고 -ing를 붙인다.

동사원형 + ing	-e로 끝나는 동사 → e 빼고 + -ing
fly → flying cry → crying learn → learning look → looking watch → watching	give → giving make → making live → living dance → dancing shake → shaking

The baby **is crying** for his mother. 아기가 엄마를 찾으며 울고 있다.

I **am learning** to ride a bicycle. 나는 자전거를 타는 법을 배우고 있다.

We **are making** chocolate cookies. 우리는 초콜릿 쿠키를 만들고 있다.

People **are dancing** to the music. 사람들은 음악에 맞춰 춤을 추고 있다.

2 「단모음+단자음」으로 끝나는 동사는 끝자음을 한 번 더 쓰고 -ing를 붙이며, -ie로 끝나는 동사는 -ie를 y로 고치고 -ing를 붙인다.

단모음 + 단자음 동사 → + 단자음 + -ing	-ie로 끝나는 동사 → ie를 y로 고치고 + -ing
set → setting put → putting cut → cutting stop → stopping swim → swimming plan → planning hit → hitting	lie → lying die → dying tie → tying

The kids **are swimming** in the sea. 아이들이 바다에서 수영을 하고 있다.

They **are planning** a surprise party for Max. 그들은 맥스를 위해 깜짝 파티를 준비하고 있다.

He **is lying** on the bench. 그는 벤치에 누워 있다.

She **is tying** her shoe laces. 그녀는 신발 끈을 묶고 있다.

3 현재 진행형은 「be동사 현재형(am/are/is)+-ing」이다. 부정문은 「be동사 현재형(am/are/is)+not+-ing」이며, 의문문은 「be동사 현재형(Am/Are/Is)+주어+-ing ~?」이다.

긍정문: 「am/are/is+-ing」 ~하는 중이다

부정문: 「am/are/is+not+-ing」 ~하는 중이 아니다

의문문: 「Am/Are/Is+주어+-ing ~?」 ~하는 중이니?

She **is watching** TV now. 그녀는 지금 텔레비전을 보고 있다.

→ She **is not [isn't] watching** TV now. 그녀는 지금 텔레비전을 보고 있지 않다.

A: **Is** she **watching** TV now? 그녀는 지금 텔레비전을 보고 있니?

B: **Yes, she is. / No, she isn't.** 응, 그래. / 아니, 그렇지 않아.

They **are playing** in the park. 그들은 공원에서 놀고 있다.

→ They **are not [aren't] playing** in the park. 그들은 공원에서 놀고 있지 않다.

A: **Are** they **playing** in the park? 그들은 공원에서 놀고 있니?

B: **Yes, they are. / No, they aren't.** 응, 그래. / 아니, 그렇지 않아.

4 현재 진행은 현재 일시적으로 진행되고 있는 동작을 나타내며, '~하고 있다, ~하는 중이다'라는 의미를 가진다.

He is in his car. He **is driving** his car.
그는 자기 차 안에 있다. 그는 운전을 하고 있는 중이다.

I was thirsty, so I'**m drinking** water.
나는 목이 말랐다. 그래서 물을 마시고 있는 중이다.

They have a midterm exam tomorrow. They **are studying** now.
그들은 내일 중간고사를 본다. 그들은 지금 공부하는 중이다.

She lost her purse. She **is looking** for it.
그녀는 지갑을 잃어버렸다. 그녀는 그것을 찾고 있는 중이다.

5 현재 진행은 미래를 의미하기도 한다. 주로 미래를 나타내는 시간 표현과 함께 쓰여 가까운 미래의 확정적인 일을 나타내며, '~할 것이다'라는 의미를 가진다.

He usually gets up at 6 a.m. He **is getting** up at 5 a.m. next week.
그는 대개 여섯 시에 일어난다. 그는 다음 주에 다섯 시에 일어날 것이다.

They bought airplane tickets and booked a hotel room. They **are going** on a trip for two weeks.
그들은 비행기 표를 사고, 호텔을 예약했다. 그들은 2주 동안 여행을 갈 것이다.

Tomorrow is my father's birthday. I **am making** his birthday cake tomorrow morning.
내일은 우리 아버지의 생신이다. 나는 내일 아침에 아버지의 생일 케이크를 만들 것이다.

My grandparents came back from their trip. I **am visiting** them this evening.
조부모님께서 여행에서 돌아오셨다. 나는 오늘 저녁에 그분들을 방문할 것이다.

EXERCISES

정답 및 해설 P. 20

quiet 조용한
leave 떠나다, 출발하다
hurry up 서두르다
free time 여가, 자유 시간

A ( ) 안에서 가장 알맞은 것을 고르시오.

1 He (takes / is taking) a bus now.
He (goes / is going) to school by bus every day.

2 Please be quiet. The baby (sleeps / is sleeping).
The baby (sleeps / is sleeping) about 16 hours a day.

3 The train (leaves / is leaving) every 30 minutes.
Hurry up! The train (leaves / is leaving) in 5 minutes!

4 I (am reading / read) books in my free time.
I (am reading / read) *The Adventures of Huckleberry Finn* now.

5 Ben always (does / is doing) his homework before dinner.
He (writes / is writing) his history report now.

sit next to each other 나란히 앉다
jog 조깅하다
lie 눕다
disturb ~을 방해하다

B 주어진 단어를 이용하여 현재 진행형 문장을 완성하시오.

1 They ____________ next to each other. (sit)

2 My father ____________ around the park. (jog)

3 We ____________ our holiday plan. (not, talk about)

4 People ____________ on the beach under the sun. (lie)

5 Don't disturb Peter. He ____________ for his exam. (study)

6 I ____________ my computer now. You can use it. (not, use)

world-famous 세계적으로 유명한
chef 요리사
lesson 수업, 강습
fly to ~까지 비행기로 가다
Thailand 태국
prepare ~을 준비하다
Thai 태국의; 태국어(의); 태국사람(의)
Bangkok 방콕(태국의 수도)

C 글을 읽고, 주어진 동사를 현재 진행형으로 바꿔 문장을 완성하시오.

Emily ____________ (study) to be a world-famous chef. This week, she ____________ (learn) to cook Korean food. Today, her teacher ____________ (show) the class how to make doenjang jjigae. Emily likes her Korean teacher, and she really enjoys the lessons. Next week, she ____________ (fly) to Thailand. She is going to learn how to prepare Thai food in Bangkok.

D 〈보기〉에서 밑줄 친 현재 진행형의 의미를 골라 그 기호를 쓰시오.

보기 (a) 현재 일시적으로 진행되고 있는 동작 (b) 가까운 미래의 확정적인 일

skyscraper 초고층 빌딩
overseas 외국

1 It's raining outside. ____________
2 I'm not going to the dance party tonight. ____________
3 Are they building a new skyscraper now? ____________
4 Sally is reading a newspaper at her desk. ____________
5 Are you visiting your grandparents this weekend? ____________
6 My brother is coming home from overseas next month. ____________

E 〈보기〉와 같이 주어진 문장을 부정문, 의문문으로 바꿔 쓰시오.

보기 Aiden is playing with Trinity.
→ Aiden isn't playing with Trinity.
→ Is Aiden playing with Trinity?

answer the phone 전화를 받다
cello 첼로 (악기)

1 It is snowing outside.
→ ____________________
→ ____________________

2 She is answering the phone.
→ ____________________
→ ____________________

3 Mr. Park is teaching a class now.
→ ____________________
→ ____________________

4 You are learning how to play the cello.
→ ____________________
→ ____________________

5 They are using the Internet to do their homework.
→ ____________________
→ ____________________

Unit 17

과거 진행

KEY POINT

주어	be동사의 과거형	동사의 -ing형
I / She / He / It	was	eating.
You / We / They	were	

FOCUS

1 과거 진행형은 「be동사 과거형(was/were) + -ing」이다.

I wrote an email to you last night. 나는 어젯밤에 너에게 이메일을 썼다.

I **was writing** an email to you at that time. 나는 그때 너에게 이메일을 쓰고 있었다.

Michael walked to school yesterday. 마이클은 어제 학교에 걸어갔다.

Michael **was walking** to school when I called him. 내가 마이클을 불렀을 때 그는 학교에 걸어가고 있는 중이었다.

2 부정문은 「be동사 과거형(was/were) + not + -ing」이다. 축약형은 「wasn't/weren't + -ing」이다.

I didn't visit her yesterday. 나는 어제 그녀를 방문하지 않았다.

I **wasn't visiting** her at that time. I was doing yoga. 나는 그때 그녀를 방문하고 있지 않았다. 나는 요가를 하고 있었다.

We didn't pay attention to you. 우리는 당신에게 주의를 기울이지 않았다.

We **weren't paying** attention to you at that time. 우리는 그때 당신에게 주의를 기울이고 있지 않았다.

3 의문문은 「be동사 과거형(Was/Were) + 주어 + -ing?」이다.

Mark was riding a bicycle at that time. 마크는 그때 자전거를 타고 있었다.

→ **Was Mark riding** a bicycle at that time? 마크가 그때 자전거를 타고 있었니?

You and Jacob were eating lunch together in the cafeteria. 너와 제이콥은 구내식당에서 함께 점심을 먹고 있었다.

→ **Were you and Jacob eating** lunch together in the cafeteria? 너와 제이콥은 구내식당에서 함께 점심을 먹고 있었니?

4 과거 진행은 '~하고 있었다, ~하는 중이었다'라는 의미로, 과거 어느 시점에 진행되고 있는 동작이나 일을 나타낸다. 주로 at that time, then과 같은 부사와 함께 사용된다.

A gentle breeze **was blowing at that time.** 그때 부드러운 산들바람이 불고 있었다.

They **were carrying** heavy bags **then.** 그때 그들은 무거운 가방을 메고 있었다.

EXERCISES

정답 및 해설 P. 21

A (   ) 안에서 가장 알맞은 것을 고르시오.

1 (Was / Did) Sally talking on the phone?

2 It was snowing outside (now / at that time).

3 I was not (drink / drinking) coffee. It was milk.

4 Cathy and Jackson (are riding / were riding) horses then.

5 Thomas (was wearing / is wearing) a black suit last night.

6 You and I (was practicing / were practicing) baseball at 5 p.m. yesterday.

ride (말, 자전거 등을) 타다
wear (옷, 장신구, 안경 등을) 착용하다
suit 정장, 옷

B 주어진 단어를 이용하여 과거 진행형으로 문장을 완성하시오.

1 Trent ____________________ (fix) the roof.

2 I ____________________ (play) chess at home.

3 Judy ____________________ (surf) the Internet.

4 Jamie ____________________ (have) a chat with his friend.

5 We ____________________ (study) for the exam at the library.

6 Some people ____________________ (sunbathe) on the beach.

roof 지붕
play chess 체스를 두다
surf the Internet 인터넷을 검색하다
have a chat 수다를 떨다
sunbathe 일광욕을 하다

C 〈보기〉에서 알맞은 말을 골라 과거 진행형으로 문장을 완성하시오. [부정문은 축약형으로 쓸 것]

보기	read/not	clean	play	tell/not	make	water

1 Lisa ____________________ her room.

2 They ____________________ the truth.

3 Kim ____________________ a newspaper.

4 The children ____________________ hide and seek.

5 We ____________________ the plants in the garden.

6 Mr. Lee ____________________ a meal for his guests.

truth 사실, 진실
hide and seek 숨바꼭질
water 물을 주다
plant 식물
meal 식사
guest 손님

Caesar salad 시저샐러드(야채에 크루통, 파메르산 치즈를 곁들인 샐러드)
look for ~을 찾다
missing 실종된, 없어진
department store 백화점
save ~을 저축하다
the poor 가난한 사람들

D 주어진 문장을 과거 진행형으로 바꿔 문장을 완성하시오.

1 I made a Caesar salad for lunch.
→ I ________________ a Caesar salad for lunch.

2 They looked for their missing dog.
→ They ________________ their missing dog.

3 We are shopping at the department store.
→ We ________________ at the department store.

4 Daniel and Joseph exercise in the gym.
→ Daniel and Joseph ________________ in the gym.

5 She saves money to help the poor.
→ She ________________ money to help the poor.

badminton 배드민턴
take a shower 샤워를 하다

E <보기>와 같이 주어진 문장을 과거 진행, 부정문, 의문문으로 바꿔 쓰시오.

보기 Amy plays badminton in the evening.
→ Amy __was playing__ badminton at 6 this evening.
→ Amy __wasn't playing__ badminton at 6 this evening.
→ __Was__ Amy __playing__ badminton at 6 this evening?

1 The baby cries early in the morning.
→ The baby ________________ around 2 o'clock.
→ The baby ________________ around 2 o'clock.
→ ________ the baby ________ around 2 o'clock?

2 You play video games.
→ You ________________ video games at that time.
→ You ________________ video games at that time.
→ ________ you ________ video games at that time?

3 Tom takes a shower every day.
→ Tom ________________ a shower at 7 this morning.
→ Tom ________________ a shower at 7 this morning.
→ ________ Tom ________ a shower at 7 this morning?

4 Jane and her sister watch the movies every weekend.
→ Jane and her sister ________________ a movie at that time.
→ Jane and her sister ________________ a movie at that time.
→ ________ Jane and her sister ________ a movie at that time?

F 대화를 읽고, (   ) 안에서 가장 알맞은 것을 고르시오.

1 A: Where was Jacob last night?
B: He was at home. He (helps / was helping) his father.

2 A: What were you doing at 2 p.m. yesterday?
B: I (was studying / study) for the test in the library.

3 A: Did you call me at 12 a.m. yesterday?
B: No, I didn't. I (sleep / was sleeping) then.

4 A: Did your brother finish brushing his teeth?
B: No, he (was doing / is doing) it now.

5 A: What was the weather like this morning?
B: Beautiful! The sun (shines / was shining) brightly at that time.

6 A: It's hot. Let's go for a swim, Sam.
B: Sorry, but I can't. I (am writing / was writing) my essay now.

brush one's teeth 이를 닦다
shine 빛나다
brightly 밝게
go for a swim 수영하러 가다

G 대화를 읽고, 주어진 동사를 문맥에 맞게 과거나 과거 진행형으로 바꿔 쓰시오.

1 A: Beth, your cell phone ________ ________ (ring) loudly last night.
B: I'm sorry. I ________ ________ (prepare) for today's speech contest at that time, so I couldn't hear it.
A: So did you finally answer the phone? Who ________ (be) it?
B: It ________ (be) my friend Sarah from London. She ________ ________ (call) to say, "Happy Birthday!"

2 A: I have terrible news! My favorite goldfish, Tiger, ________ (die) last night.
B: Oh, really? What happened?
A: I don't know. I ________ ________ (build) a model airplane in my room last night. At that time, she ________ ________ (swim) around with her friends as usual.
B: When did you realize Tiger was dead?
A: This morning. I ________ (go) to feed her, and she ________ ________ (float) upside down! My brother ________ (flush) her down the toilet just an hour ago.

ring (전화가) 울리다
loudly 시끄럽게
prepare for ~을 준비하다
speech contest 말하기 대회
terrible 끔찍한
goldfish 금붕어
die 죽다, 사망하다
model airplane 모형 비행기
as usual 평소와 다름없이
dead 죽은
realize ~을 깨닫다, 알아차리다
feed ~에게 먹이를 주다
float 뜨다, 떠오르다
upside down 거꾸로
flush the toilet 화장실 물을 내리다

REVIEW

정답 및 해설 P. 22

toaster 토스터, 빵 굽는 기계
power 전력
go out 꺼지다, 나가다
draw ~을 그리다
character 등장인물, 캐릭터
volleyball 배구
gymnasium 체육관

A ( ) 안에서 가장 알맞은 것을 고르시오.

1 (a) I (am making / was making) breakfast when I heard the news on TV.
(b) My dad is busy right now. He (is cooking / was cooking) dinner.

2 (a) It (isn't raining / wasn't raining) when I left home this morning.
(b) Justin and I (aren't using / weren't using) the toaster when the power went out.

3 (a) Dad (is playing / was playing) tennis with his friend from work now.
(b) I (am studying / was studying) history with Sally in school at that time.

4 (a) Lauren (is meeting / was meeting) her friends for a movie next week.
(b) The students (are looking / were looking) at the stars at 11 p.m. last night.

5 (a) (Are the children drawing / Were the children drawing) pictures of their favorite Halloween characters right now?
(b) (Is the volleyball team practicing / Was the volleyball team practicing) in the gymnasium at that time?

viola 비올라 (악기)
make noise 소란을 피우다
pick up ~을 태우다
horseback riding 승마

B 〈보기〉에서 알맞은 동사를 골라 지시대로 바꿔 문장을 완성하시오. [한 번씩만 쓸 것]

보기	go	play	wait	make	read	lie

1 (현재) Minhee ______________ the viola.
(현재 진행) Minhee ____________________ the viola.

2 (과거) The puppy ______________ in the sun.
(과거 진행) The puppy ____________________ in the sun.

3 (현재) The kids ______________ too much noise.
(현재 진행) The kids ____________________ too much noise.

4 (과거) She ______________ the new *Harry Potter* book.
(과거 진행) She ____________________ the new *Harry Potter* book.

5 (과거) She ______________ for her father to pick her up.
(과거 진행) She ____________________ for her father to pick her up.

6 (현재) Andrew ______________ to horseback riding camp.
(현재 진행) Andrew ____________________ to horseback riding camp.

C 대화를 읽고, 주어진 동사를 문맥에 맞게 현재진행형이나 과거진행형으로 바꿔 쓰시오.

A: Hello? Ryan? What (1) ____________ you ____________ (do) now?

B: I (2) ________________________ (listen) to music and chatting with John. Why?

A: Well, Mark and I (3) ________________________ (ride) bikes to the sports center to play basketball. But all of a sudden, Mark felt sick and decided to go home. We need another player, so I thought you might want to join us.

B: Thanks, but I (4) ________________________ (have) a good time now. Maybe next time, though.

A: Sure, I understand.

chat with ~와 잡담하다; ~와 (메신저로) 채팅하다
all of a sudden 갑자기
feel sick 메스껍다
decide ~을 결정하다
another 또 다른
might ~일지도 모르다
maybe 어쩌면, 아마도
though 그렇지만, 하지만
understand ~을 이해하다

D 우리말과 같은 뜻이 되도록 주어진 단어를 배열하시오.

1 저 소녀들을 좀 봐! 길거리에서 춤을 추고 있어. (on the street, are, they, dancing)

→ Look at those boys. ________________________________

2 그녀가 나에게 미소 짓고 있었니? (she, smiling, was, at me)

→ ____

3 그 우편집배원은 소포를 배달하고 있는 중이다. (a parcel, is, the mail carrier, delivering)

→ ____

4 나는 친구들과 휴식 시간을 보내고 있었다. (was, a break, having, I)

→ ________________________________ with my friends.

5 사람들은 버스 정류장에 줄을 서 있다. (are, people, standing in line)

→ ________________________________ at the bus stop.

6 그들은 캠핑을 위해 장을 보고 있다. (groceries for their camping, are, they, buying)

→ ____

7 한나와 나는 기념품을 사러 다니는 중이었다.
(were, Hannah and I, for souvenirs, shopping)

→ ____

8 들어 봐! 우리 선생님이 교장 선생님과 영어로 이야기를 하고 있어.
(speaking to, is, our teacher, the principal)

→ Listen! ________________________________ in English.

parcel 소포
mail carrier 우편집배원
deliver ~을 배달하다
break 휴식 시간
stand in line 줄 서다
souvenir 기념품
principal 교장

REVIEW PLUS

정답 및 해설 P. 23

feed A to B (먹이로) A를 B에게 주다
tuna 참치
sweep ~을 쓸다

1 다음 중 어법상 <u>어색한</u> 문장을 고르시오.

① Rachel is feeding tuna to her three black cats.
② It finally stopped raining after about two hours.
③ Emily doesn't understand the teacher's questions.
④ What does Elizabeth doing over there with William?
⑤ We swept the floor after the children finished playing.

drive home 운전해서 집에 가다
sandbox 모래 상자
anniversary 기념일(의)

2 다음 중 어법상 바른 문장을 고르시오.

① At 6:30 p.m., Ms. Smith was driving home.
② Were you watch the basketball game then?
③ Catherine visiting her best friend next weekend.
④ The children are playing in the sandbox at that time.
⑤ Do you plan your parents' anniversary party yesterday?

squeeze ~을 쥐어짜다
lemonade 레모네이드
in a minute 금방, 당장
porch 현관
by oneself 혼자서, 혼자 힘으로

3 다음 중 대화가 자연스럽지 <u>않은</u> 것을 고르시오.

① A: What are your sisters doing in the kitchen?
B: They are squeezing lemons to make lemonade.
② A: Mom, where is today's newspaper?
B: It was on the kitchen table a minute ago.
③ A: Is your brother carries the groceries from the car?
B: Yes, he is. He'll be here in a minute.
④ A: Why aren't our flowers growing, Mom?
B: I don't know. Maybe they need more sunlight.
⑤ A: Did you paint the porch all by yourself, Joseph?
B: No, I didn't. Andrew and Michael helped me.

inside ~의 안으로
documentary 다큐멘터리; 문서의
wild animal 야생 동물

4 다음을 읽고, (　　) 안에서 가장 알맞은 것을 고르시오.

This morning, Tammy took her younger sisters to the zoo. They (1) (are having / were having) a great time. But then it started raining. They (2) (ran / run) inside and (3) (wait / waited) for the rain to stop. But at five o'clock, it (4) (is still raining / was still raining), so they left the zoo and went back home. Now, they (5) (are watching / were watching) a TV documentary about wild animals in Africa.

PART 6

조동사
Helping Verbs

Unit 18

조동사의 형태

KEY POINT

조동사가 있는 문장의 형태	긍정문	주어 + 조동사 + 동사원형 ~.
	부정문	주어 + 조동사 + not + 동사원형 ~.
	의문문	조동사 + 주어 + 동사원형 ~?

FOCUS

1 조동사(helping verbs)는 본동사와 함께 쓰여 본동사의 의미를 보충해 주는 동사를 말한다.

Donghyun speaks German fluently. 동현이는 독일어를 유창하게 한다.

Donghyun **can** speak German fluently. 동현이는 독일어를 유창하게 할 수 있다.

Hyemin helped me to lift the box. 혜민이는 내가 상자를 드는 것을 도와주었다.

Hyemin **might** help me to lift the box. 혜민이는 내가 상자를 드는 것을 도와줄지도 모른다.

All the passengers are wearing seat belts. 모든 승객이 안전벨트를 매고 있다.

All the passengers **must** wear seat belts. 모든 승객은 안전벨트를 매야 한다.

2 조동사가 있는 문장의 긍정문은 「조동사 + 동사원형」의 형태를 취한다.

Joon studied Japanese. He **can speak** Japanese.
준이는 일본어를 공부했다. 그는 일본어를 할 수 있다.

I missed the bus. I **may be** late.
나는 버스를 놓쳤다. 나는 늦을지도 모른다.

Are you going to come to London? You **must come** and stay with us in London.
너 런던에 올 거니? 너 런던에 와서 꼭 우리와 함께 머물러야 해.

3 조동사가 있는 문장의 부정문은 「조동사 + not + 동사원형」의 형태를 취한다.

I can ride roller skates, but I **can't [cannot] ride** horses. 나는 롤러스케이트는 탈 수 있지만 말은 못 탄다.

It may be true, but it **may not be** true. 그것은 사실일 수도 있고 사실이 아닐 수도 있다.

You must park here. You **must not [mustn't] park** there. 당신은 여기에 주차해야 합니다. 거기에 주차하면 안 됩니다.

4 조동사가 있는 의문문은 「조동사 + 주어 + 동사원형 ~?」의 형태이다.

She can ride a bike. 그녀는 자전거를 탈 수 있어요.

→ **Can she ride** a bike? 그녀는 자전거를 탈 수 있나요?

He should take notes. 그는 메모를 해야 한다.

→ **Should he take** notes? 그가 메모를 해야 하나요?

EXERCISES

정답 및 해설 P. 24

A ( ) 안에서 가장 알맞은 것을 고르시오.

take A for a walk A와 산책을 가다
before the sunset 해가 지기 전에

1 She (dances / dance) to the music.
She (can dance / can dances / cans dance) very well.

2 He (goes / go) to see concerts on weekends.
He (can went / can goes / can go) to see a concert tonight.

3 I (take / takes) my dog for a walk every day.
I (can takes / can take / cans take) your dog to the park for you.

4 We (go / goes / went) to the zoo last Saturday.
We (might went / might goes / might go) to the zoo this Saturday.

5 You (come / comes) home before sunset every day.
You (must comes / must come / must came) home before sunset.

6 Amy (celebrates / celebrate) her birthday with her family every year.
Amy (may celebrate / may celebrates / mays celebrate) her birthday with her friends this year.

B 주어진 문장을 지시에 따라 알맞게 바꿔 쓰시오.

eat out 외식하다
laptop computer 노트북 컴퓨터

1 We eat out tonight.
(can 긍정문) ______________________
(can 부정문) ______________________
(can 의문문) ______________________

2 You get new shoes today.
(may 긍정문) ______________________
(may 부정문) ______________________
(may I 의문문) ______________________

3 They put two kids in one room.
(must 긍정문) ______________________
(must 부정문) ______________________

4 She uses his laptop computer.
(can 긍정문) ______________________
(can 부정문) ______________________
(can 의문문) ______________________

Unit 19

능력, 허가, 추측

KEY POINT

조동사	의미
can	~할 수 있다 (능력), ~해도 좋다 (허가)
be able to	~할 수 있다 (능력)
could	~할 수 있었다 (능력)
can't	~할 수 없다 (능력)
can't be	~일 리가 없다 (강한 부정 추측)
may / might	~해도 된다 (허가), ~일지도 모른다 (추측)

FOCUS

1 can과 could는 '~할 수 있다'는 능력이나 가능을 나타내며, 이때 can은 「am/are/is+able to」로, could는 「was/were+able to」로 바꿔 쓸 수 있다.

I learned how to play the violin. I **can** play the violin.

I learned how to play the violin. I **am able to** play the violin.
나는 바이올린 켜는 법을 배웠다. 나는 바이올린을 켤 수 있다.

My mother **can** drive a car, but she **can't** ride a motorbike.

My mother **is able to** drive a car, but she **isn't able to** ride a motorbike.
우리 엄마는 운전을 할 수 있지만 오토바이는 탈 수 없다.

She was very smart. She **could** read English at the age of four.

She was very smart. She **was able to** read English at the age of four.
그녀는 매우 똑똑했다. 그녀는 네 살에 영어를 읽을 수 있었다.

I got up late this morning. I **couldn't** catch the train on time.

I got up late this morning. I **wasn't able to** catch the train on time.
나는 오늘 아침에 늦게 일어났다. 나는 제시간에 기차를 탈 수 없었다.

|참고| can을 다른 조동사와 함께 쓸 때는 be able to를 사용한다.
He'll **be able to** join English camp this summer. 그는 이번 여름에 영어 캠프에 참가할 수 있을 것이다.
He **won't be able to** join English camp this summer. 그는 이번 여름에 영어 캠프에 참가할 수 없을 것이다.

2 can't be는 '~일 리가 없다'는 강한 부정의 추측을 나타낸다.

That **can't[cannot] be** Jungmin. She is in school. 저 사람이 정민이일 리가 없어요. 그녀는 학교에 있어요.

It **can't[cannot] be** yours. It has my name on it. 그것은 네 것일 리가 없어. 그것에 내 이름이 쓰여 있어.

3 can은 '~해도 좋다'는 허가를 나타낸다.

It's getting dark outside. You **can** go home now.
밖이 점점 어두워지고 있어. 너는 이제 집에 가도 좋아.

It is raining. You **can't** go out and play.
비가 내리고 있어. 너는 밖에 나가서 놀면 안 돼.

A: I forgot to bring my cell phone. 휴대 전화를 잊고 안 가져왔어.

B: You **can** use mine. 내 것을 써.

A: **Can** I borrow your science notebook? 내가 너의 과학 공책을 좀 빌릴 수 있을까?

B: Yes, you **can**. / No, you **can't**. 응, 돼. / 아니, 안 돼.

|참고| can은 상대방에게 요청이나 부탁을 할 때 사용한다.
Can you help me move this table? 이 탁자를 옮기는 것을 좀 도와줄래?
Can you lend me this book? 이 책을 좀 빌려줄래?

4 may는 '~해도 된다'는 허가를 나타낸다.

You **may** take a short break now. 당신은 이제 잠깐 쉬어도 됩니다.

You **may not** go home now. 너는 지금 집에 가면 안 된다.

A: **May** I have a glass of ice water? 얼음물 한잔 마실 수 있을까요?

B: Of course. I'll get it for you. 물론이죠. 갖다 드릴게요.

A: **May** I have your name and phone number? 이름과 전화번호를 말해 주시겠어요?

B: Sure. My name is John Smith, and my phone number is 233-3324.
물론이죠. 제 이름은 존 스미스이고, 전화번호는 233-3324예요.

A: **May** I stay up late tonight? 오늘 밤 늦게까지 자지 않아도 돼요?

B: Yes, you **may**. / No, you **may not**. 응, 그래. / 아니, 안 돼.

5 may와 might는 '~일지도 모른다'는 추측을 나타낸다.

Carol sometimes goes hiking on the weekend. She **may** go hiking this weekend, too.
캐롤은 때때로 주말에 하이킹을 간다. 그녀는 이번 주말에도 하이킹을 갈지 모른다.

He sometimes goes for a walk after dinner. He **may not** be at home now.
그는 때때로 저녁을 먹은 후에 산책을 한다. 그는 지금 집에 없을지도 모른다.

The professor went to a conference. You **might** be able to see her tomorrow.
교수님은 회의에 가셨어요. 내일은 교수님을 만날 수 있을지도 몰라요.

|참고| may보다 약한 추측을 의미할 때 might를 사용하기도 한다.

EXERCISES

정답 및 해설 P. 24

come in ~에 들어오다[가다]
borrow ~을 빌리다
second 초

A 밑줄 친 부분의 의미를 〈보기〉에서 골라 그 기호를 쓰시오.

보기 (a) 능력 (b) 허가 (c) 추측

1 You can come in. ____________
2 She may not remember me. ____________
3 You may borrow my soccer ball. ____________
4 I can play the piano and the viola. ____________
5 I might go to the park later tonight. ____________
6 I can run 100 meters in under 12 seconds. ____________

yell at ~에게 소리치다
park (차 등을) 주차하다
sign 표지판

B 주어진 단어를 이용하여 문맥에 맞게 긍정 또는 부정으로 문장을 완성하시오.

1 You may not take my chair, but you ____________ (may, take) my table.
2 He can speak Japanese, but he ____________ (can, write) Japanese.
3 I can find my running shoes, but I ____________ (can, find) my ballet shoes.
4 My mother might yell at me, but she ____________ (might, yell) at you.
5 There's a "Parking" sign. You ____________ (can, park) your car here.

these days 요즘

C be able to를 포함하는 문장으로 바꿔 쓰시오.

1 She cannot play the guitar.
→ ____________________________
2 I can remember her name.
→ ____________________________
3 He couldn't answer the question.
→ ____________________________
4 Can you draw a map of the island?
→ ____________________________
5 We can travel under the sea these days.
→ ____________________________

D 대화를 읽고, ( ) 안에서 문맥에 알맞은 것을 고르시오.

1 A: I (can / can't) watch the TV. It is broken.
B: Tom might (can / be able to) fix it.

2 A: Is there anything interesting in the magazine?
B: For me, nothing much. You (may / may not) borrow it.

3 A: It's very cloudy. It (might / can't) rain soon.
B: Don't worry. You (can / can't) share my umbrella.

4 A: Look! Is that Sam over there?
B: No, that (can't be / can be) Sam. He is in Paris now.

5 A: You look very tired. What happened?
B: I (couldn't / can't) sleep last night. My neighbor made too much noise.

6 A: (Can / May) you lend me your laptop computer for a week?
B: Sure. But what happened to yours?
A: Mine is broken. It (may / can't) take two weeks to fix it.

broken 고장 난
Nothing much. 별 거 없어.
cloudy 구름 낀, 흐린
share ~을 함께 쓰다, 나누다
neighbor 이웃
lend ~을 빌려주다
laptop computer 노트북 컴퓨터

E 〈보기〉에서 알맞은 말을 고르고, 주어진 동사를 이용하여 문장을 완성하시오. [한 번씩만 쓸 것]

[1-3] 보기 wasn't able to / might / can't

1 A: What are you doing for the weekend?
B: I'm not sure. I ________________ (see) a movie.

2 A: Where is the NTC department store?
B: It is next to the post office. You ________________ (miss) it.

3 A: Why are you so late? Why didn't you phone me?
B: I'm sorry. I ________________ (call) you. My phone battery was dead.

[4-6] 보기 couldn't / may / might not

4 A: Hello, Mr. Peterson. ___________ I ___________ (come) in?
B: Sure. Have a seat. What do you want to talk?

5 A: Where is James? Why don't you call him?
B: He ________________ (answer) my phone. We had a fight yesterday.

6 A: When will you give me my notebook back?
B: How about next week? I ________________ (read) it. I was too busy.

miss ~을 못 보고 놓치다
phone ~에게 전화하다
battery 배터리
dead (배터리 등의 전력이) 다 소모된
have a seat 앉다
have a fight 싸우다

Unit 20

의무, 강한 추측, 불필요, 충고

KEY POINT

조동사	의미
must	~해야 한다 (의무), ~임이 틀림없다 (추측)
must not	~하면 안 된다 (금지)
have to	~해야 한다 (의무)
don't have to	~할 필요 없다 (불필요)
should	~해야 한다 (의무, 당연, 충고)
had better	~하는 것이 좋겠다 (강한 충고)

FOCUS

1 must는 강한 의무(~해야 한다)와 강한 추측(~임이 틀림없다)을 나타내며, must의 부정형인 must not은 금지(~하면 안 된다)를 나타낸다.

It's already 7 p.m. I **must** go now. (의무) 벌써 일곱 시야. 나는 지금 가야 해.

You look very tired. You **must** take a rest. (의무) 너 정말 피곤해 보여. 너는 좀 쉬어야 해.

They are students. They **must** follow school rules. (의무) 그들은 학생이야. 그들은 교칙을 지켜야 해.

|주의| must로 물을 때는 must와 don't have to로 응답할 수 있다. must not은 '~하면 안 된다'는 뜻이고, don't have to는 '~할 필요가 없다'는 뜻이다.

A: **Must** I wear a tie to the party? 파티에 넥타이를 매야만 하나요?

B: Yes, you **must**. / No, you **don't have to.** 네, 매야만 해요. / 아니요, 그럴 필요 없어요.

Last night, he didn't sleep at all. He **must** be tired. (추측)
어젯밤에 그는 잠을 전혀 안 잤어. 그는 틀림없이 피곤할 거야.

Kelly often goes to the movies. She **must** like movies. (추측)
켈리는 종종 영화를 보러 가. 그녀는 영화를 좋아하는 것이 틀림없어.

Jim stays in bed all day. He **must** be very sick. (추측)
짐은 하루 종일 침대에 누워 있어. 그는 많이 아픈 것이 틀림없어.

You **must not** talk to your mother like that. (금지)
너는 어머니에게 그렇게 말해서는 안 돼.

The water is very deep. We **must not** swim here. (금지)
물이 정말 깊어. 우리는 여기서 수영을 하면 안 돼.

|참고| must not은 mustn't로 줄여 쓸 수 있다.

You **mustn't** talk to your mother like that.

2 have to[has to]는 강한 의무(~해야 한다)를 나타내며, 부정형인 don't have to[doesn't have to]는 불필요(~할 필요가 없다)를 나타낸다. 강한 의무의 must는 have to[has to]로 바꿔 쓸 수 있고, must와 have to의 과거형은 had to이다. don't have to[doesn't have to]의 과거형은 didn't have to이다.

She **has to (= must)** answer all the questions. (의무_현재) 그녀는 모든 질문에 대답을 해야 한다.

A: Do we **have to** read this book? (의무_현재) 우리가 이 책을 읽어야 하나요?

B: Yes, you **have to.** / No, you **don't have to.** 네, 그래야 해요. / 아니요, 그럴 필요 없어요.

He **had to** do all the housework. (의무_과거) 그는 모든 집안일을 해야 했다.

They **had to** memorize the poem. (의무_과거) 그들은 그 시를 외워야 했다.

You **don't have to** finish your homework today. It's not due until next week. (불필요_현재)
오늘 숙제를 끝마칠 필요는 없어. 다음 주까지는 마감이 아니잖아.

We **didn't have to** hurry. We had plenty of time. (불필요_과거)
우리는 서두를 필요가 없었어. 시간은 충분했어.

3 should는 의무, 당연, 충고를 나타내며, '~하는 것이 좋겠다, ~해야 한다'라는 의미이다.

We **should** respect the rights of others. (의무, 당연) 우리는 타인의 권리를 존중해야 한다.

A: **Should** I wear a suit to the party? (의무) 파티에 정장을 입어야 하나요?

B: Yes, you **should.** / No, you **don't have to.** 네, 입어야 해요. / 아니요, 그럴 필요 없어요.

You look sick. You **should** stay in bed. (충고) 너 아파 보여. 누워 있는 것이 좋겠어.

You **shouldn't** eat so much junk food. (충고) 너는 정크푸드를 너무 많이 먹지 않는 게 좋겠어.

4 「had better + 동사원형」은 '~하는 것이 좋겠다' 또는 '~해야 한다'는 당연함이나 경고성의 강한 충고를 나타내며, had better의 부정형은 「had better not + 동사원형」이다. 대명사주어의 경우, 「주어'd better + 동사원형」으로 축약하여 쓰기도 한다.

It's already noon. You **had better leave** now. 벌써 정오야. 지금 떠나는 게 좋겠어.

It looks dangerous. You **had better not try.** 위험해 보여. 시도하지 않는 게 좋겠어.

You**'d better take** an umbrella. It's going to rain. 우산을 가져가는 것이 좋겠어. 비가 올 거야.

You**'d better not go** out. It's too cold outside. 밖에 나가지 않는 것이 좋겠어. 밖은 너무 추워.

|주의| '~하는 것이 좋겠다'라는 의미의 had better는 형태는 과거지만, 뜻은 현재이다.

EXERCISES

정답 및 해설 P. 25

have fun 재미있게 놀다
grass 잔디
visitor 방문객
any time now 곧
get to work 일을 시작하다
leave 떠나다
say goodbye 작별 인사하다

A ( ) 안에서 가장 알맞은 것을 고르시오.

1 (Can / Must) we leave so soon? We're having fun now.

2 You (had better / don't have to) cut the grass. I'll do it for you.

3 You can't wait here. Visitors (must / must not) wait over there.

4 This is the final test. You (have to / don't have to) study hard for it.

5 Look at those clouds! It (could / had better) start raining any time now.

6 I needed to get to work early today, so I (had to / must) get up early this morning.

7 You (should / don't have to) go home now. Your mother is waiting for you at home.

8 He (must / doesn't have to) leave now. Go and say goodbye to him. Hurry up!

9 You (must / must not) forget your tennis shoes. You have a tennis match today.

10 You (must / don't have to) do anything. I'll do everything for you.

vegetable 채소
unlocked 잠기지 않은
buddy 동료, 친구
journey 여행
in front of ~의 앞에
entrance 입구
skip ~을 거르다, 건너뛰다

B 밑줄 친 부분의 의미를 〈보기〉에서 골라 그 기호를 쓰시오.

보기 (a) 의무, 충고 (b) 금지 (c) 강한 추측 (d) 불필요

1 You must clean your room. ______

2 You don't have to wear a dress. ______

3 Do I have to finish my vegetables? ______

4 You must not leave the door unlocked. ______

5 You should always swim with a buddy. ______

6 It's very hot. You had better wear a hat. ______

7 You must be tired after your long journey. ______

8 We must not park in front of the entrance. ______

9 She doesn't have to worry about her kids. ______

10 He skipped breakfast and lunch. He must be hungry. ______

C 〈보기〉에서 알맞은 말을 골라 빈칸에 써넣으시오.

보기			
	shouldn't make	should call	don't have to wait
	had better do	must not block	don't have to knock

block ~을 막다, 방해하다
knock 노크하다, (문 등을 똑똑) 두드리다
by oneself 혼자
left 남은
laundry 세탁물, 빨랫감

1 Visitors ______________ the entrance.

2 You ______________. Just come in, please.

3 You ______________ for me. I'll be okay by myself.

4 Mom might be worried. We ______________ her.

5 It's already 11 p.m. It's too late. You ______________ noise now.

6 I don't have any clean clothes left. I ______________ the laundry.

D 우리말과 같은 뜻이 되도록 주어진 단어를 이용하여 문장을 완성하시오.

phone ~에게 전화하다
apologize 사과하다
present 선물; 현재의
chance 기회
opportunity 기회
keep an eye on ~에서 눈을 떼지 않다, ~을 잘 지켜보다

1 그들은 나의 새 소설을 읽어야 해. (should, read, novel)

→ They ______ ______ ______ ______ ______.

2 제가 그녀에게 전화해서 사과해야 하나요? (should, phone)

→ ______ ______ ______ ______ and apologize?

3 너는 걱정할 필요 없어. 여기는 안전해. (have to, worry)

→ You ______ ______ ______ ______. It's safe here.

4 데이비드는 저녁 먹기 전에 자신의 경기를 끝마쳐야 했다. (have to, finish, game)

→ David ______ ______ ______ ______ ______
before dinner.

5 그는 그녀에게 생일 선물을 주어야 한다. (must, give, a present)

→ He ______ ______ ______ ______ ______
for her birthday.

6 이번이 너의 마지막 기회야. 이 기회를 놓치지 않아야 해. (must, miss, opportunity)

→ This is your last chance. You ______ ______ ______
______ ______.

7 너는 너의 가방을 잘 지켜보는 게 좋겠다. 여기는 위험해.
(better, keep an eye on your bag)

→ You ______ ______ ______ ______ ______
______ ______ ______. It's dangerous here.

Unit 21 추측과 부탁의 정도

KEY POINT

Degrees of Certainty(추측의 정도)

100% 확신			50% 이하
현재형(~이다)	must be(~임이 틀림없다) cannot be(~일 리가 없다)	may be/might be (~일지도 모른다)	

Polite Requests(부탁의 정도)

정중한 부탁		일상적인 가벼운 부탁
May I ~?(~해도 되겠습니까?) Would you ~?(~해 주시겠습니까?)	Could I ~?(~해도 될까요?) Could you ~?(~해 줄래요?)	Can I ~?(~해도 돼?) Can you ~?(~해 줄래?) Will you ~?(~해 줄래?)

FOCUS

1 조동사를 포함하는 추측의 표현에는 강한 추측의 must be(~임이 틀림없다), 강한 부정의 추측의 cannot[can't] be(~일 리가 없다), 불확실한 추측의 may be[might be](~일지도 모른다) 등이 있다.

The phone is ringing. It **must be** Cindy. She told me she would call.
전화 왔어요. 신디임이 틀림없어요. 그녀가 전화한다고 했거든요.

The phone is ringing. It **cannot** (= **can't**) be Lucy. She is in class now.
전화 왔어요. 루시일 리가 없어요. 그녀는 지금 수업 중이에요.

The phone is ringing. It **may** (= **might**) be Emma. She sometimes calls me.
전화 왔어요. 엠마일지도 몰라요. 그녀는 가끔 저에게 전화를 하거든요.

2 조동사를 이용한 허가를 구하는 표현으로는 「Can/Could/May I ~?」가 있으며, 상대방의 도움을 요청하거나 부탁하는 표현으로는 「Would/Will/Could/Can you ~?」 등이 있다.

I left my cell phone at home. **May I** use your phone? (허가)
제 휴대 전화를 집에 두고 왔습니다. 당신의 전화를 사용해도 되겠습니까?

I have something to tell you. **Could I** see you for a moment? (허가)
당신에게 할 말이 있어요. 잠깐 볼 수 있을까요?

I missed the last class. **Can I** borrow your notebook? (허가)
지난 수업을 못 들었어. 공책을 빌려도 될까?

I don't have enough money. **Would you** lend me some? (부탁)
돈이 충분하지 않습니다. 빌려 주시겠습니까?

I have to send a package. **Could you** tell me the way to the post office? (부탁)
소포를 부쳐야 합니다. 우체국으로 가는 길을 알려 주시겠습니까?

She is not here right now. **Can you** call back later? (부탁)
그녀는 지금 여기 없어. 나중에 다시 전화할래?

You said it too quickly. **Will you** repeat that? (부탁)
말이 너무 빨라. 다시 말해 줄래?

EXERCISES

정답 및 해설 P. 26

A ( ) 안에서 가장 알맞은 것을 고르시오.

> human 인간
> rest 쉬다
> down 우울한, 기운이 없는
> door bell 초인종

1 (May / Could) you answer my question?

2 Monkeys (could / can't) talk. Only humans can.

3 He isn't at school. He (may / cannot) be at home.

4 I don't know the answer. (May / Can) you tell me?

5 Take your coat. It (may / may not) be cold at night.

6 Hyemin rested for over an hour. She (can't / must) be tired now.

7 Justin is feeling a bit down and tired. He (may / may not) stay home tonight.

8 The door bell is ringing. It (must / cannot) be Haerim. She told me she would be here soon.

B 우리말과 같은 뜻이 되도록 주어진 단어를 이용하여 문장을 완성하시오.

> for a moment 잠시 동안
> shut ~을 닫다
> try on (옷을) 입어보다
> take care of 보살피다
> turn off ~을 끄다

1 제가 잠깐 동안 당신의 펜을 써도 될까요? (may, have)

→ __________ __________ __________ your pen for a moment?

2 여기 너무 추워. 창문을 닫아 줄래? (will, shut)

→ It's too cold here. __________ __________ __________ the window?

3 이 재킷이 마음에 들어요. 입어볼 수 있을까요? (can, try, it, on)

→ I like this jacket. __________ __________ __________ __________ __________?

4 제가 그 패션잡지를 읽어도 될까요? (may, read)

→ __________ __________ __________ the fashion magazine?

5 하루 동안 내 개를 돌봐 줄래요? (would, take care of)

→ __________ __________ __________ __________ __________ my dog for the day?

6 영화가 곧 시작합니다. 휴대 전화를 꺼 주시겠습니까? (could, turn off)

→ The movie will start soon. __________ __________ __________ __________ your cell phone?

rumble of thunder 천둥이 우르르 거리는 소리
walk (동물을) 산책시키다
business trip 출장
sore throat 인후염
runny nose 콧물
cough 기침하다

C can't, must, may 중 가장 알맞은 것을 골라 빈칸에 써넣으시오.

1 A: One of my hobbies is reading books.
B: You ___________ like books.

2 A: Did you hear the news? Steve failed the test.
B: It ___________ be true. He told me he passed it.

3 A: Do you hear the rumble of thunder? It ___________ be raining now.
B: Then, I'd better take my umbrella.

4 A: Is he at home now?
B: He sometimes walks his dog at this time. He ___________ be in the park.

5 A: There's the bell. Is it Andy?
B: It ___________ be him. He is on a business trip to San Francisco.

6 A: I have a sore throat and runny nose. I cough a lot, too.
B: You ___________ have a bad cold. You'd better go and see a doctor.

assistant 보조자, 조수
receipt 영수증
pass ~을 건네주다
turn down the volume 소리를 작게 하다

D 〈보기〉처럼 주어진 조동사로 시작하는 부탁의 문장을 쓰시오.

보기 It's cold in here. Ask someone to close the window. (could)
→ Could you close the window?

1 You are buying a coat. Ask the assistant to give you a receipt. (can)
→ ___________________________

2 You want to know the time. Ask someone to tell you the time. (could)
→ Excuse me, ___________________________?

3 You want potatoes. Ask your father to pass you the potatoes. (would)
→ ___________________________

4 The radio is too loud. Ask your friend to turn down the volume. (can)
→ ___________________________

5 It's too hot in here. Ask someone to turn on the air conditioner. (could)
→ ___________________________

6 You want to go to the Halloween party. Ask your brother to take you to the party. (will)
→ ___________________________

E 〈보기〉처럼 주어진 조동사로 시작하는 허가를 구하는 문장을 쓰시오.

> 보기 You are a little hungry. You want to have some bread. (may)
> → May I have some bread?

make a call 전화를 걸다
thirsty 목이 마른
take a message 메모를 받다

1 You make a call and want to speak to Chris. (may)
→ Hello, ______________________________?

2 You are thirsty. You want to drink a glass of water. (can)
→ ______________________________

3 Somebody calls you. You want to take a message. (may)
→ ______________________________

4 You really want to have 10 dollars to go to the movies. (may)
→ Mom, ______________________________?

5 You are going to move the desk. You want to get some help. (could)
→ John, ______________________________?

6 You left your phone at home. You want to use your friend's cell phone. (could)
→ ______________________________

F 우리말과 같은 뜻이 되도록 주어진 말을 배열하시오.

forehead 이마
fever (체온) 열, 열병
marathon 마라톤
book ~을 예약하다
terrible 형편없는

1 이 상자들은 너무 무거워. 나를 도와줄래? (will, me, help, you)
→ These boxes are too heavy. ______________________________

2 네 이마가 아주 뜨거워. 열이 나는 것이 틀림없어. (have, you, a fever, must)
→ Your forehead is very hot. ______________________________

3 제인은 기타를 잘 쳐. 밴드 멤버일지도 몰라. (may, a band member, she, be)
→ Jane plays the guitar well. ______________________________

4 그는 마라톤 경기를 마쳤어. 그는 매우 튼튼함이 틀림없어. (be, must, he, very strong)
→ He finished a marathon. ______________________________

5 나를 위해서 영화 표 두 장을 예약해 줄래요? (book, you, two movie tickets, could)
→ ______________________________ for me?

6 마이크는 노래를 못해. 그는 뮤지컬 배우일 리가 없어. (be, can't, a musical actor, he)
→ Mike is a terrible singer. ______________________________

REVIEW

정답 및 해설 P. 27

full 배가 부른
clever 똑똑한
passenger 승객
have a sense of ~에 대한 감각이 있다
show up 나타나다
fluent 유창한

A ( ) 안에서 가장 알맞은 것을 고르시오.

1 I'm full. You (can / cannot) have my cake.

2 Kelly is very clever. She (can't be / must be) wrong.

3 You (had better / might) stay here. A storm is coming.

4 I (couldn't / might) sleep last night because of the noise.

5 All the passengers (have to / might) wear seat belts. It's the law.

6 You (don't have to / must) worry. I will help you solve the problem.

7 Andrew (isn't able to / should) read a book. He is only two years old.

8 I have a great sense of fashion. I (can / had better) find the perfect shirt for you.

9 He sometimes comes to church during the week. He (may / is able to) show up tonight.

10 Mr. Kim lived in Germany for many years. He (must / might not) be fluent in German.

project 계획, 과제
soda 탄산음료

B 문장을 읽고, 어법상 어색한 부분을 바르게 고쳐 문장을 다시 쓰시오.

1 You has to try harder.

→ ______________________________

2 I will be not able to finish this project.

→ ______________________________

3 You should not drinking soda every day.

→ ______________________________

4 Matthew mights tell us a great ghost story!

→ ______________________________

5 He must comes to the school festival.

→ ______________________________

6 We had not better make any noise in the library.

→ ______________________________

C 대화를 읽고, 빈칸에 각각 can't, had better, must 중 가장 알맞은 것을 써넣으시오.

A: What's the matter with you? You (1) ______________ be bored already.

B: I am. We (2) ______________ be crazy to be here in this old cabin in the woods for a week.

A: We could take the canoe out on the lake, or we might go for a nature walk.

B: I don't know. Maybe we (3) ______________ leave here and go to the beach.

bored 싫증 난
cabin 오두막집
woods 숲
canoe 카누
go for a nature walk 자연 속의 산책로를 걷다

D 우리말과 같은 뜻이 되도록 주어진 단어를 이용하여 문장을 완성하시오.

1 너는 가서 준비하는 편이 낫겠다. (had, go)

→ You __________ ____________________ and get ready.

2 여기서는 우회전을 하지 않아야 합니다. (must, turn, right)

→ You __________ __________ __________ __________ here.

3 내가 몇 번이나 너에게 말해야 하니? (have to, tell)

→ How many times __________ __________ __________ __________ __________ you?

4 너는 더는 이 일을 할 필요가 없다. (have to, do)

→ You __________ __________ __________ __________ this work anymore.

get ready 준비하다
turn right 우회전하다, 오른쪽으로 돌다

E 우리말과 같은 뜻이 되도록 주어진 단어를 배열하시오.

1 너 농담하는 거지! (must, joking, be, you)

→ ____

2 너에게 내 최근 그림을 보여 줄 수 있어. (can, I, show, you)

→ ______________________________ my latest painting.

3 동물들이 생각을 할 수 있을까? (able, are, to, animals, think)

→ ____

4 너는 바이올린 연습을 매일 하는 게 좋겠어. (better, the violin, you, practice, had)

→ ______________________________________ every day.

joke 농담하다
latest 최신의, 최근의

REVIEW PLUS

정답 및 해설 P. 28

stay up 자지 않고 일어나 있다
across 가로질러
chilly 몹시 추운
stomachache 복통

1 다음 중 어법상 어색한 문장을 고르시오.

① I must go now. I'm already late.
② They may stay up late. It's the weekend.
③ When I was young, I could swim across the lake.
④ You should wearing a warm coat. It's chilly today.
⑤ She should see a doctor. She often gets stomachaches.

get lost 길을 잃다
in advance 미리

2 다음 중 어법과 내용상 올바른 문장을 고르시오.

① They should not ask the way. They might get lost.
② Would you like to come with us? It won't be great fun.
③ Could you please tell me how to get to Almond Street?
④ We may remember to buy groceries. There's nothing to eat!
⑤ May you buy tickets in advance? I really want to see the show.

look for ~을 찾다, 구하다
shower 샤워를 하다
repeat ~을 반복하다

3 다음 중 대화가 자연스럽지 않은 것을 고르시오.

① A: I don't have any money.
B: You should look for a part-time job.
② A: I want to be big and strong one day.
B: Then you don't have to exercise more.
③ A: Hello?
B: Hello, Ms. Reynolds? May I speak to David, please?
④ A: Stop! All swimmers must shower before entering the pool.
B: Oh, sorry. I didn't know that.
⑤ A: Michael? Did you hear me?
B: I'm sorry, Mr. Cho. Could you please repeat the question?

go over the rules 규칙을 되짚다
obey ~에게 복종하다
babysitter 아이를 돌봐주는 사람
at all times 항상
turn out (불 등을) 끄다
scare ~을 무섭게 하다
have a turn 차례가 돌아오다

4 다음을 읽고, (   ) 안에서 가장 알맞은 것을 고르시오.

Dad: Your mother and I are leaving. Before we go, let's go over the rules: You (1) (must / can) obey the babysitter at all times. You can't go outside after dark. You should be in bed before 10 o'clock.
Mike: (2) (Must / Can) we turn out the lights and tell ghost stories?
Dad: No, Mike, you can't. That (3) (might / had better) scare your sister.
John: Can we play computer games?
Dad: Yes, you can. But you (4) (have to / don't have to) let your sister have a turn, too.

PART 7

명사와 관사
Nouns and Articles

Unit 22

명사

KEY POINT

명사	보통명사	구체명사: book, table, school, cookie, bakery, mouse ...
		추상명사: life, love, hope, beauty, health, friendship ...
	고유명사	Sydney, Australia, Jaemin, Maria, Sunday, January ...

FOCUS

1 명사(nouns)는 사람, 동 · 식물, 사물, 장소, 보이지 않는 추상적인 것 등의 이름을 나타내는 말이다.

사람　people, woman, man, boy, girl, father, mother, teacher, student ...
동·식물　animal, monkey, iguana, snake, plant, tree, flower, grass ...
사물　thing, TV, book, pen, table, chair, dress, pants, glasses ...
장소　school, classroom, music room, park, zoo, playground ...
추상적인 것　happiness, power, truth, love, information ...

2 고유 명사(proper nouns)는 세상에 하나밖에 없는 특정한 사람, 사물, 장소 등의 이름을 나타내며 대문자로 시작한다.

Ottawa is the capital of **Canada.** 오타와는 캐나다의 수도이다.
The Eiffel Tower is in **Paris, France.** 에펠타워는 프랑스 파리에 있다.
Antarctica is the coldest place in **the world.** 남극은 세계에서 가장 추운 곳이다.
Bridget and **Emily** are going to **London** in **July.** 브리짓과 에밀리는 7월에 런던에 갈 것이다.
Jennifer is from the **USA**, and **Yumi** is from **Japan.** 제니퍼는 미국 출신이고, 유미는 일본 출신이다.

3 보통 명사(common nouns)는 고유 명사를 제외한 명사로 일반적인 사물에 두루 쓰이는 이름을 말하며, 구체 명사(concrete nouns)와 추상 명사(abstract nouns)로 나뉜다.

구체 명사　girl, boy, TV, book, pen, tomato, pear, dress, shorts, school, library, country ...
추상 명사　happiness, power, truth, information, honesty, beauty, imagination ...

Many **people** were happy with the **decision.** 많은 사람들은 그 결정에 행복했다.
I'm reading a **book** about Korean **history.** 나는 한국 역사에 대한 책을 읽고 있다.
My little **sister** has a good **imagination.** 내 여동생은 상상력이 좋다.
There are many **admirers** of her **beauty.** 그녀의 아름다움을 흠모하는 사람들이 많이 있다.
Newspapers do not always tell the **truth.** 신문이 항상 진실을 말하는 것은 아니다.

EXERCISES

정답 및 해설 P. 28

A 명사에 해당하는 것을 모두 골라 쓰시오.

student	small	have	is	lake	animals	Seoul
hot	weather	friendship	old	chair	mother	sugar

____

B 제시된 개수대로 명사를 골라 밑줄을 그으시오.

1 (2개) Chocolate is my favorite sweet.

2 (2개) My new shoes have a hole in them.

3 (3개) My neighbor has a big dog and two cats.

4 (3개) The boy looked at the shiny stars in the sky.

5 (4개) My family went to Busan on vacation last summer.

6 (3개) I saw an entertainer on TV. He was wearing funny clothes!

7 (4개) Ben found a gold coin on the street and put it into his pocket.

8 (5개) My father bought tomatoes, potatoes, and some onions at the supermarket.

sweet 단 것
hole 구멍
shiny 빛나는
entertainer 연예인
clothes 옷
pocket 주머니

C 글을 읽고, 제시된 개수대로 명사를 골라 밑줄 긋고 종류별로 분류하시오.

Emily is a teacher from Sydney, Australia. Last week, she came to Korea. Her neighbor Jennifer helped her shop for furniture. Jennifer has a lot of knowledge about where to shop. At Dongdaemun Market, they bought a bed, two chairs, and a desk. Emily appreciated Jennifer's kindness, and she believes their friendship will last a long time.

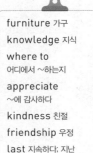

furniture 가구
knowledge 지식
where to 어디에서 ~하는지
appreciate ~에 감사하다
kindness 친절
friendship 우정
last 지속하다; 지난

1 고유명사(6개) ______________________________

2 추상명사(5개) ______________________________

3 구체명사(6개) ______________________________

Unit 23

셀 수 있는 명사

KEY POINT

명사	셀 수 있는 명사	단수형: a book, a cup, a dog, a fork ...
		복수형: books, cups, dogs, forks ...
	셀 수 없는 명사	water, money, sugar, air, cheese ...

FOCUS

1 셀 수 있는 명사(countable nouns)에는 단수형과 복수형이 있다.

a dog → dogs
a school → schools
a singer → singers
a computer → computers
a tour guide → tour guides
a teacher → teachers

I have **a computer**, but my father has **two computers.** 나는 컴퓨터 한 대를 가지고 있지만, 우리 아버지는 컴퓨터를 두 대 가지고 있다.

Jacob is **a teacher**, but his brothers are not **teachers.** 제이콥은 교사이지만, 그의 형들은 교사가 아니다.

We have **one seat** in the front row or **two seats** in the back. 앞줄에 한 자리, 뒤쪽에 두 자리가 있습니다.

Julia keeps **a cat**, and Alex keeps **three cats.** 줄리아는 고양이 한 마리를 기르고, 알렉스는 고양이 세 마리를 기른다.

2 명사의 복수형은 기본적으로 명사 뒤에 -s나 -es를 붙인다.

I read a book a week, and my sister reads **two books** a week.
나는 일주일에 한 권의 책을 읽고, 내 동생은 일주일에 두 권을 읽는다.

My friend and I went shopping. I bought a sweater, and she bought **two sweaters.**
내 친구와 나는 쇼핑을 갔다. 나는 스웨터를 한 벌 샀고, 그녀는 스웨터를 두 벌 샀다.

I need a box, and my friend needs **two boxes.**
나는 상자 하나가 필요하고, 내 친구는 상자 두 개가 필요하다.

Jessica ate one sandwich. Daniel ate **two sandwiches.**
제시카는 샌드위치를 한 개 먹었다. 대니얼은 샌드위치를 두 개 먹었다.

3 단수형과 복수형이 같은 명사에 주의한다.

My uncle has **a sheep.** 우리 삼촌은 양 한 마리를 가지고 있다.

My grandfather has **twelve sheep.** 우리 할아버지는 양 열두 마리를 가지고 있다.

I caught **a fish** yesterday. 나는 어제 물고기 한 마리를 잡았다.

My father caught **three fish** yesterday. 우리 아버지는 어제 물고기 세 마리를 잡았다.

I saw **a deer** at the zoo. 나는 동물원에서 사슴 한 마리를 보았다.

I saw **five deer** in the forest. 나는 숲에서 사슴 다섯 마리를 보았다.

4 명사의 복수형을 만드는 방법은 다음과 같다.

• -s, -sh, -ch, -x로 끝나는 명사 + es

bench → benches	box → boxes	bus → buses	church → churches
dish → dishes	fox → foxes	bush → bushes	class → classes

• 자음 + o로 끝나는 명사 + es

hero → heroes	potato → potatoes	tomato → tomatoes	echo → echoes

예외) memo → memos / photo → photos / piano → pianos

• 모음 + o로 끝나는 명사 + s

kangaroo → kangaroos	radio → radios	video → videos	zoo → zoos

• 자음 + y로 끝나는 명사 → y를 i로 고치고+es

baby → babies	candy → candies	city → cities	factory → factories
lady → ladies	story → stories	company → companies	country → countries

• -f(e)로 끝나는 명사 → f(e)를 v로 고치고+es

knife → knives	leaf → leaves	life → lives	thief → thieves
wife → wives	wolf → wolves	loaf → loaves	half → halves

예외) belief → beliefs / chief → chiefs / cliff → cliffs / roof → roofs

• 불규칙

a deer → **deer**	a fish → **fish**	a sheep → **sheep**	a foot → **feet**
a goose → **geese**	a tooth → **teeth**	a mouse → **mice**	a child → **children**
a man → **men**	a woman → **women**	a person → **people**	a salmon → **salmon**
an ox → **oxen**			

5 한 쌍으로 이루어져 있어 항상 복수형으로 쓰이는 명사가 있는데, 이들을 셀 때는 a pair of, two pairs of 등을 이용한다.

a pair of
- glasses (안경) scissors (가위) pants (바지)
- gloves (장갑) socks (양말) shorts (반바지)
- shoes (신발) jeans (청바지) sneakers (운동화)

Cathy's **glasses** are really trendy. 캐시의 안경은 요즘 정말 유행하는 것이다.

I borrowed **a pair of jeans** from her. 나는 그녀에게 청바지 한 벌을 빌렸다.

She bought **two pairs of shoes** at the store. 그녀는 가게에서 신발 두 켤레를 샀다.

|참고| 한 쌍으로 이루어진 것이라도 한 개를 의미할 때는 단수로 쓸 수 있다.

I got a hole in my **sock**. 내 양말에 구멍이 났다.

EXERCISES

정답 및 해설 P. 29

A 주어진 명사의 복수형을 쓰시오.

	단수	복수		단수	복수
1	deer	____________	**13**	fish	____________
2	bench	____________	**14**	tooth	____________
3	hero	____________	**15**	potato	____________
4	kangaroo	____________	**16**	leaf	____________
5	box	____________	**17**	ox	____________
6	church	____________	**18**	story	____________
7	goose	____________	**19**	roof	____________
8	man	____________	**20**	baby	____________
9	zoo	____________	**21**	photo	____________
10	piano	____________	**22**	belief	____________
11	mouse	____________	**23**	wolf	____________
12	child	____________	**24**	factory	____________

B 주어진 명사를 단수형이나 복수형으로 바꿔 문장을 완성하시오.

hurt 상처를 주다, 아프다
enter ~에 들어오다[가다]
local shop 지역 가게
on sale
할인 판매 중인; 판매 중인

1 (foot) My ____________ hurt in these shoes.

2 (baby) The ____________ is smiling. How cute!

3 (wolf) The girl saw three ____________ at the zoo.

4 (man) Suddenly, five ____________ entered the house.

5 (radio) The local shop has some ____________ on sale.

6 (child) Mr. Anderson has one ____________, but Mr. Chung has three ____________.

7 (city) There are many wonderful ____________ in China, but Hong Kong is my favorite ____________.

8 (sandwich) Jacob can eat one ____________, but his older brother can eat two ____________.

C 〈보기〉에서 알맞은 단어를 골라 단수형 또는 복수형으로 바꿔 쓰시오.

보기				
	holiday	country	university	company
	insect	hero	church	river

insect 곤충
world-famous 세계적으로 유명한
Nile 나일 강
Amazon 아마존 강
holiday 휴일
Christian 기독교인
the Philippines 필리핀

1 Bees and ants are ___________.

2 France is a ___________ in Europe.

3 Harvard is a world-famous ___________.

4 The Nile and the Amazon are ___________.

5 Superman and Batman are action ___________.

6 Microsoft is a computer software ___________.

7 Christmas and New Year's Day are winter ___________.

8 There are many ___________ and Christians in the Philippines.

D 밑줄 친 부분을 단수는 복수로, 복수는 단수로 바꾸고 그에 맞게 문장을 다시 쓰시오.

carry ~을 운반하다
several 몇몇의

1 My <u>sister</u> is <u>a fan</u> of Brad Pitt.
→ ______________________________

2 She has <u>an English newspaper</u>.
→ ______________________________

3 He sent <u>a memo</u> to his <u>classmate</u>.
→ ______________________________

4 My apartment has <u>a bathroom</u>. (a → two)
→ ______________________________

5 <u>The trucks</u> carry heavy things. (The → A)
→ ______________________________

6 I bought <u>five shirts</u> on sale last weekend. (five → a)
→ ______________________________

7 Matthew has <u>several Korean friends</u>. (several → a)
→ ______________________________

8 <u>Many women</u> are exercising in the park. (Many → A)
→ ______________________________

Unit 24

셀 수 없는 명사

KEY POINT

명사	셀 수 있는 명사	단수형: a dog, a book, a seahorse, a scientist ...
		복수형: dogs, books, seahorses, scientists ...
	셀 수 없는 명사	고유 명사: Yumin, Seoul, Eiffel Tower, Paris ...
		물질 명사: air, money, salt, juice, cheese ...
		추상 명사: happiness, love, friendship, beauty, hope ...

FOCUS

1 고유 명사와 추상 명사는 셀 수 없다. 즉 a[an]을 붙이거나 복수형으로 쓸 수 없다.

고유 명사 Tony, Henry, Seoul, Korea, San Francisco, America ...

추상 명사 happiness, love, truth, friendship, affection ...

Nicole is my best friend in **San Francisco.** 니콜은 샌프란시스코에 있는 나의 가장 친한 친구이다.

The **Golden Gate Bridge** crosses **San Francisco Bay.** 금문교는 샌프란시스코만을 가로지른다.

Our **friendship** is really important to me. 우리의 우정은 나에게 정말로 중요하다.

2 기체, 액체 등 일정한 형태가 없거나 입자가 작아 수를 세기 힘든 물질 명사는 계량 단위나 담는 용기 등을 이용하여 수량을 표현한다.

a **slice** of pizza / two **slices** of pizza

a **cup** of coffee / three **cups** of coffee

a **sheet** [**piece**] of paper / six **sheets** [**pieces**] of paper

a **glass** of milk / two **glasses** of milk

a **loaf** of bread / two **loaves** of bread

I would like **two slices of pizza**, please. 피자 두 조각 주세요.

I would like **a can of Coke.** 콜라 한 캔 주세요.

He wrote down my order on **a piece of paper.** 그는 종이 한 장에 내 주문을 받아 적었다.

3 furniture, homework, information, mail, money 등 종류가 여러 개인 것을 합쳐 부르는 명사는 셀 수 없다.

a mail (×) mails (×) / a furniture (×) furnitures (×)

I finished my **homework** this morning. 나는 오늘 아침에 숙제를 마쳤다.

He lost his **money** at the airport. 그는 공항에서 돈을 잃어버렸다.

They bought some **furniture** for the living room. 그들은 거실에 놓을 몇 개의 가구를 샀다.

|참고| 집합체인 furniture, money, mail, information, homework 등은 셀 수 없지만, 이것에 속하는 각각의 dollar, letter, parcel, package, desk, chair, table 등은 셀 수 있다.

EXERCISES

정답 및 해설 P. 29

A 셀 수 있는 명사 앞에는 C(Countable Nouns), 셀 수 없는 명사 앞에는 UC(Uncountable Nouns)라고 쓰시오.

eraser 지우개
information 정보

1 ________ eraser
2 ________ dollar
3 ________ Seoul
4 ________ homework
5 ________ truth
6 ________ child
7 ________ money
8 ________ furniture
9 ________ mail
10 ________ letter
11 ________ water
12 ________ information

B 〈보기〉에서 알맞은 명사를 골라 단수형 또는 복수형으로 바꿔 문장을 완성하시오.

bottle 병
enough 충분한
donut 도넛

보기	loaf	information	glass	water	sugar

1 One bottle of ________ is enough, thanks.
2 Would you like some ________ in your coffee?
3 I need some ________ about Sydney. Do you have a guide book?
4 May I have three slices of pizza and three ________ of soda, please?
5 Daniel bought five ________ of bread and twelve donuts for the picnic.

C 문장을 읽고, 어색한 부분을 바르게 고쳐 문장을 다시 쓰시오.

Singapore 싱가포르
pass ~을 건네주다
lend ~을 빌려주다

1 His grandparents live in a Singapore.
→ ________________________________

2 Could you pass me the salts?
→ ________________________________

3 I have a lot of homeworks to finish by tomorrow.
→ ________________________________

4 Can you lend me some moneys? I only have two dollar.
→ ________________________________

Unit 25

명사의 격

KEY POINT

명사의 격	주격	**Harry** is at home. 해리는 집에 있다.	주어 역할을 하는 명사
	목적격	She ate **ice cream**. 그녀는 아이스크림을 먹었다.	목적어 역할을 하는 명사
	소유격	This is **Jessy's** notebook. 이것은 제시의 공책이다.	명사의 소유격

FOCUS

1 주격(subjective case): 명사는 문장에서 주어 역할(~은/는/이/가)을 한다.

David is a soccer player. 데이비드는 축구 선수이다.

Nurses help sick people. 간호사들은 아픈 사람들을 돕는다.

Teenagers can be noisy. 10대들은 소란스러울 수도 있다.

Roses smell good. 장미는 좋은 향기가 난다.

2 목적격(objective case): 명사는 문장에서 목적어 역할(~을/를)을 한다.

Plants need **sunlight**. 식물은 햇빛을 필요로 한다.

I saw a **polar bear**. 나는 북극곰을 보았다.

Jacob dropped the **picture frame**. 제이콥이 액자를 떨어뜨렸다.

She is wearing her **sunglasses**. 그녀는 선글라스를 쓰고 있다.

3 소유격(possessive case): 명사 중 생물의 소유격은 '(아포스트로피: apostrophe)와 s를 붙여 만든다.

「명사+'s」

An **elephant's** skin is gray. 코끼리의 피부는 회색이다.

The **children's** concert was wonderful. 아이들의 연주회는 훌륭했다.

Her **sister's** bedroom is pretty. 그녀의 여동생의 침실은 예쁘다.

|참고| -s끝나는 복수 명사 뒤에는 '(아포스트로피)만 붙인다.

I am going to the **teachers'** office. 나는 교무실(선생님들의 사무실)에 갈 것이다.

This is the **girls'** changing room. 이것은 여성용 탈의실(소녀들이 옷을 갈아입는 방)이다.

The airline lost my **parents'** luggage. 그 항공사는 나의 부모님의 짐을 잃어버렸다.

EXERCISES

정답 및 해설 P. 30

A 문장을 읽고, 밑줄 친 명사의 격을 순서대로 분류하시오.

보기 (a) 주격 (b) 목적격 (c) 소유격

1 Sharks have very sharp teeth. ____________

2 Our teachers assign homework every day. ____________

3 James is watching his neighbor's children. ____________

4 Daniel answered the students' questions. ____________

sharp 날카로운
assign (~에게) ~하도록 명하다; 할당하다

B 빈칸에 알맞은 명사의 소유격을 쓰시오.

1 The baby has a rattle.
→ It's the ____________ rattle.

2 Stone Ridge Boarding School is for boys only.
→ It's a ____________ school.

3 Megan bought a new digital camera.
→ This is ____________ new digital camera.

4 My neighbor has two dogs, Ping and Pong.
→ My ____________ dogs are named Ping and Pong.

rattle 딸랑이
Boarding School 기숙학교

C 밑줄 친 부분을 바르게 고쳐 문장을 다시 쓰시오.

1 A giraffe neck's is very long.
→ ____

2 Andrew new's jeans are too tight.
→ ____

3 Amanda was eating her brother' dinner.
→ ____

4 The animals's cages are too small for them.
→ ____

giraffe 기린
tight 꽉 끼는
cage 우리

Unit 26

관사

KEY POINT

관사		
관사	부정관사: a / an + 단수 명사	I have **a** music **class** today. 나는 오늘 음악 수업이 있다. I have **an** English **class** today. 나는 오늘 영어 수업이 있다.
	정관사: the + 단수 / 복수 명사	**The** music **class** will be fun. 음악 수업은 재미있을 것이다. **The classes** were interesting. 수업들은 재미있다.

FOCUS

1 부정관사 a[an]은 셀 수 있는 명사의 단수 앞에 붙이며, 발음이 자음으로 시작되는 경우 a를 붙이고, 모음으로 시작되는 경우 an을 붙인다.

a book	a university	an umbrella
a class	a uniform	an orange

I have **a** class at 2 o'clock today. 나는 오늘 두 시에 수업이 하나 있다.

The store owner gave me **an** orange. 가게 주인이 나에게 오렌지를 한 개 주었다.

Nicole wears **a** uniform to school. 니콜은 교복을 입고 학교에 간다.

She didn't bring **an** umbrella. 그녀는 우산을 가져오지 않았다.

| 주의 | 철자가 아니라 발음이 모음으로 시작되는 경우에 an을 사용해야 한다.
an MP3, an honest girl, an hour, a week, a year, a wallet, a university 등

2 부정관사 a[an]은 (1) 막연한 하나(one), (2) ~당(per)을 나타낼 때 쓴다.

막연한 하나(one)

Sarah bought **a** new sweater yesterday. 사라는 어제 새 스웨터를 하나 샀다.

I am meeting **an** old friend this weekend. 나는 이번 주말에 옛 친구를 한 명 만날 것이다.

~당(per)

She wrote me a letter twice **a** month. 그녀는 나에게 한 달에 두 번 편지를 썼다.

Jacob looks at his watch once **an** hour. 제이콥은 한 시간에 한 번씩 시계를 본다.

3 정관사 the는 셀 수 없는 명사와 셀 수 있는 명사 모두에 쓰인다.

the book	the books	the egg	the eggs
the sugar	the air	the money	the information

May I open **the** window for a minute? 잠시 창문을 열어도 될까요?

Did you read **the** books? 그 책들을 읽어 봤니?

Here is **the** information. You asked for it. 그 정보 여기 있어. 네가 부탁했잖아.

Many types of fish live in **the** sea. 많은 종류의 물고기들이 바다에 산다.

4 정관사 the는 (1) 이미 언급되었거나 알고 있는 것, (2) 세상에 하나밖에 없는 유일무이한 것, (3) 악기 이름 앞에 쓴다.

이미 언급되었거나 알고 있는 것

Did you bring **the** book? I lent it to you yesterday. 너 그 책 가져왔니? 내가 어제 그 책을 너에게 빌려줬잖아.

Here is **the** DVD. I told you about it last week. DVD 여기 있어. 내가 지난주에 너에게 말했잖아.

I saw a mouse last night. **The** mouse was small but quick. 나는 어젯밤에 쥐를 보았어. 그 쥐는 작지만 빨랐어.

세상에 하나밖에 없는 유일무이한 것

The earth rotates around **the** sun once every year. 지구는 일 년에 한 번 태양 주변을 돈다.

I want to travel around **the** world someday. 나는 언젠가 세계를 여행하기를 원한다.

The Eiffel Tower is the tallest building in Paris. 에펠 타워는 파리에서 가장 높은 건물이다.

|참고| 1) 유일무이한 것이라도 나라나 도시 이름 등, 장소 이름 앞에는 관사를 잘 사용하지 않는다.
Paris (O) the Paris (X)
2) 하지만 여러 개의 주나 섬 등이 모여 하나의 나라를 이룬 나라 이름 앞에는 the를 붙인다.
the United States of America[the USA] , the United Kingdom[the UK], the Philippines

악기 이름 앞

Tyler hates playing **the** trumpet. 타일러는 트럼펫 연주하는 것을 싫어한다.

Ashley practices **the** drums twice a week. 애슐리는 일주일에 두 번 드럼 연습을 한다.

A: I am going to play **the** piano tonight at the concert. 나는 오늘 밤 콘서트에서 피아노를 연주할 거야.

B: Good luck! 행운을 빌어!

5 운동 경기, 식사 이름, 언어를 의미하는 말 앞에는 the를 쓰지 않는다.

I often play **basketball** with my friends after school. 나는 방과 후에 자주 친구들과 농구를 한다.

My father likes to play **soccer** with his friends. 우리 아버지는 친구들과 축구 하는 것을 좋아한다.

After **breakfast**, my friends and I went for a walk on the beach. 아침 식사 후에 친구들과 나는 해변으로 산책을 갔다.

My family usually eats **dinner** together on Sunday evenings. 우리 가족은 대개 일요일 저녁마다 저녁을 함께 먹는다.

My sister speaks **Korean** and **Japanese**. 내 여동생은 한국어와 일본어를 한다.

6 교통수단을 나타내는 「by+탈것」 사이에는 the를 쓰지 않는다.

We went to the East Sea **by bus**. 우리는 버스를 타고 동해로 갔다.

My father travels to work **by subway**. 우리 아버지는 지하철을 타고 출퇴근하신다.

EXERCISES

정답 및 해설 P. 30

receive ~을 받다
red meat 붉은 고기(쇠고기, 양고기 등)
avocado 아보카도(열대성 과일)

A 빈칸에 a와 an 중 가장 알맞은 것을 써넣으시오. [필요 없다면 ×표 할 것]

1 I received ___________ mail.

2 He is ___________ honest boy.

3 That was ___________ easy test.

4 I don't eat ___________ red meat.

5 She needs ___________ dictionary.

6 ___________ avocados are expensive.

blouse 블라우스
bunch 다발

B 밑줄 친 a[an]의 쓰임을 〈보기〉에서 찾아 그 기호를 쓰시오.

보기 (a) 막연한 하나(one) (b) ~당(per)

1 Max drinks eight glasses of water a day. ___________

2 I saw your picture when you were a baby. ___________

3 My family goes to see movies once a week. ___________

4 Ashley will travel around Europe for a month. ___________

5 Megan wore a blue blouse and a pretty pink skirt. ___________

6 My father bought a bunch of flowers for my mother. ___________

polar bear 북극곰
North Pole 북극
orchestra 오케스트라, 관현악단
through ~을 통하여
telescope 망원경

C 밑줄 친 the의 쓰임을 〈보기〉에서 찾아 그 기호를 쓰시오.

보기
(a) 이미 언급되거나 알고 있는 것
(b) 세상에 하나밖에 없는 유일무이한 것
(c) 악기 이름 앞

1 Did you enjoy the play? ___________

2 The boy next to me is my brother. ___________

3 Polar bears live at the North Pole. ___________

4 Cindy plays the cello in the orchestra. ___________

5 I looked at the moon through a telescope. ___________

6 He is playing the drums too loudly tonight. ___________

D 빈칸에 a, an, the 중 가장 알맞은 것을 써넣으시오.

1 A: Did you feed __________ dog today?
B: Yes. I fed him __________ hour ago.

2 A: Will you hold __________ door for me?
B: Sure. You don't need to hurry. I can wait.

3 A: Is Emily the new English teacher?
B: No. She is __________ international student.

4 A: I really enjoyed __________ party last night. Did you?
B: Yes, I did. I'll have __________ party this weekend, too.

5 A: I have __________ apple every morning for my health.
B: It sounds good for you.

6 A: Can you turn off __________ TV? No one is watching it.
B: Okay. Where is the remote control?

7 A: Did your brother find __________ job?
B: Yes. He's working at the Thai restaurant in the mall.

8 A: Did you play __________ piano at the concert last night?
B: No, I didn't. I played __________ violin. I'm a violinist.

9 A: Do you have __________ bicycle? Can I borrow it?
B: No, but I have __________ pair of in-line skates. You can borrow them.

10 A: __________ Canadian couple moved into the house next to ours.
B: Did you take them __________ housewarming gift?

international student 국제 학생
remote control 리모컨
in-line skates 인라인스케이트
housewarming gift 집들이 선물

E 글을 읽고, 빈칸에 a, an, the 중 가장 알맞은 것을 써넣으시오. [중복 사용 가능]

Yesterday, Sarah found __________ old box of photographs in her attic. She saw __________ picture of __________ handsome man kissing __________ young, pretty girl. __________ girl was her mother, and __________ man was her father. Now, she is showing __________ photo to her friends at school. "Here is a picture of my parents. In __________ picture, my father is kissing my mother. What a cute couple they make!"

photograph(=photo) 사진
attic 다락방
cute 귀여운

REVIEW

정답 및 해설 P. 31

bowl 공기
cereal 시리얼
cello 첼로
whole wheat 통밀
bright 밝은, 선명한
noisy 소란스러운
intelligent 총명한, 똑똑한
chase ~을 뒤쫓다

A ( ) 안에서 가장 알맞은 것을 고르시오.

1 Michael wants a bowl of (a cereal / cereal / cereals).

2 My mother played (a guitar / the guitar) in her high school band.

3 May I have (two piece / two pieces) of whole wheat (toast / toasts) for breakfast?

4 I bought (an umbrella / a umbrella / umbrellas) to go out in the rain. It's bright pink and pretty.

5 Can I get some (information / informations) about Australia? I'm planning to travel there on my holidays.

6 My (sister / sisters) are learning to play (a tennis / tennis / the tennis) after school. They are having a great time!

7 Lauren is (an intelligent / intelligent / the intelligent) girl. She has an IQ of over 160! She is a member of Mensa International.

8 Our (neighbor / neighbors) have (a cat / cat / cats) and (a dog / dog / dogs). (A cat / Cat / The cat / Cats) is only noisy when (a dog / dog / the dog / dogs) chases her.

backyard 뒤뜰
article 기사
anything else 그 밖에 다른
hand ~을 건네주다
counter 계산대
carefully 주의하여

B ( ) 안에서 가장 알맞은 것을 고르시오.

1 A: Mom, where is Dad? Is he in (a house / the house)?
B: I think he's in (a backyard / the backyard).
I saw him reading (an article / article) in the newspaper.

2 A: I need to buy some (furniture / furnitures). Can you go with me?
B: Sure, what are you going to buy?
A: I'm going to buy (a desk / desk) and (a chair / chair).

3 A: Can you buy me (two bottles of water / two bottle of waters)?
B: Okay. Do you need anything else?
A: Oh, I need some (candys / candies), too.

4 A: Can you hand me (bread knife / the bread knife / bread knifes) on (a counter / counter / the counter), please?
B: I can't find it. Where is it?
A: Look carefully. It's next to (a toaster / toaster / the toaster).

C 빈칸에 a, an, the 중 가장 알맞은 골라 써넣으시오.

1 A: Would you like a drink?
B: Yes. I'd like ________ glass of ice water, please.

2 A: Where is ________ CD? I lent it to you last week.
B: I'm sorry, but I lost it. I'll buy you ________ new one.

3 A: David! Did you leave ________ front door unlocked again?
B: Yes, I did. I'm sorry. I'll lock ________ door next time. I promise.

4 A: I borrowed ________ pen from your pencil case. I hope you don't mind.
B: Of course not. Just give ________ pen back to me when you're done.

5 A: Let's go to ________ department store next to this building. I want to buy ________ gift for Mom.
B: Sure. What do you have in mind? Maybe ________ new handbag?

front door 앞문, 현관
unlocked 잠기지 않은
lock ~을 잠그다
borrow ~을 빌리다
pencil case 필통
mind ~을 꺼려하다
be done 끝나다

D <보기>에서 알맞은 말을 골라 빈칸에 써넣으시오. [X는 필요 없는 경우]

보기	a	an	the	×

1 I went to school by ________ bus today, but I usually go to school by ________ subway.

2 Inha is looking up at ________ sky. She can see ________ moon, but she can't find ________ Big Dipper.

3 Ling's family lived in China, but they moved to ________ United States last year. Ling speaks ________ English at school, but she speaks ________ Chinese at home with her parents.

4 My house in ________ London is quite small. It has ________ living room, ________ two bedrooms, and ________ single bathroom. One day, I want to live in ________ mansion overlooking the sea.

5 James had ________ cheese sandwich, ________ apples, and ________ milk for ________ lunch. But he wanted something sweet for dessert, so he made a trade with his friend for ________ chocolate bar.

6 You should not use ________ metal umbrella during a thunderstorm. ________ metal could attract a bolt of lightning. Instead, when you hear thunder, use ________ newspaper to cover your head.

look up 쳐다보다
Big Dipper 북두칠성
move to ~로 이사하다
quite 꽤
mansion 저택
overlook ~을 내려다보다, 내다보다
make a trade with + 사람 ~와 거래하다
metal 금속
during ~동안
thunderstorm 폭풍우
attract ~을 끌어당기다, 끌다, 유인하다
a bolt of lightning 번쩍하는 번개
instead 그 대신에
thunder 천둥
cover ~을 덮다

REVIEW PLUS

정답 및 해설 P. 32

planet 행성
circle ~의 둘레를 돌다
be made from ~로 만들어지다

1 다음 중 어법상 어색한 문장을 고르시오.

① The planets circle the sun.
② My scissor are very sharp.
③ I bought a new green skirt.
④ Paper is made from wood.
⑤ The banana fell on the floor.

downtown 시내
salmon 연어
professional 전문적인, 직업상의

2 다음 중 어법상 바른 문장을 고르시오.

① I found wallet on the street today.
② The bus to downtown comes once a hour.
③ I would like to have two glass of cold milks.
④ Judy's dad caught a big salmon in the river.
⑤ My mother is professional photographer.

vet 수의사
injured 다친
look through 대강 훑어 보다

3 다음 중 대화가 자연스럽지 않은 것을 고르시오.

① A: What do you do?
B: I'm a vet. I help injured and sick animals.
② A: A strange car is parked in front of the house.
B: Should we call the police?
③ A: Here is the book. I told you about it last week.
B: Thanks! I will look through it later.
④ A: Let's go to play a basketball after school.
B: I'm sorry I can't. I have to visit my grandmother.
⑤ A: I'm going to the park, Mom.
B: It's getting cold, James. Are you wearing a jacket?

hang out 어울려 놀다
hot 인기 있는; 매운
latest 최신의
electronic 전자의
goods 상품
cinema complex (여러 개의 홀을 가진) 영화관
world-class 세계 최상급의, 세계적인
aquarium 수족관
comfortable 편안한

4 다음을 읽고, (　　) 안에서 가장 알맞은 것을 고르시오.

COEX Mall is my favorite place to shop and hang out on the weekend. I can buy almost anything there, from hot fashion (1) (accessory / accessories) to the latest electronic goods. And when I get hungry, I can try something hot and spicy at the food court. Inside (2) (a / the / Ø) mall, there are also a large cinema complex, a world-class aquarium, and the Kimchi Field Museum. I like watching (3) (movie / movies / the movie) there because the seats are so comfortable.

PART 8

대명사
Pronouns

Unit 27

인칭대명사

KEY POINT

단·복수	인칭	주격(~은/는/이/가)	소유격(~의)	목적격(~을/를)
단수	1	I	my	me
	2	you	your	you
	3	she	her	her
		he	his	him
		it	its	it
복수	1	we	our	us
	2	you	your	you
	3	they	their	them

FOCUS

1 영어는 이미 언급된 단어를 반복해서 언급하는 것을 좋아하지 않는다. 이럴 때 그 명사를 대신하는 말이 바로 대명사(pronouns)이다.

Turn down the radio, please. **It**'s bothering me.
라디오 좀 줄여 주세요. 그 소리가 신경이 쓰여서요.

Do you see the man over there? **He** is my English teacher.
저기 저 남자 보여요? 그가 제 영어 선생님이에요.

The woman is my new neighbor. **She** is from Canada.
저 여자는 내 새 이웃이야. 그녀는 캐나다에서 왔어.

Kelly and Brian went to Paris for vacation. **They** had a good time.
켈리와 브라이언은 휴가 때 파리에 갔다. 그들은 즐거운 시간을 보냈다.

You and I are in the same class. **We** are classmates.
너와 나는 같은 반이다. 우리는 반 친구이다.

2 대명사의 주격(I, you, she, he, it, we, they)은 문장에서 주어 역할을 하며, '~은/는/이/가'라는 의미를 갖는다.

Her father works in the hospital. **He** is a doctor.
그녀의 아버지는 병원에서 일한다. 그는 의사이다.

Did you and your sister see a movie last night? Did **you** like it?
너와 너의 여동생은 어젯밤에 영화를 보았니? 너희들은 그것이 좋았니?

Jenny and I are at home now. **We** are watching TV.
제니와 나는 지금 집에 있다. 우리는 TV를 보고 있다.

My niece is eight years old. **She** goes to elementary school.
내 조카는 여덟 살이다. 그녀는 초등학교에 다닌다.

My sister and brother like to ski. **They** ski twice a month during the winter.
우리 언니와 오빠는 스키 타는 것을 좋아한다. 그들은 겨울 동안 한 달에 두 번씩 스키를 탄다.

3 대명사의 소유격(my, your, her, his, its, our, their)은 명사 앞에 쓰여 명사를 꾸며주는 역할을 하며, '~의'라는 의미를 갖는다. 특히 대명사의 소유격 앞에는 a, an, the 등의 관사가 올 수 없다.

She is very talented. **Her** coach is proud of her. [NOT The her coach]
그녀는 매우 재능이 있다. 그녀의 코치는 그녀를 자랑스러워한다.

My cousin cooked spaghetti for dinner last night. [NOT A my cousin]
내 사촌이 어젯밤에 저녁으로 스파게티를 요리해 주었다.

Is he late again? **His** manager will be upset. [NOT The his manager]
그가 또 늦나요? 그의 상사가 언짢아할 거예요.

Will you feed **our** puppy? It might be hungry. [NOT An our puppy]
우리 강아지에게 먹이를 줄래? 아마 배고플 거야.

I like **your** new coat. Where did you get it? [NOT the your new coat]
너의 새 코트가 마음에 들어. 어디서 샀니?

4 대명사의 목적격(me, you, her, him, it, us, them)은 문장에서 목적어 역할을 하며, '~을/를'이라는 의미를 갖는다.

We watched the drama. We loved **it**.
우리는 드라마를 보았다. 우리는 그것을 정말 좋아했다.

I met my cousins last month. I visited **them** in Tokyo.
나는 지난달에 사촌들을 만났다. 나는 도쿄로 그들을 방문했다.

Dave is my best friend. I see **him** every day.
데이브는 나의 가장 친한 친구이다. 나는 그를 매일 만난다.

My mother's birthday is coming. I will give **her** a white blouse for her birthday.
우리 어머니의 생신이 다가오고 있다. 나는 생신 선물로 어머니에게 흰 블라우스를 선물할 것이다.

My grandfather is a good storyteller. He tells **me** old stories.
우리 할아버지는 훌륭한 이야기꾼이다. 그는 나에게 옛날이야기를 해준다.

|참고| 전치사 다음에 대명사가 단독으로 쓰일 때는 목적격을 사용한다.

You should call him. He is waiting **for** you.
너는 그에게 전화를 걸어야 해. 그가 너를 기다리고 있어.

My mom always makes breakfast **for** me.
우리 엄마는 항상 나를 위해서 아침을 만든다.

A stranger sent a bunch of roses **to** her.
모르는 사람이 그녀에게 장미꽃 한 다발을 보냈다.

EXERCISES

정답 및 해설 P. 33

A 빈칸에 격에 맞는 대명사를 쓰시오.

	주격	–	소유격	–	목적격
1	I	–	________	–	________
2	________	–	your	–	________
3	________	–	________	–	them
4	he	–	________	–	________
5	she	–	________	–	________
6	it	–	________	–	________
7	________	–	our	–	________

B ( ) 안에서 가장 알맞은 것을 고르시오.

assignment 숙제
national holiday 국경일
school holidays 방학
another 또 하나(의); 다른

1 James threw a ball. It hit (I / my / me) eye.

2 This is John. (He / Him / His) is my best friend.

3 You look happy. Did you finish (you / your) assignment?

4 Tomorrow is a national holiday. (I / She / We) are excited.

5 Let's see this movie tonight. (He / She / It) will be very funny.

6 Mr. Johnson's son likes boxing. It's (his / her / its) favorite sport.

7 I had a really good time with you. I hope to see (you / your) again soon.

8 My neighbor is a music teacher. (I / You / She) can play the piano very well.

9 You and I should start a study group. (I / You / We) can learn English together.

10 Judy and Amy don't have any classes today. (You / They / We) are on school holidays.

11 That is Amanda's new notebook computer. She bought (him / her / it) in Singapore.

12 We had a test this morning. After lunch, (our / your / their) teacher will give us another test.

C 주어진 말을 알맞은 형태로 바꿔 문장을 완성하시오.

1 The twins live next to ___________ (they) school.

2 ___________ (we) class is not difficult. ___________ (it) is easy.

3 ___________ (he) is a musician. ___________ (he) music is popular.

4 She is a fashion model. ___________ (she) clothes are always fashionable.

5 David and Jacob are my brothers. ___________ (they) are older than me.

6 I can't hear you well. Can you tell me ___________ (you) name again?

7 Ms. Saunders is ___________ (I) homeroom teacher. I met ___________ (she) on the street this afternoon.

8 This Friday is ___________ (I) sister's birthday. ___________ (she) always envies me for ___________ (I) bag, so I will buy a bag for ___________ (she).

twin 쌍둥이
fashionable 최신 유행의, 유행에 따르는
homeroom teacher 담임 교사
envy ~을 부러워하다

D 밑줄 친 부분을 알맞은 대명사로 바꿔 쓰시오.

1 Scott's scooter is very fast.
→ ___________ is very fast.

2 My brother's wife is a painter.
→ ___________ wife is a painter.

3 My sister's boyfriend is over 190 cm tall.
→ ___________ is over 190 cm tall.

4 I didn't talk to John yesterday.
→ I didn't talk to ___________ yesterday.

5 My family and I went on a picnic last Sunday.
→ ___________ went on a picnic last Sunday.

6 Jack plays basketball with his friends.
→ Jack plays basketball with ___________.

7 I like Jane, but Jane likes David.
→ I like ___________, but ___________ likes David.

8 Michael spoke English slowly. The kids understood Michael easily.
→ ___________ spoke English slowly. The kids understood ___________ easily.

scooter 스쿠터
go on a picnic 소풍 가다

Unit 28

소유대명사

KEY POINT

단·복수	인칭	주격(~은/는/이/가)	소유격 + 명사(~의)	→ 소유대명사(~의 것)
단수	1	I	my book	mine
	2	you	your book	yours
	3	she	her book	hers
		he	his book	his
		it	its book	–
복수	1	we	our book	ours
	2	you	your book	yours
	3	they	their book	theirs

FOCUS

1 소유대명사(possessive pronouns)는 어떤 사물이 누구의 소유인지를 나타내는 말로, '~의 것'이라는 의미를 가진다.

The big science book is **mine.** 그 큰 과학 책은 내 것이에요.

Are these pink wool mittens **yours?** 이 분홍색 양모 벙어리장갑이 당신 것인가요?

The seats over here are **ours.** 여기에 있는 의자들은 우리 것이에요.

The beautiful blue dress is **hers.** 그 아름다운 파란색 드레스는 그녀의 것이다.

These dirty sneakers are **his.** 이 지저분한 운동화는 그의 것이다.

2 「대명사의 소유격+명사」는 소유대명사로 바꿔 쓸 수 있다.

Your garden is big, but **theirs** is bigger. [theirs=their garden] 당신의 정원은 크지만, 그들의 것이 더 커요.

My car is red, and **hers** is black. [hers=her car] 내 차는 빨간색이고 그녀의 것은 검은색이다.

A: Where is my name on the list? I cannot find it. 제 이름이 명단 어디에 있나요? 찾을 수가 없어요.

B: Your name is before **mine.** [mine=my name] 당신의 이름은 제 이름 앞에 있어요.

A: What are you doing? 뭐 하고 있어요?

B: I am looking for my keys. 내 열쇠들을 찾고 있어요.

A: I saw some keys on the floor ten minutes ago. They may be **yours.** [yours=your keys] 십 분 전에 바닥에서 열쇠를 봤어요. 그것이 당신 것일지도 몰라요.

B: Thanks a lot. I'll go and check. 고마워요. 가서 확인해 볼게요.

EXERCISES

정답 및 해설 P. 33

A 주어진 대명사의 알맞은 소유대명사를 쓰시오.

1 I → ____________

2 we → ____________

3 you → ____________

4 he → ____________

5 she → ____________

6 they → ____________

B (   ) 안에서 가장 알맞은 것을 고르시오.

> correct 맞는, 옳은
> textbook 교과서
> over there 저쪽에

1 A: Are (their / theirs) answers correct?
B: No, (our / ours) are correct.

2 A: Is this (her / hers) new school uniform?
B: No, it's not (her / hers). (Her / Hers) is blue.

3 A: Does (your / yours) brother live with you?
B: No, he doesn't. (He / His) apartment is in Seoul.

4 A: Where is (your / yours) friend going?
B: Back to the restaurant. She forgot (her / hers) handbag.

5 A: Excuse me. Is this textbook (my / mine) or (your / yours)?
B: This one is (my / mine). (Your / Yours) book is over there.

C 밑줄 친 부분을 알맞은 소유대명사로 바꿔 문장을 다시 쓰시오.

> calculator 계산기
> rarely 드물게
> once 한 번

1 That is Jacob's wallet, and this is <u>my wallet</u>.
→ ____

2 I left my phone at home. Did you bring <u>your phone</u>?
→ ____

3 Sarah forgot her calculator, so Tony lent her <u>his calculator</u>.
→ ____

4 I rarely cut my hair, but my sister cuts <u>her hair</u> once a month.
→ ____

5 I keep my bicycle inside, but they leave <u>their bicycles</u> outside.
→ ____

Unit 29

재귀대명사

KEY POINT

단·복수	인칭	주격 (~은/는/이/가)	재귀대명사 (~ 스스로)	관용 표현
단수	1	I	**myself**	by myself 홀로
	2	you	**yourself**	Help yourself! 마음껏 드세요!
	3	she	**herself**	cut herself 다치다
		he	**himself**	say to himself 혼잣말하다
		it	**itself**	–
복수	1	we	**ourselves**	enjoy ourselves 즐거운 시간을 보내다
	2	you	**yourselves**	teach yourselves 스스로 깨우치다 (독학하다)
	3	they	**themselves**	introduce themselves 그들 스스로 소개하다

FOCUS

1 재귀대명사(reflexive pronouns)는 '~ 자신'이라는 뜻으로, 소유격이나 목적격에 -self나 -selves를 붙인 형태이다.

I did the history project **myself**.
그 역사 프로젝트를 나 혼자 했어요.

The boy liked to talk to **himself**.
그 소년은 혼잣말하는 것을 좋아했다.

They painted their house **themselves**.
그들이 직접 집을 페인트칠했다.

Please don't help us. We can do it **ourselves**.
도와주지 마세요. 우리 스스로 할 수 있어요.

2 재귀대명사가 문장의 목적어 또는 전치사의 목적어로 쓰여서 생략할 수 없는 경우를 재귀적 용법이라 한다.

You can't express **yourself** well.
너는 너 자신을 잘 표현하지 못한다.

The girl hurt **herself** during the game.
소녀는 게임을 하는 동안 다쳤다.

Matthew blamed **himself** for the accident.
매튜는 그 사고에 대해서 자신을 비난했다.

We looked at **ourselves** in the mirror.
우리는 거울을 보았다.(우리는 거울로 우리 자신을 보았다.)

3 재귀대명사가 대명사나 명사를 강조하기 위해 쓰여서 생략해도 문장이 어색하지 않은 것을 강조적 용법이라고 한다. 재귀대명사의 강조적 용법은 주로 목적어나 주어를 강조하는 데 사용된다.

I will do it **myself.** (주어 강조) 나 스스로 할게요.

You **yourself** have to finish the project. (주어 강조) 너 스스로 그 프로젝트를 끝마쳐야 한다.

Did he **himself** solve the problem? (주어 강조) 그 스스로 그 문제를 해결했나요?

I saw Jennifer **herself** in the supermarket. (목적어 강조) 나는 슈퍼마켓에서 제니퍼, 바로 그녀를 보았다.

|참고| 강조 용법의 재귀대명사는 강조하는 말 바로 뒤에 오거나 문장의 맨 뒤에 온다.

You **yourself** have to finish the project. 너 스스로 그 프로젝트를 끝내야만 한다.
You have to finish the project **yourself.**

Did he **himself** solve the problem? 그 스스로 그 문제를 해결했나요?
Did he solve the problem **himself**?

I **myself** made this chocolate cake. 나는 내가 직접 이 초콜릿 케이크를 만들었다.
I made this chocolate cake **myself.**

4 재귀대명사와 함께 쓰이는 특별한 표현들이 있다. 이러한 표현에 쓰인 oneself는 주어에 따라 형태를 적절하게 바꿔 줘야 한다. 이러한 표현은 재귀적 용법에 속하므로 재귀대명사를 생략할 수 없다.

by oneself 스스로(=without help); 혼자서(=alone)	between ourselves 우리끼리만
beside oneself 제정신이 아닌	make oneself at home 편하게 있다
help oneself (to ~) ~을 마음껏 먹다	say/talk to oneself 혼잣말하다
enjoy oneself 즐거운 시간을 보내다	teach oneself 독학하다
introduce oneself 자기소개를 하다	cut oneself 베이다
hurt oneself 다치다, 상처를 입다	kill oneself 자살하다

Emily lives in Sydney **by herself.** 에밀리는 시드니에 혼자 산다.

Let's keep this story **between ourselves.** 이 이야기는 우리끼리만 알자.

They were **beside themselves** with sadness. 그들은 슬픔으로 제정신이 아니었다.

Just **make yourself at home.** 그냥 편하게 있어요.

Help yourself to some cake. 케이크 좀 드세요.

I was just **talking to myself.** 저는 그저 혼잣말을 하고 있었어요.

Did you **enjoy yourself** at the party? 파티에서 즐거운 시간을 보냈니?

He didn't go to school. He **taught himself.** 그는 학교에 다니지 않았다. 그는 독학했다.

Let me **introduce myself.** I'm Jihye. 제 소개를 할게요. 저는 지혜예요.

I **cut myself** on some broken glass. 나는 깨진 유리에 베였다.

The actor **killed himself.** 그 배우는 자살했다.

I fell down the stairs, but I didn't **hurt myself.** 나는 계단에서 굴러 떨어졌는데, 다치지 않았다.

EXERCISES

정답 및 해설 P. 34

A 주어진 대명사의 알맞은 재귀대명사를 쓰시오.

1 I → ______________

2 we → ______________

3 you (너) → ______________

4 it → ______________

5 he → ______________

6 she → ______________

7 they → ______________

8 you (너희들) → ______________

warm ~을 따뜻하게 하다
cave 동굴
actress 여배우
script 대본
president 대통령
crowd 군중
burn oneself 불에 데다

B 생략할 수 있는 재귀대명사에 밑줄을 그으시오. [없으면 ×표 할 것]

1 The bear warmed itself in the cave.

2 The actress herself wrote the script.

3 You should do your homework yourself.

4 The president himself spoke to the crowd.

5 I burned myself on the toaster this morning.

scratch ~을 할퀴다, 긁다
treat ~을 대접하다
genius 천재

C 우리말 설명에 맞도록 (   ) 안에서 재귀대명사 또는 대명사를 고르시오.

1 그들이 스스로를 사랑하는 것 — They love (them / themselves).
그들이 다른 사람들을 사랑하는 것 — They love (them / themselves).

2 고양이가 자기 자신을 할퀸 것 — The cat scratched (it / itself).
고양이가 다른 물건을 할퀸 것 — The cat scratched (it / itself).

3 그녀가 다른 사람을 생각하는 것 — She only thinks about (her / herself).
그녀가 자기 자신을 생각하는 것 — She only thinks about (her / herself).

4 우리가 피자를 먹은 것 — We treated (them / ourselves) to pizza.
우리가 남들에게 피자를 사준 것 — We treated (them / ourselves) to pizza.

5 매튜가 자기 자신을 천재라고 부르는 것 — Matthew calls (him / himself) a genius.
매튜가 다른 사람을 천재라고 부르는 것 — Matthew calls (him / himself) a genius.

6 메건이 거울로 자신을 본 것 — Megan looked at (her / herself) in the mirror.
메건이 거울로 다른 사람을 본 것 — Megan looked at (her / herself) in the mirror.

D 빈칸에 알맞은 재귀대명사를 써넣으시오.

1 A: What is that bear doing over there?

B: It is giving ___________ a bath.

2 A: Do you sometimes talk to ___________?

B: No. Of course not!

3 A: My father cut ___________ when he was shaving this morning.

B: Oh, that's why he's wearing a bandage.

4 A: What's wrong with Tyler's eye?

B: He hurt ___________ while he was playing basketball last night.

5 A: Does your sister still work at the bank?

B: No, she quit her job. Now she works for ___________.

6 A: Why are you so upset?

B: I made the same mistake again. I'm so angry with ___________.

give A a bath A를 목욕시키다
shave 면도하다
bandage 밴드, 붕대
while ~하는 동안
quit ~을 그만두다
work for oneself 자영업을 하다
upset 화난

E 우리말과 같은 뜻이 되도록 주어진 단어와 재귀대명사를 이용하여 문장을 완성하시오.

1 빈센트 반 고흐는 자살을 했다. (kill)

→ Vincent van Gogh ___________ ___________.

2 제 소개를 할게요. (introduce)

→ Let ___________ ___________ ___________.

3 영어를 독학했나요? (teach, English)

→ Did you ___________ ___________ ___________?

4 혼자서 먹고 싶지 않아요. (eat, by)

→ I don't want to ___________ ___________ ___________.

5 그들은 콘서트에서 즐거운 시간을 보냈다. (enjoy)

→ ___________ ___________ ___________ at the concert.

6 간식을 마음껏 드세요. (help, to the snacks)

→ ___________ ___________ ___________ ___________ ___________.

7 아이들은 새로운 곳에서 편안하게 쉬었다. (make, at home)

→ The children ___________ ___________ ___________ ___________ in a new place.

Unit 30

지시대명사

KEY POINT

	가까이 있는 대상		멀리 있는 대상	
	단수	복수	단수	복수
지시대명사	this	these	that	those
지시대명사 + be동사	This is ~	These are ~	That is ~	Those are ~

FOCUS

1 지시대명사(demonstrative pronouns)는 사람이나 사물을 대신 가리키는 말이다. this와 these는 각각 가까이 있는 단수와 복수를 가리키며, that과 those는 각각 멀리 있는 단수와 복수를 가리킨다.

This is my sister, Nicole. 이 사람은 내 동생, 니콜이다.

These are my cousins, David and Sarah. 이 사람들은 내 사촌, 데이비드와 사라이다.

That is an apple pie. 저것은 사과 파이이다.

Those are blueberry muffins. 저것들은 블루베리 머핀이다.

| 주의 | that is는 줄여 쓸 수 있지만 this is, these are, those are는 줄여 쓰지 않는다.
that's(○), this's(×), these're(×), those're(×)

2 지시대명사가 사람인 경우 she, he, they로 받고, 사물인 경우 it이나 they로 받는다.

A: Is **this** my orange juice? 이것이 내 오렌지 주스니?

B: No, **it**'s mine. 아니, 그건 내 것이야.

These are my friends, Jacob and Daniel. **They**'re from London.
이 사람들은 내 친구, 제이콥과 대니얼이다. 그들은 런던에서 왔다.

That is my friend Julia from Holland. **She** is an exchange student.
저 사람은 네덜란드에서 온 내 친구 줄리아이다. 그녀는 교환 학생이다.

Those are maple trees. **They** change color in autumn.
저것들은 단풍나무이다. 그것들은 가을에 색을 바꾼다.

3 this, that, these, those는 명사를 꾸며 주는 지시형용사로 쓰인다. 지시형용사는 뒤에 오는 명사가 단수이면 this, that을, 복수이면 these, those를 사용한다.

This dog is my sister's. It's a Yorkshire Terrier. 이 개는 내 여동생의 개이다. 그것은 요크셔테리어이다.

These socks are amazingly cheap. 이 양말들은 엄청나게 싸다.

I like **that** jacket. It suits you. 그 재킷이 마음에 들어요. 당신에게 잘 어울려요.

Those bags look heavy. I can help you. 그 가방들은 무거워 보이네요. 내가 도와줄게요.

EXERCISES

정답 및 해설 P. 34

A ( ) 안에서 가장 알맞은 것을 고르시오.

1 I bought (that / those) shoes in Spain.

2 Is (this / these) your first visit to Hawaii?

3 (This / These) shorts are clean, but (that / those) socks are dirty.

4 Look at (that / those) peacock! (That / Those) feathers are beautiful.

5 (That / those) shirt fits you well, but (that / those) pants are too long.

6 (This / These) table is made of wood, but (that / those) one is made of plastic.

shorts 반바지
peacock 공작
feather 깃털
fit ~에 맞다
be made of ~로 만들어지다

B 〈보기〉에서 알맞은 것을 골라 대화를 완성하시오.

[1-4] 보기 this these

1 A: Are ____________ your pets?
B: Yes, they are.

2 A: Does ____________ taste good?
B: No, it doesn't. It's too salty.

3 A: Do ____________ belong to Amanda?
B: No, they belong to Sarah.

4 A: I got ____________ ring from Ted.
B: Really? It seems very expensive.

[5-8] 보기 that those

5 A: Does the earth circle the sun?
B: ____________ is right.

6 A: Did Jacob bring ____________ toys?
B: Yes, he did.

7 A: Is ____________ Wendy's boyfriend?
B: No, he isn't. He is her brother.

8 A: ____________ chocolate cupcakes are really delicious!
B: Are they? I made them myself.

taste 맛이 ~하다
salty 짠
belong to ~에 속하다
seem ~처럼 보이다, ~인 것 같다
circle ~의 주위를 돌다
delicious 맛있는

announcer 아나운서
Scotland 스코틀랜드
space 우주

C 빈칸에 알맞은 대명사를 써넣으시오.

1 This is my new pet. ___________ is Arong.

2 This is my uncle, Robert. ___________ is an announcer.

3 Those are her grandparents. ___________ live in Scotland.

4 I went to that restaurant yesterday. ___________ was very nice.

5 Those black jeans are not mine. ___________ are my sister's.

6 These books are about space. ___________ are interesting.

7 These are my sisters. ___________ always give me good advice.

8 That is my science teacher, Ms. Shin. ___________ understands us very well.

on sale 세일 판매 중인
try on ~을 써(입어) 보다
handwriting 필체
shelf 선반
reach (손이) ~에 닿다
stool (등받이가 없는) 의자
block 거리의 구역

D 대화를 읽고, ( ) 안에서 가장 알맞은 것을 고르시오.

1 A: Are (this / these) computers on sale?
B: Yes, (it / they) are.

2 A: Why don't you try (this / these) glasses on?
B: Great! I'll try (it / them) on.

3 A: How do I look? (This / that) is my favorite T-shirt.
B: (It / They) looks great on you.

4 A: Is (this / that) your notebook? The handwriting seems to be yours.
B: Oh, (it's / they're) mine! Thank you.

5 A: Is (this / these) car a Grandeur?
B: No, (it's / they're) not. (That / Those) cars are Grandeur.

6 A: I need (that / those) book on the top shelf, but I can't reach (it / them).
B: Why don't you use (this / that) stool? (It's / They're) over there.

7 A: Do you see (this / that) tall building? (It's / they're) about two blocks away.
B: Yes, I can see (it / them).

8 A: (These / Those) are my classmates. (This / That) is Tom, and (this / that) is Sarah.
B: Nice to meet you. I'm Mike.

E 〈보기〉에서 알맞은 말을 골라 대화를 완성하시오. [중복 사용 가능]

보기	he	she	they	this	that	these	those	it

niece (여자) 조카
sign 표지판
move north 북쪽으로 이동하다
mess 엉망진창인 상태
project 과제, 프로젝트
back 등
seem ~처럼 보이다, ~인 것 같다

1 A: Who are __________ girls with you?
B: __________ are my nieces.

2 A: How do __________ pants look on me?
B: I don't like their color. It's too dark.

3 A: Do you see __________ sign over there?
B: Yes, I do. __________ says "No Parking."

4 A: Look at __________ birds in the sky.
B: They are ducks. __________ are moving north.

5 A: What is __________ mess all about?
B: Lucy did it. __________ is doing her science project.

6 A: Do you see __________ boy with the number 11 on his back?
__________ is my cousin.
B: Wow, __________ seems to be a very good soccer player.

F 우리말과 같은 뜻이 되도록 주어진 단어를 이용하여 문장을 완성하시오.

popular 인기 있는
sweet 달콤한

1 이것들이 네 생각이니? (be)
→ __________ __________ your ideas?

2 이 사람이 나의 가장 친한 친구이다. (be)
→ __________ __________ my best friend.

3 이분들은 나의 조부모님이다. (be)
→ __________ __________ my grandparents.

4 저 영화들이 인기가 있다. (movie, be)
→ __________ __________ __________ popular.

5 이 가방은 내 것이 아니다. (bag, be)
→ __________ __________ __________ __________ mine.

6 이것들은 너무 달지만, 저것들은 맛있다. (be, be)
→ __________ __________ too sweet, but __________ __________
delicious.

Unit 31

부정대명사

KEY POINT

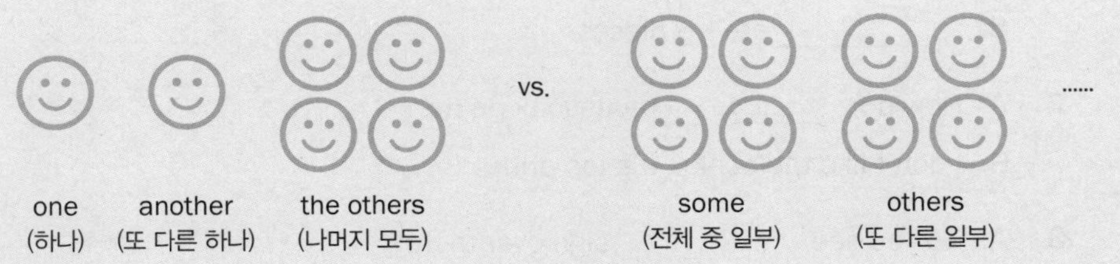

FOCUS

1 앞서 언급된 같은 종류의 불특정한 것을 나타낼 때는 one을 쓰지만, 앞서 언급된 바로 그것을 가리킬 경우에는 it을 쓴다.

I lost my bag. I need to buy a new **one**.
나는 가방을 잃어버렸어요. 새 가방을 하나 사야 해요.

She doesn't have a cell phone. She'll buy **one** soon.
그녀는 휴대 전화가 없다. 그녀는 하나를 곧 살 것이다.

I lost my correction pen. I am looking for **it**.
나는 수정펜을 잃어버렸어요. 그것을 찾고 있어요.

Pass me the box. I want to sit down on **it**.
그 상자를 내게 건네줄래? 그것 위에 앉고 싶어.

|주의| one의 복수형은 ones이다.
Sarah lost her glasses. She needs new **ones.** 사라는 안경을 잃어버렸다. 그래서 새것이 필요하다.
These apples are rotten. Give me fresh **ones.** 이 사과들은 썩었어요. 싱싱한 것으로 주세요.

2 '또 다른 하나, 하나 더'라는 의미로 같은 종류의 다른 하나를 언급할 때 another를 쓴다. another는 단수 명사를 수식하기도 한다.

Sarah drank a can of Coke. Then, she drank **another**.
사라는 콜라 한 캔을 마셨다. 그러고 나서, 그녀는 한 캔을 더 마셨다.

I don't like this design. Can you show me **another**?
이 디자인이 마음에 안 들어요. 다른 것을 보여 줄래요?

The towel is dirty. Please give me **another** one.
수건이 더러워요. 다른 수건으로 주세요.

Would you like **another** cup of tea?
차 한 잔 더 드시겠어요?

3 부정대명사 표현에는 다음과 같은 것들이 있다.

1) **one ~, the other ...** (둘 중에서) 하나는 ~, 나머지 하나는 …

I bought two skirts. **One** is short, and **the other** is long.
나는 치마 두 개를 샀다. 하나는 짧고, 나머지 하나는 길다.

Kate likes two different colors. **One** is yellow, and **the other** is violet.
케이트는 두 가지 색을 좋아한다. 하나는 노란색이고 다른 하나는 보라색이다.

2) **one ~, the others ...** (여러 개 중) 하나는 ~, 나머지 모두는 …

My father has four suits. **One** is clean, and **the others** are at the dry cleaner's.
우리 아버지는 네 벌의 양복을 갖고 있다. 한 벌은 깨끗하고, 나머지(세 벌)는 세탁소에 있다.

Michael has four kittens. Sarah is going to take **one**, and Britney is going to take **the others**.
마이클에게는 새끼 고양이가 네 마리 있다. 사라가 한 마리를 가져갈 것이고, 브리트니가 나머지를 가져갈 것이다.

3) **one ~, another ..., the other ~** (세 개 중) 하나는 ~, 또 다른 하나는 …, 나머지 하나는 ~

I have three sweaters. **One** is white, **another** is black, and **the other** is pink.
나는 세 개의 스웨터를 갖고 있다. 하나는 흰색이고, 또 다른 하나는 검은색이고, 나머지 하나는 분홍색이다.

Ann borrowed three books from the library. **One** was a classical novel, **another** was science fiction, and **the other** was a history book.
앤은 도서관에서 세 권의 책을 빌렸다. 한 권은 고전 소설이고, 또 다른 하나는 공상 과학 소설이며, 나머지 하나는 역사책이었다.

4) **some ~, others ...** (전체 중) 일부는 ~, 다른 일부는 …

Some people like to play tennis. **Others** like to play soccer. [others=other people]
어떤 사람들은 테니스 치는 것을 좋아한다. 다른 사람들은(나머지 중 일부) 축구 하는 것을 좋아한다. **(테니스도 축구도 좋아하지 않는 사람이 있을 수 있다.)**

Some students like English. **Others** like math. [others=other students]
어떤 학생들은 영어를 좋아한다. 다른 학생들은 수학을 좋아한다. **(영어도 수학도 좋아하지 않는 학생이 있을 수 있다.)**

4 -body/-one/-thing은 some, any, no 등과 함께 쓰여 불특정한 사람이나 사물을 가리키며 단수 취급한다.

Would **somebody** please close the door? 누가 문 좀 닫아 줄래요?

I want **something** to eat. 나는 뭘 좀 먹고 싶다.

Does **anyone** know the answer? 정답을 아는 사람 있어요?

Did he tell you **anything** interesting? 그가 너에게 무슨 재미있는 이야기를 했니?

Nothing is impossible. 불가능한 것은 없다.

No one believed me. 아무도 나를 믿지 않았다.

|참고| anyone은 보통 부정문과 의문문, 조건문에 사용하지만, '누구나, 누구라도'의 의미로 긍정문에 쓰이기도 한다.
Anyone can make a mistake. 누구나 실수를 할 수 있다.

EXERCISES

정답 및 해설 P. 35

calculator 계산기
backpack 배낭

A (　　) 안에서 가장 알맞은 것을 고르시오.

1 Is this your calculator? Can I borrow (it / one)?

2 This bus is full. I will wait for the next (it / one).

3 I think I left my backpack here. (It / One) is blue.

4 I am going to get a cookie. Do you want (it / one)?

5 This skirt is too long. Do you have a shorter (it / one)?

6 Mom bought me a sweater. I like (it / one) very much.

7 You'd better change your dirty clothes for clean (one / ones).

tight 꽉 끼는, 꽉 조이는
necklace 목걸이
slim 얇은

B 빈칸에 one, ones, it 중 가장 알맞은 것을 써넣으시오.

1 Where is my camera? I need __________ now.

2 These pants are too tight. Do you have bigger __________?

3 Sarah is wearing a pretty necklace. I want a similar __________.

4 He got a new computer from his parents. He will sell his old __________.

5 Tim lost his phone and bought a new __________. __________ is very slim.

talk to ~에게 말하다
promotion 승진
knock 노크하다, (문 등을 똑똑) 두드리다
shocked 놀란, 충격을 받은

C 우리말과 같은 뜻이 되도록 〈보기〉에서 알맞은 단어를 골라 빈칸에 써넣으시오.

보기	anyone	someone	nothing	something	anything

1 너는 의논할 누군가가 있니?
→ Do you have __________ to talk to?

2 그는 그의 승진에 대해서는 아무 말도 하지 않았다.
→ He said __________ about his promotion.

3 제이콥은 주머니에 무언가를 가지고 있다.
→ Jacob has __________ in his pocket.

4 들어봐! 누군가 창문을 두드리고 있어.
→ Listen! __________ is knocking on the window.

5 나는 놀라서 아무것도 할 수 없었다.
→ I couldn't do __________ because I was shocked.

D 〈보기〉에서 알맞은 것을 골라 문장을 완성하시오. [중복 사용 가능]

보기	one	another	the other	others	the others

1 I don't have a computer, but I need ______________.

2 My dog ate my shoe lace, so I had to buy ______________ one.

3 Some suits have two buttons. ______________ have three buttons.

4 Some people like to get up early. ______________ like to sleep in.

5 I took a yoga class last week. I will take ______________ one tomorrow.

6 We ordered two desserts. ______________ was ice cream. ______________ was Tiramisu.

7 My uncle has two jobs. ______________ is a doctor, and ______________ is a photographer.

8 Blue doesn't go well with the color of the floor. You had better paint it ______________ color.

9 I have four wool sweaters. ______________ is brown, ______________ is pink, and ______________ are black.

10 I made three cakes. ______________ is for my parents, ______________ is for my grandparents, and ______________ is for my teacher.

shoe lace 신발 끈
sleep in 늦잠 자다
photographer 사진작가, 사진사
go well with ~와 잘 어울리다

E 대화를 읽고, ( ) 안에서 가장 알맞은 것을 고르시오.

1 A: There was an accident on the road.
B: (Was / Were) anybody hurt?
A: Fortunately, (no one / nothing) (was / were) hurt.

2 A: Do you know (anything / no one) about ondol?
B: Yes, I do. It's the traditional Korean heating system.

3 A: This pen doesn't work. Can you lend me (another / other) one?
B: Sure. Here you go.

4 A: Yujin, how many people are in your class?
B: There are 20 in my class. Ten are boys, and (others / the others) are girls.

accident 사고
fortunately 다행스럽게도
ondol 온돌
traditional 전통의, 전통적인
heating system 난방 장치
Here you go. 여기 있어.

Unit 32

비인칭대명사 it

KEY POINT

종류	인칭대명사 it	비인칭대명사 it
쓰임	사물, 동물, 식물 등을 대신 가리키는 말	날짜, 시간, 요일, 날씨, 계절, 명암, 거리 등을 나타내는 말
해석	그것	해석하지 않음

FOCUS

1 날짜나 시간, 요일, 날씨, 계절, 명암, 거리 등을 나타낼 때, 주어 자리에 비인칭대명사 it을 쓰고, '비인칭주어'라고 부른다.

A: What's the date today? 오늘이 며칠인가요?
B: It's October 11th. (날짜) 10월 11일이에요.

A: What day is it today? 오늘은 무슨 요일이에요?
B: It's Tuesday. (요일) 화요일이에요.

A: What time is it now? 지금 몇 시예요?
B: It's 7:30. (시간) 7시 30분이에요.

|참고| Do you have the time?(지금 몇 시에요?) Do you have some time?(시간이 있나요?)

A: What's the weather like today? (= How is the weather today?) 오늘 날씨가 어때요?
B: It's cloudy. (날씨) 날씨가 흐려요.

A: How long does it take from your house to school? 너희 집에서 학교까지 얼마나 걸리니?
B: It takes about an hour. (거리, 걸리는 시간) 약 한 시간 정도 걸려.

A: How far is it from Seoul to Busan? 서울에서 부산은 얼마나 머니?
B: It's about 400km. (거리) 약 400킬로미터야.

A: It's getting dark earlier now. (명암) 이제 점점 빨리 어두워지고 있어.
B: Sure. It's already December. (날짜) 당연하지. 벌써 12월이잖아.

2 비인칭대명사 it은 특정 명사를 대신하는 말이 아니므로 '그것'이라고 해석하지 않는다.

비인칭대명사 it

It is already 10:15. 벌써 10시 15분이다.
It is Tuesday. 화요일이다.
It is very humid in summer. 여름에는 매우 습하다.
It is May 1st. 오늘은 5월 1일이다.

인칭대명사 it

It is my lunchbox. 그것은 내 점심 도시락이다.
It is a funny story. 그것은 재미있는 이야기이다.
It is a video game. 그것은 비디오 게임이다.
It is my favorite book. 그것이 내가 가장 좋아하는 책이다.

EXERCISES

정답 및 해설 P. 36

A 〈보기〉에서 밑줄 친 it의 쓰임을 찾아 그 기호를 쓰시오.

보기 (a) 날씨, 기온, 계절 (b) 시간, 요일, 날짜 (c) 명암 (d) 거리

1 It's very dark in here. ________

2 How far is it from Earth to Mars? ________

3 It's very humid during August in Korea. ________

4 It's after midnight already! Let's go home. ________

5 It's too far to walk. We'd better take a taxi. ________

6 It's 25 degrees Celsius. Please turn down the heat. ________

7 It's winter here in Korea, but it's summer in Australia. ________

8 It's Wednesday today. We have a science quiz this morning. ________

Mars 화성
humid 습한
midnight 자정, 밤 열두시
too ~ to 너무 ~해서 ~할 수 없다
degree (온도계의) 도
Celsius 섭씨의
turn down ~을 낮추다

B 다음 중 it의 쓰임이 나머지와 다른 것을 고르시오.

1 ① It's sunny.
② It's 11 a.m.
③ It's a blue shirt.
④ It's too dark in here.

2 ① It's Sunday.
② It's a beautiful ring.
③ It's over the bridge.
④ It's behind the tree.

3 ① It's his bike.
② It's spring now.
③ It's March 25th.
④ It's freezing in here.

4 ① It's noon.
② It's not mine.
③ It's Wednesday.
④ It's very cloudy.

5 ① It's delicious.
② It's too small.
③ It's a hospital.
④ It's cold outside.

6 ① It's my house.
② It's July already.
③ It's bright in here.
④ It takes 2 hours by car.

7 ① It's 7 a.m.
② It's my new hat.
③ It's New Year's Day.
④ It's autumn in Canada.

8 ① It's empty.
② It's a monkey.
③ It's your choice.
④ It's winter already.

over ~의 너머[건너]
behind ~의 뒤에
freezing 몹시 추운, 얼어붙은
empty 비어 있는, 빈
choice 선택

a short walk 잠깐 걸어서 가는 것 (잠깐 걸어서 갈 수 있는 거리)
air conditioner 에어컨
flashlight 손전등

C 〈보기〉에서 알맞은 표현을 고르고, 비인칭주어를 이용하여 대화를 완성하시오. [축약형으로 쓸 것]

[1-6]

보기			
	only 4 o'clock	pretty cool outside	Friday
	too bright in here	only a short walk	October 10th

1 A: What day is it today?
B: ______________________

2 A: What's the date today?
B: ______________________

3 A: How's the weather?
B: ______________________

4 A: I have to go now. See you later!
B: What? It's too early. ______________________

5 A: Is the beach far from here?
B: No. ______________________ there.

6 A: Would you turn off the light? ______________________
B: Oh, you're right. I'll turn it off.

[7-12]

보기			
	December 1st	already 10:30 a.m.	too hot
	almost winter	takes three hours	too dark

7 A: It's pretty cold outside.
B: I know. ______________________

8 A: ______________________ in here.
B: I'll turn on the air conditioner.

9 A: What is that noise? I'll check outside.
B: Take this flashlight with you. ______________________

10 A: How long does it take from here to Seoul?
B: ______________________ by train.

11 A: What time is it now?
B: Let me see. ______________________

12 A: When is your birthday?
B: It's next week. ______________________

D 우리말과 같은 뜻이 되도록 주어진 단어를 이용하여 문장을 완성하시오.

windy 바람이 부는

1 9시 20분이다. (9:20)

→ ________ ________.

2 오늘은 7월 8일이다. (July 8th)

→ ________ ________ ________ today.

3 너무 늦었네요. (too late)

→ ________ ________ ________.

4 한국은 겨울이다. (winter in Korea)

→ ________ ________ ________ ________.

5 오늘은 밖에 바람이 분다. (windy outside)

→ ________ ________ ________ today.

6 오늘은 1월 19일 월요일이다. (Monday, January 19th)

→ ________ ________, ________ ________ today.

7 우리 집에서 학교까지는 약 한 시간 정도 걸려요. (take, about, one)

→ ________ ________ ________ ________ ________ from my home to the school.

E 우리말과 같은 뜻이 되도록 주어진 단어를 배열하시오.

heavily 심하게
midnight 자정, 밤 열두시

1 오늘은 날씨가 좋다. (today, is, fine, it)

→ ________________________________

2 한국은 5월에 따뜻하다 (warm, in Korea, is, it)

→ In May, ________________________________.

3 밖이 여전히 밝다. (outside, still, is, bright, it)

→ ________________________________

4 오늘은 12월 27일, 화요일이다. (Tuesday, December 27th, is, it, today)

→ ________________________________

5 한밤중이었다. 비가 심하게 내리고 있었다. (it, it, heavily, midnight, was, was raining)

→ ________________________________

6 여기에서 학교까지는 삼십 분 정도 걸릴 것이다.
(take, the school, to, from, it, about 30 minutes, will, here)

→ ________________________________

REVIEW

정답 및 해설 P. 37

reflected 반사된
work 작동하다
raccoon 라쿤(미국 너구리)
chilly 쌀쌀한
warm ~을 따뜻하게 하다, 데우다
secret 비밀

A ( ) 안에서 가장 알맞은 것을 고르시오.

1 The monkey saw (its / itself) reflected in the mirror.

2 My cell phone doesn't work. I'll buy a new (it / one).

3 I'm sure you will enjoy (you / yourself) at the concert.

4 Some people like Chinese food. (Another / Others) like Italian food.

5 The raccoon carried an apple and hid (it / its) behind the tree.

6 They felt chilly. So they warmed (themselves / their) by the camp fire.

7 Let's keep it a secret between you and me. (Our / Ourselves) secret will be safe.

tournament 경기, 대회
accident 사고
mention ~을 언급하다
colorful 다채로운

B ( ) 안에서 가장 알맞은 것을 고르시오.

1 A: Can (you / your) friends come to the tournament?
B: No, they can't. They're too busy (these / this) days.

2 A: What are (these / those) kids doing over there?
B: They're ice skating. Would you like to join (their / them)?

3 A: Did (anybody / somebody) tell you about the accident?
B: No. (No one / Somebody) mentioned it.

4 A: I don't like (this / these) color. Do you have a more colorful dress?
B: Yes, we have a pink (it / one).

5 A: Do (you / yours) have any sisters and brothers?
B: Yes. I have two sisters. One is a teacher, and (the other / the others) is a college student.

upload (데이터, 프로그램 등을) 전송하다
turn on ~을 켜다
let ~에게 ~하도록 시키다

C 대화를 읽고, 밑줄 친 부분을 알맞게 고쳐 쓰시오.

Sarah: Emily, can I borrow (1) <u>yours</u> computer? I need to upload (2) <u>mine</u> science project.
Emily: Sure. You can use (3) <u>my</u>, but what's wrong with (4) <u>your</u>?
Sarah: My brother used (5) <u>one</u> yesterday to check his email, and now it won't turn on.
Emily: Okay, but (6) <u>your</u> shouldn't let him use your computer in the future.

D 우리말과 같은 뜻이 되도록 주어진 단어를 이용하여 문장을 완성하시오.

1 그녀는 독일어를 독학했다. (teach, German)

→ She ___ ___ ___.

2 나는 시합 중에 다쳤다. (hurt)

→ I ___ ___ during the game.

3 고객 서비스부에 계신 분과 얘기하고 싶습니다. (speak, to)

→ I want to ___ ___ ___ in Customer Service.

4 우리 부모님은 내 계획에 대해 아무것도 모른다. (know, about, plan)

→ My parents ___ ___ ___ ___ ___.

5 이것들은 내 쿠키고 저것들은 너의 것이야. (be, be)

→ ___ ___ ___ cookies, and ___ ___ ___.

6 밖에 비가 내리고 있어. 우리 다른 날 소풍 가는 것이 좋겠어. (rain, day)

→ ___ ___ ___ outside. We'd better go on a picnic ___ ___.

speak to ~와 이야기하다
customer 고객, 소님
go on a picnic 소풍 가다

E 글을 읽고, 주어진 대명사를 알맞은 격으로 바꿔 쓰시오.

Email Announcement from Principal

Dear Grade 8 Students,

(1) ___ (we) school's playground is a mess! (2) ___ (it) needs to be cleaned. So this Saturday, Ms. Yoo's homeroom class will meet in the playground at 10 a.m. (3) ___ (they) will clean up the mess around the jungle gym. Then, Ms. Kim's class will join (4) ___ (they). Together, (5) ___ (they) will carry the cans and bottles to the recycling center. Each student should bring (6) ___ (he) or (7) ___ (she) own garbage bag and a pair of gloves. Join (8) ___ (we) and help make (9) ___ (we) school the cleanest one in the city!

Sincerely,

Principal Reynolds

announcement 공고
principal 교장 (선생님)
clean up ~을 청소하다
jungle gym 정글짐(철골 놀이 기구)
join ~에 참가하다
recycling center 재활용 센터
garbage bag 쓰레기봉투

REVIEW PLUS

정답 및 해설 P. 38

guide book 여행안내서
belong to ~에 속하다

1 다음 중 어법상 어색한 문장을 고르시오.

① She will do the work her.
② May I have another, please?
③ You should think of others, too.
④ What should I do with it?
⑤ The guide book belongs to my sister.

be on vacation
휴가 중이다

2 다음 중 어법상 올바른 문장을 고르시오.

① I'm going to buy other one.
② Are those people on vacation?
③ Did you paint that walls yourself?
④ Someone is missing from my bag!
⑤ Somebody are making too much noise.

comfortable 편안한
parrot 앵무새
proud 자랑스러운
suitcase 여행 가방
lift ~을 들어 올리다

3 다음 중 대화가 자연스럽지 않은 것을 고르시오.

① A: Are these seats taken?
B: Yes, they are. But those seats are free.
② A: This is my new sofa. One is very comfortable.
B: I agree.
③ A: My parrot knows more than 200 words!
B: Wow, you must be very proud.
④ A: My friend and her brother love to dance.
B: Do they? Maybe we can go with them next time.
⑤ A: This suitcase is mine. Please help me to lift it into the cart.
B: Wow, it's really heavy!

double-check
~을 재확인하다
spa 온천
gift voucher 상품권
power drill 동력 드릴
awesome
굉장한, 놀랄 만한

4 다음을 읽고, (　　) 안에서 가장 알맞은 것을 고르시오.

Jennifer is going Christmas shopping this afternoon. But first, she wants to double-check her shopping list. Her mom works hard, so she's going to give (1) (her / herself) a day spa gift voucher. Her brother broke his cell phone, so she'll get a new (2) (it / one) for him. And for her dad, she plans to buy him a power drill. And for Jennifer? She's going to treat (3) (her / herself) to a new digital camera. She saw one on sale last weekend at the mall. (4) (It / One) was awesome.

THIS IS GRAMMAR

Workbook

넥서스영어교육연구소 지음

내신·토익·토플·텝스 등 각종 시험 완벽 대비, 이것이 **현대 영문법의 결정판**이다!

★원어민이 사용하는 생생한 문장들로 구성된 예문 ★단계별, 유형별로 구성된 연습문제와 리뷰문제

1
초급

NEXUS Edu

Unit 01 be동사의 현재형

A 밑줄 친 부분을 축약형으로 바꿔 쓰시오.

1 I am very happy. ____________
2 He is a good writer. ____________
3 She is in the kitchen. ____________
4 They are my parents. ____________
5 We are tennis players. ____________
6 You are late for school. ____________
7 It is my first visit to Hawaii. ____________

B 밑줄 친 부분을 바르게 고쳐 쓰시오. [현재 시제로 쓸 것]

1 She are thirsty. ____________
2 You am 160 centimeters tall. ____________
3 They is good friends. ____________
4 I is fourteen years old. ____________
5 We is in the same class. ____________
6 It are an interesting book. ____________
7 Chris am good at all sports. ____________

C 빈칸에 알맞은 be동사를 써 넣으시오. [현재 시제로 쓸 것]

1 Chocolate ____________ sweet, but it ____________ bad for your teeth.
2 Brian ____________ a good swimmer. He ____________ in the swimming pool.
3 Allie ____________ my twin sister, but she and I ____________ very different.
4 Sarah ____________ a pianist. Mark ____________ a violinist. They ____________ musicians.
5 I ____________ good at math and science. They ____________ my favorite subjects.
6 I ____________ in the fourth grade. You ____________ in the fourth grade. We ____________ in the same grade.

D 우리말과 같은 뜻이 되도록 주어진 단어를 이용하여 문장을 완성하시오.

1 그녀는 항상 바쁘다. (busy)

→ ____________ ____________ always ____________.

2 우리는 소풍 갈 준비가 되어 있다. (ready)

→ ____________ ____________ ____________ for the picnic.

3 바깥은 춥고 바람이 분다. (cold and windy)

→ ____________ ____________ ____________ ____________ ____________ outside.

4 나는 지금 화장실에 있다. (in the bathroom)

→ ____________ ____________ ____________ ____________ ____________ now.

5 그것들은 매우 위험한 동물들이다. (dangerous, animals)

→ ____________ ____________ very ____________ ____________.

6 그는 정말 춤을 못 춘다. (poor at, dancing)

→ ____________ ____________ really ____________ ____________ ____________.

7 너는 매일 학교에 지각을 한다. (late for school)

→ ____________ ____________ ____________ ____________ ____________ every day.

E 우리말과 같은 뜻이 되도록 주어진 단어를 배열하시오.

1 멋진 날이다. (a, day, it, beautiful, is)

→ ____

2 나는 피곤하고 졸리다. (am, and, I, sleepy, tired)

→ ____

3 그것들은 내 애완동물들이다. (my, are, they, pets)

→ ____

4 너는 영리한 학생이다. (are, a, student, you, bright)

→ ____

5 뉴욕은 대도시이다. (is, city, New York, a, big)

→ ____

6 우리는 지금 엘리베이터 안에 있다. (are, in, we, the elevator now)

→ ____

7 Jennifer는 친구들 사이에서 인기가 있다. (is, her friends, popular with)

→ Jennifer ____.

Unit 02

be동사의 부정문

A be동사를 이용하여 부정문을 완성하시오. [현재 시제로 쓸 것]

1 The library is near here. It ________ ________ far.

2 I ________ ________ American. I am Canadian.

3 You ________ ________ an adult. You are just a kid.

4 These boxes ________ ________ light. They are heavy.

5 The bananas ________ ________ fresh. They are rotten.

6 The classroom ________ ________ quiet. It is very noisy.

7 My mother ________ ________ at home. She is at work.

B 밑줄 친 부분을 축약형으로 바꿔 쓰시오.

1 You are not alone. ________

2 He is not an artist. ________

3 It is not a good movie. ________

4 We are not afraid of ghosts. ________

5 The question is not difficult. ________

6 They are not baseball players. ________

C 밑줄 친 부분을 바르게 고쳐 쓰시오.

1 They not are singers. ________

2 Your shoes isn't clean. ________

3 A spider not is an insect. ________

4 Red not my favorite color. ________

5 My dress aren't expensive. ________

6 I amn't an elementary student. ________

D 우리말과 같은 뜻이 되도록 주어진 단어를 이용하여 문장을 완성하시오.

1 그녀는 나에게 친절하지 않다. (kind)

→ ________ ________ ________ ________ to me.

2 너는 그다지 운이 좋지 않다. (lucky)

→ ________ ________ ________ so ________.

3 그는 더 이상 나의 영웅이 아니다. (my hero)

→ ________ ________ ________ ________ ________ anymore.

4 불어는 쉽지 않다. (easy)

→ French ________ ________ ________.

5 우리는 그 소식에 놀라지 않는다. (surprised)

→ ________ ________ ________ ________ at the news.

6 이 수프는 따뜻하지 않다. (warm)

→ This soup ________ ________ ________.

7 우리 부모님은 지금 한국에 안 계신다. (my parents, in Korea)

→ ________ ________ ________ ________ ________ ________ now.

E 우리말과 같은 뜻이 되도록 주어진 단어를 배열하시오.

1 입장권은 무료가 아니다. (free, not, tickets, are)

→ ________________________________

2 고래는 물고기가 아니다. (fish, whales, are, not)

→ ________________________________

3 그것은 내 실수가 아니다. (not, my mistake, is, it)

→ ________________________________

4 그 사람은 Robin 씨가 아니다. (is, the man, Mr. Robin, not)

→ ________________________________

5 아이들은 운동장에 없다. (in the playground, are, not, children)

→ ________________________________

6 Roberto는 스페인 출신이 아니다. (not, from Spain, is, Roberto)

→ ________________________________

7 Tyler와 Ryan은 같은 팀이 아니다. (on the same team, are, Tyler and Ryan, not)

→ ________________________________

Unit 03 be동사의 Yes / No 의문문

A 주어진 단어와 be동사를 이용하여 의문문을 완성하시오.

1 A ________ ________ late? (I) B No, you aren't.

2 A ________ ________ lost? (we) B Yes, we are.

3 A ________ ________ cold outside? (it) B No, it isn't.

4 A ________ ________ baseball fans? (you) B Yes, we are.

5 A ________ ________ a famous writer? (he) B No, he isn't.

6 A ________ ________ free this afternoon? (you) B Yes, I am.

7 A ________ ________ in the movie theater? (they) B No, they aren't.

8 A ________ ________ ________ fresh? (this milk) B Yes, it is.

B 빈칸에 알맞은 짧은 응답을 써 넣으시오.

1 A Is this your bike?
B ________________. It's mine.

2 A Are you new here?
B ________________. It is my first day today.

3 A Is your bag on the table?
B ________________. It is on the sofa.

4 A Is he your brother?
B ________________. He is my friend.

5 A Am I right?
B ________________. Your answer is correct.

6 A Are we on the right bus?
B ________________. We are on the wrong bus.

7 A Are your teachers nice to you?
B ________________. They are very good teachers.

8 A Are your children in the garden?
B ________________. They are in the living room.

C 우리말과 같은 뜻이 되도록 주어진 단어를 이용하여 문장을 완성하시오.

1 지금은 점심시간인가요? (time)

→ ________ ________ ________ for lunch now?

2 우리 아직 멀었나요? (there)

→ ________ ________ ________ yet?

3 그녀는 지금 외출 중인가요? (out)

→ ________ ________ ________ at the moment?

4 제가 너무 어린가요? (too young)

→ ________ ________ ________ ________?

5 그들은 지금 휴가 중인가요? (on vacation)

→ ________ ________ ________ ________ now?

6 당신은 운동에 관심이 있나요? (interested)

→ ________ ________ ________ in sports?

7 그 박물관은 일요일에 문을 여나요? (the museum, open)

→ ________ ________ ________ ________ on Sundays?

D 우리말과 같은 뜻이 되도록 주어진 단어를 배열하시오.

1 제가 틀렸나요? (I, wrong, am)

→ ____________________

2 8시인가요? (eight o'clock, it, is)

→ ____________________

3 토마토는 과일이니? (a tomato, fruit, is)

→ ____________________

4 너 나한테 화났니? (you, angry, with, are, me)

→ ____________________

5 Alice와 Maria는 자매니? (are, sisters, Alice and Maria)

→ ____________________

6 Baker 씨가 네 이웃이니? (your neighbor, Ms. Baker, is)

→ ____________________

7 이것이 너의 이메일 주소니? (your email address, is, this)

→ ____________________

Unit 04 be동사의 과거형

A 빈칸에 알맞은 be동사의 과거형을 써 넣으시오.

1 You ___________ a hard worker.

2 The cat ___________ on the roof.

3 She ___________ proud of her son.

4 They ___________ my best friends.

5 I ___________ bored with her stories.

6 We ___________ really happy together.

7 Max ___________ at the basketball game.

B 밑줄 친 부분을 바르게 고쳐 쓰시오.

1 It is sunny yesterday. ___________

2 I was not hungry now. ___________

3 Are you in the park at that time? ___________

4 She is not a good runner last year. ___________

5 Was your brother in his room now? ___________

6 My grandparents was in Japan last month. ___________

C 빈칸에 알맞은 be동사를 써 넣으시오.

1 Maria ___________ tired yesterday, but today she ___________ cheerful.

2 The weather ___________ so nice last week, but now it ___________ bad.

3 We ___________ in Toronto last week, but now we ___________ in Quebec.

4 I ___________ in the art club last year, but this year I ___________ in the book club.

5 Jose ___________ poor at math last year, but this year he ___________ good at it.

6 The windows ___________ open an hour ago, but now they ___________ closed.

7 They ___________ elementary students four years ago, but now they ___________ high school students.

D 우리말과 같은 뜻이 되도록 주어진 단어를 이용하여 문장을 완성하시오.

1 너 어젯밤에 파티에 갔었니? (at the party)

→ ______ ______ ______ ______ ______ last night?

2 나는 점심 후에 너무 졸렸다. (very sleepy)

→ ______ ______ ______ ______ after lunch.

3 그 아이들은 수학여행에 신이 나 있었다. (excited)

→ ______ ______ ______ ______about the school trip.

4 너의 아버지께서 5분 전에 여기 계셨어. (ago)

→ ______ ______ ______ here five minutes ______.

5 그녀는 작년에 너와 같은 반 친구였니? (classmate)

→ ______ ______ ______ ______ last year?

6 그의 생일은 지난주 금요일이 아니었다. (last Friday)

→ His birthday ______ ______ ______ ______.

7 그들은 3년 전에 훌륭한 골퍼가 아니었다. (great golfers)

→ ______ ______ ______ ______ ______ three years ago.

E 우리말과 같은 뜻이 되도록 주어진 단어를 배열하시오.

1 나는 그때 용감하지 않았다. (not, was, I, brave at that time)

→ ______________________________

2 그녀는 병원에 있었니? (she, in the hospital, was)

→ ______________________________

3 그것은 좋은 선택이었다. (was, good, it, a, choice)

→ ______________________________

4 그 영화는 재미있었니? (was, the movie, interesting)

→ ______________________________

5 열쇠는 서랍 안에 없었다. (not, the key, in the drawer, was)

→ ______________________________

6 그들은 2년 전에 친한 친구였다. (were, two years ago, they, close friends)

→ ______________________________

7 우리 가족은 지난 주말에 해변에 있었다. (at the beach, was, last weekend, my family)

→ ______________________________

Unit 05 일반동사의 현재형

A 주어진 단어를 이용하여 현재 시제 문장을 완성하시오.

1 I ___________ your help. (need)

2 It ___________ a lot in summer. (rain)

3 We ___________ to school by bike. (go)

4 She ___________ a lot of water. (drink)

5 Wolves ___________ sharp teeth. (have)

6 This store ___________ at 10 a.m. (open)

7 My brother ___________ too much fast food. (eat)

B 주어진 단어를 이용하여 현재 시제 문장을 완성하시오.

1 Susan ___________ me on the cheek, and I ___________ her on the forehead. (kiss)

2 My parents and I ___________ in Boston, and my sister ___________ in Chicago. (live)

3 I ___________ law in university, and Martha ___________ art in university. (study)

4 Jay ___________ tennis every Saturday, and I ___________ badminton every Saturday. (play)

5 My mother ___________ about my future, but I ___________ about her health. (worry)

6 Tyler and I ___________ comedy movies, and Frank ___________ action movies. (watch)

7 My brother and I ___________ our homework before dinner, but my sister ___________ her homework after dinner. (do)

C 보기 에서 알맞은 것을 골라 현재 시제 문장을 완성하시오.

보기 fix drink catch fly use like

1 Time ___________ so fast.

2 Mia ___________ an electronic dictionary.

3 The early bird ___________ the worm.

4 My uncle ___________ broken computers.

5 My grandmother ___________ afternoon tea.

6 Chris and his brother ___________ to go camping.

D 우리말과 같은 뜻이 되도록 주어진 단어를 이용하여 문장을 완성하시오.

1 그녀는 패션 잡지를 읽는다. (read)

→ ____________ ____________ a fashion magazine.

2 거북은 모래에 알을 낳는다. (lay, eggs)

→ The turtle ____________ ____________ in the sand.

3 그는 모든 것에 최선을 다한다. (try)

→ ____________ ____________ his best with everything.

4 Rachel은 제시간에 일을 끝낸다. (finish)

→ ____________ ____________ her work on time.

5 그들은 매일 아침 신선한 빵을 굽는다. (bake)

→ ____________ ____________ fresh bread every morning.

6 Charles는 공을 정확하게 패스한다. (pass, a ball)

→ ____________ ____________ ____________ ____________ accurately.

7 우리는 밥을 먹기 전에 손을 씻는다. (wash, our hands)

→ ____________ ____________ ____________ ____________ before meals.

E 우리말과 같은 뜻이 되도록 주어진 단어를 배열하시오.

1 나는 아침에 조깅을 한다. (in the morning, go jogging, I)

→ ____

2 Jacob은 반 친구들과 잘 지낸다. (gets along with, Jacob, his classmates)

→ ____

3 부모들은 자신의 아이들을 매우 많이 사랑한다. (love, very much, parents, their children)

→ ____

4 그녀는 자신의 건강을 위해 유기농 식품을 산다. (organic food, she, for her health, buys)

→ ____

5 Brooks 씨는 중학교에서 영어를 가르친다. (English, in middle school, Mr. Brooks, teaches)

→ ____

6 많은 관광객이 매년 이 사원을 방문한다. (visit, many tourists, this temple every year)

→ ____

7 Hannah는 한국에 있는 그녀의 가족과 친구들이 그립다. (misses, Hannah, her family and friends in Korea)

→ ____

Unit 06 일반동사의 부정문

A 주어진 동사를 이용하여 현재 시제 부정문을 완성하시오. [축약형으로 쓸 것]

1 She ________________ meat. (eat)

2 Greg ________________ a lie. (tell)

3 I ________________ green tea. (drink)

4 We ________________ his story. (believe)

5 Sarah ________________ long hair. (have)

6 You ________________ her phone number. (know)

7 They ________________ each other. (understand)

B 밑줄 친 부분을 바르게 고쳐 쓰시오.

1 You need not my advice. ________________

2 The pie don't taste good. ________________

3 He don't reads fantasy books. ________________

4 They doesn't speak German. ________________

5 She doesn't trusts me anymore. ________________

6 Irene and Emily doesn't spend much time together. ________________

C 보기 에서 알맞은 동사를 골라 부정문을 완성하시오. [축약형으로 쓸 것]

보기	listen	walk	wear	sleep	eat out	buy

1 She has good eyes. She ________________ glasses.

2 We love home-made food. We ________________.

3 I get up early every morning. I ________________ late.

4 Harry goes to school by bus. He ________________ to school.

5 They borrow books from a library. They ________________ books.

6 My mother likes classical music. She ________________ to rock music.

D 우리말과 같은 뜻이 되도록 주어진 단어를 이용하여 문장을 완성하시오.

1 그들은 탁구를 치지 않는다. (play)

→ They ______________ ______________ table tennis.

2 그 드레스는 나에게 잘 맞지 않는다. (fit)

→ The dress ______________ ______________ me well.

3 이 버스는 시립 박물관에 가지 않는다. (go)

→ This bus ______________ ______________ to the City Museum.

4 Roy는 운동을 전혀 하지 않는다. (exercise)

→ Roy ______________ ______________ at all.

5 나는 커피에 설탕을 넣지 않는다. (put, sugar)

→ I ______________ ______________ ______________ in my coffee.

6 David와 Jason은 쌍둥이 형제처럼 보이지 않는다. (look like)

→ David and Jason ______________ ______________ ______________ twin brothers.

7 그는 텔레비전으로 운동 경기를 보지 않는다. (watch, sports)

→ He ______________ ______________ ______________ on TV.

E 우리말과 같은 뜻이 되도록 주어진 단어를 배열하시오.

1 나는 오늘 기분이 좋지 않다. (don't, feel, I, good today)

→ ____

2 우리는 서로 말을 하지 않는다. (each other, don't, talk to, we)

→ ____

3 그들은 스마트폰을 사용하지 않는다. (smartphones, don't, they, use)

→ ____

4 이 복사기는 작동이 되지 않는다. (doesn't, this copy machine, work)

→ ____

5 Allen은 피아노 강습을 받지 않는다. (take, piano lessons, doesn't, Allen)

→ ____

6 그 상점은 나에게 맞는 사이즈를 팔지 않는다. (doesn't, my size, sell, the store)

→ ____

7 내 남동생은 자신의 방을 청소하지 않는다. (doesn't, my little brother, his room, clean)

→ ____

Unit 07 일반동사의 Yes / No 의문문

A 주어진 단어를 이용하여 의문문을 완성하시오.

1 A ________ she ________ money? (save) B No, she doesn't.

2 A ________ they ________ the answer? (know) B No, they don't.

3 A ________ he ________ to the gym? (go) B Yes, he does.

4 A ________ it ________ a lot of money? (cost) B Yes, it does.

5 A ________ your sister ________? (drive) B Yes, she does.

6 A ________ you ________ horror movies? (watch) B Yes, I do.

7 A ________ you ________ Chinese at school? (learn) B Yes, we do.

8 A ________ I ________ a passport to travel to India? (need) B Yes, you do.

B 주어진 단어를 이용하여 대화를 완성하시오.

1 A ________ penguins ________? (fly)
B No, ________ ________. They walk and swim.

2 A ________ you ________ comic books? (read)
B Yes, ________ ________. I love comic books.

3 A ________ the first train ________ at six? (leave)
B Yes, ________ ________. It leaves at six o'clock.

4 A ________ I ________ good? (look)
B Yes, ________ ________. You look beautiful in that dress.

5 A ________ he ________ a glass of cold water? (want)
B Yes, ________ ________. He feels very thirsty.

6 A ________ you ________ toast for breakfast? (eat)
B No, ________ ________. I eat cereal and milk.

7 A ________ it ________ a lot in winter? (snow)
B Yes, ________ ________. We have a lot of snow.

8 A ________ she ________ any brothers or sisters? (have)
B Yes, ________ ________. She has two sisters.

C 우리말과 같은 뜻이 되도록 주어진 단어를 이용하여 문장을 완성하시오.

1 제가 당신을 아나요? (know)

→ ____________ ____________ ____________ you?

2 그 영화는 2시 30분에 시작하나요? (the movie, start)

→ ____________ ____________ ____________ ____________ at 2:30?

3 우리에게 충분한 시간이 있니? (have)

→ ____________ ____________ ____________ enough time?

4 이 가방이 네 것이니? (this bag, belong to)

→ ____________ ____________ ____________ ____________ ____________ you?

5 너는 학교에 교과서를 가지고 가니? (take)

→ ____________ ____________ ____________ your textbooks to school?

6 Mike는 옷에 많은 돈을 쓰니? (spend)

→ ____________ ____________ ____________ a lot of money on clothes?

7 그 팀은 매일 축구 연습을 하나요? (the team, practice)

→ ____________ ____________ ____________ ____________ soccer every day?

D 우리말과 같은 뜻이 되도록 주어진 단어를 배열하시오.

1 너는 단것을 좋아하니? (you, like, do, sweets)

→ ____

2 너희 학교는 3시에 끝나니? (finish, your school, does)

→ ____ at three o'clock?

3 그들은 산악자전거 타는 것을 좋아하니? (they, mountain biking, do, enjoy)

→ ____

4 우리에게 새 컴퓨터가 필요할까? (a new computer, need, do, we)

→ ____

5 너희 삼촌은 시골에 사시니? (your uncle, does, in the countryside, live)

→ ____

6 그들은 밴드에서 기타를 치니? (play, they, do, the guitars)

→ ____ in the band?

7 너희 어머니께서는 우체국에서 일하시니? (your mother, at the post office, work, does)

→ ____

Unit 08 빈도부사

A 보기 에서 알맞은 빈도부사를 골라 우리말과 같은 뜻이 되도록 문장을 완성하시오.

보기	never	always	hardly	sometimes	usually

1 나는 이웃과 거의 말을 하지 않는다.

→ I ____________ talk to my neighbors.

2 우리는 가끔 태국 음식을 먹는다.

→ We ____________ eat Thai food.

3 그는 항상 일찍 잠자리에 든다.

→ He ____________ goes to bed early.

4 그들은 자신들의 삶에 결코 만족하지 않는다.

→ They are ____________ satisfied with their life.

5 그는 주말에 대개 가족과 시간을 보낸다.

→ He ____________ spends time with his family on weekends.

B 주어진 단어를 알맞은 곳에 넣어 문장을 다시 쓰시오.

1 She is cheerful. (always)

→ ________________________________

2 He raises his voice. (seldom)

→ ________________________________

3 I express my feelings. (hardly)

→ ________________________________

4 Patricia goes out. (occasionally)

→ ________________________________

5 Christine comes home late. (never)

→ ________________________________

6 They go for a short walk after lunch. (often)

→ ________________________________

C 우리말과 같은 뜻이 되도록 주어진 단어를 이용하여 문장을 완성하시오.

1 나는 절대 아침을 거르지 않는다. (never, skip)

→ ____________ ____________ ____________ breakfast.

2 그녀는 좀처럼 치마를 입지 않는다. (seldom, wear)

→ ____________ ____________ ____________ a skirt.

3 Cindy는 항상 나에게 미소를 짓는다. (always, smile)

→ ____________ ____________ ____________ at me.

4 그들은 가끔 교실에서 시끄럽다. (sometimes, noisy)

→ ____________ ____________ ____________ ____________ in the classroom.

5 Nick은 종종 조부모님께 전화를 드린다. (often, call)

→ ____________ ____________ ____________ his grandparents.

6 너는 나에게 거의 인사를 하지 않는다. (hardly, say hello)

→ ____________ ____________ ____________ ____________ to me.

7 이 식당은 대개 사람들로 붐빈다. (usually, crowded)

→ This restaurant ____________ ____________ ____________ with people.

D 우리말과 같은 뜻이 되도록 주어진 단어를 배열하시오.

1 나는 가끔 외롭다. (sometimes, I, lonely, feel)

→ ____

2 그녀는 거의 화를 내지 않는다. (gets, rarely, she, angry)

→ ____

3 그는 때때로 등이 아프다. (he, back pain, occasionally, has)

→ ____

4 그들은 대개 평일엔 바쁘다. (busy, are, they, usually)

→ ____ on weekdays.

5 Sam은 거의 회사에 지각하지 않는다. (seldom, is, Sam, late)

→ ____ for work.

6 Paul은 절대로 밤에 커피를 마시지 않는다. (never, coffee, drinks, Paul)

→ ____ at night.

7 우리는 자주 만나서 수다를 떤다. (meet, often, we, have a chat, and)

→ ____

Unit 09 일반동사의 과거형

A 주어진 단어를 이용하여 과거 시제로 문장을 완성하시오.

1 He ____________ me his name. (tell)
2 She ____________ you the other day. (call)
3 Kelly ____________ my email address. (know)
4 The elevator ____________ at the tenth floor. (stop)

B 밑줄 친 부분을 과거 시제로 바르게 고쳐 쓰시오.

1 I growed up in a big city. ____________
2 Brown visitted China last month. ____________
3 Monica and Roy loveed each other. ____________
4 She seed him at the airport last Monday. ____________
5 I meeted an old friend on my way to work. ____________

C 보기 에서 알맞은 단어를 골라 과거 시제로 문장을 완성하시오.

[1-5] 보기 ask leave swim steal want

1 He ____________ his wallet on the bus.
2 I ____________ to have a talk with you.
3 We ____________ far away from the beach.
4 Someone ____________ my bike this morning.
5 The teacher ____________ me several questions.

[6-10] 보기 draw have send go cut

6 We ____________ a good time on our vacation.
7 I ____________ my finger on a piece of glass last night.
8 Nicole ____________ me a little present for my birthday.
9 The child ____________ a dinosaur on the wall.
10 Mary and I ____________ to the same elementary school.

D 우리말과 같은 뜻이 되도록 주어진 단어를 이용하여 문장을 완성하시오.

1 아기는 밤새 울었다. (the baby, cry)

→ ____________ ____________ ____________ all night.

2 그 쇼는 한 시간 전에 시작했다. (the show, begin)

→ ____________ ____________ ____________ an hour ago.

3 Justin은 대부분의 시간을 책을 읽으며 보냈다. (spend, most of, his time)

→ Justin ____________ ____________ ____________ ____________ ____________ reading books.

4 그들은 지난 일요일에 소풍을 갔다. (go on a picnic)

→ ____________ ____________ ____________ ____________ ____________ last Sunday.

5 나는 어제 그녀에게서 편지 한 통을 받았다. (receive, a letter)

→ ____________ ____________ ____________ ____________ from her yesterday.

6 그는 지난 학기에 학생들에게 과학을 가르쳤다. (teach, science)

→ ____________ ____________ ____________ to his students last semester.

7 우리는 Mary를 위해 깜짝 파티를 계획했다. (plan, a surprise party)

→ ____________ ____________ ____________ ____________ ____________ for Mary.

E 우리말과 같은 뜻이 되도록 주어진 단어를 배열하시오.

1 한 소년이 창문을 깨뜨렸다. (broke, a boy, the window)

→ ____

2 내 남동생이 나의 안경을 떨어뜨렸다. (my glasses, my brother, dropped)

→ ____

3 비행기가 하늘을 가로질러 날아갔다. (across the sky, flew, a plane)

→ ____

4 나는 어젯밤에 뮤지컬을 정말 재미있게 보았다. (enjoyed, I, the musical, really)

→ ____ last night.

5 그 아이들은 크리스마스 캐럴을 불렀다. (sang, Christmas carols, the children)

→ ____

6 그들은 2010년에 그들의 자동차를 팔았다. (sold, they, their car)

→ ____ in 2010.

7 그는 작년에 중학생이 되었다. (a middle school student, became, he)

→ ____ last year.

Unit 10 과거 시제의 사용

A 주어진 단어를 이용하여 문장으로 완성하시오.

1 He ____________ a cold now. (have)
2 Monica ____________ her leg yesterday. (hurt)
3 He ____________ for a newspaper company now. (work)
4 I ____________ off my bicycle this morning. (fall)
5 Mark ____________ his job last year. (change)
6 The accident ____________ last Friday. (happen)
7 My father ____________ home late last night. (come)
8 She ____________ a muffler and a fur hat yesterday. (wear)
9 Nick ____________ in a small town with his family now. (live)
10 They ____________ from the countryside to the city two months ago. (move)

B 보기 와 같이 과거 시제로 문장을 완성하시오.

보기
I usually get up early in the morning.
→ This morning, I got up late. (late)

1 We usually go to the library after school.
→ Today, we ______________________________. (to the gym)

2 Tim and Jimmy usually talk about the weather.
→ This time, they ______________________________. (sports)

3 Mom usually makes pancakes for us.
→ This morning, she ______________________________. (toast)

4 She usually drinks a cup of tea before dinner.
→ This afternoon, she ______________________________. (a glass of milk)

5 Sam and I usually meet at the coffee shop.
→ This time, we ______________________________. (at the movie theater)

6 My sister usually watches dramas on TV.
→ Last night, she ______________________________ on TV. (a news program)

7 I usually buy apples and bananas at the grocery store.
→ This time, I ______________________________ at the grocery store. (strawberries and kiwis)

C 우리말과 같은 뜻이 되도록 주어진 단어를 이용하여 문장을 완성하시오.

1 그들은 바위 위에 앉았다. (sit on)

→ ________ ________ ________ the rock.

2 그는 지난주에 파리에 도착했다. (arrive in)

→ ________ ________ ________ Paris last week.

3 나는 어젯밤에 비명 소리를 들었다. (hear, screaming)

→ ________ ________ ________ last night.

4 그녀는 오늘 길에서 1달러를 발견했다. (find, a dollar)

→ ________ ________ ________ ________ on the street today.

5 Robin은 어제 그녀에게 연애편지를 썼다. (write, a love letter)

→ Robin ________ ________ ________ ________ to her yesterday.

6 나는 지난겨울 방학에 '호빗'을 읽었다. (read)

→ ________ ________ *The Hobbit* last winter vacation.

7 내 남동생은 두 시간 전에 숙제를 끝냈다. (finish, his homework)

→ My brother ________ ________ ________ two hours ago.

D 우리말과 같은 뜻이 되도록 주어진 단어를 배열하시오.

1 그 영화표는 10달러였다. (cost, the movie ticket, ten dollars)

→ ____

2 Tim은 남동생의 흉을 보았다. (spoke ill of, his little brother, Tim)

→ ____

3 나는 어젯밤에 4시간을 잤다. (for four hours, slept, I)

→ ____ last night.

4 Ruth는 동전을 자신의 주머니에 넣었다. (coins, in his pocket, Ruth, put)

→ ____

5 그는 자신의 첫 경기에서 홈런을 쳤다. (hit, he, a homerun)

→ ____ in his first game.

6 우리 할아버지께서 5년 전에 우리 집을 지으셨다. (built, my grandfather, our house)

→ ____ five years ago.

7 그 소녀는 촛불을 불고 소원을 빌었다. (blew out, the girl, the candles)

→ ____ and made a wish.

Unit 11 과거 시제의 부정문

A 주어진 동사를 이용하여 부정문을 완성하시오. [축약형으로 쓸 것]

1 Sarah __________ the truth then. (know)

2 The computer __________ last night. (work)

3 They __________ time for rest yesterday. (have)

4 I __________ your text message last night. (receive)

5 He felt tired at that time. He __________ sick. (feel)

6 We went fishing last weekend, but we __________ any fish. (catch)

B 보기 에서 알맞은 동사를 골라 과거 시제 부정문을 완성하시오. [축약형으로 쓸 것]

보기 answer see start go say

1 I __________ him at school today.

2 You __________ my call yesterday.

3 The snow festival __________ last Friday.

4 She __________ hello to me the other day.

5 My sister __________ to the concert last night.

C 보기 와 같이 과거 시제 문장으로 완성하시오. [축약형으로 쓸 것]

보기 She swam on Sunday. She didn't swim on Saturday.

1 She learned Spanish. She __________ French.

2 Rachel raised a cat. She __________ a dog.

3 I got an A on the exam. I __________ a B on the exam.

4 Greg left for New Zealand. He __________ for Australia.

5 I bought a new computer. I __________ a used computer.

6 They had steak for dinner, but they __________ anything for lunch.

7 We slept well last night, but we __________ well the night before last.

8 They went camping last Thursday. They __________ camping last Friday.

D 우리말과 같은 뜻이 되도록 주어진 단어를 이용하여 문장을 완성하시오.

1 그때 나는 돈이 별로 없었다. (have)

→ ____________ ____________ ____________ much money at that time.

2 그 일은 그다지 잘 되지 않았다. (work out)

→ That ____________ ____________ ____________ very well.

3 Greg은 오늘 아침 이를 닦지 않았다. (brush)

→ Greg ____________ ____________ his teeth this morning.

4 나는 네 비밀을 누구에게도 말하지 않았다. (tell)

→ ____________ ____________ ____________ your secret to anybody.

5 내 여동생은 초콜릿 케이크를 먹지 않았다. (eat)

→ ____________ ____________ ____________ ____________ the chocolate cake.

6 그들은 다른 사람들을 신경 쓰지 않았다. (care about)

→ ____________ ____________ ____________ ____________ other people.

7 너는 전화 요금을 내지 않았다. (pay)

→ ____________ ____________ ____________ your phone bill.

E 우리말과 같은 뜻이 되도록 주어진 단어를 배열하시오.

1 나는 새치기를 하지 않았다. (cut in line, didn't, I)

→ ____

2 그는 공부를 열심히 하지 않았다. (study, didn't, he, hard)

→ ____

3 Mark는 거울을 깨지 않았다. (didn't, the mirror, Mark, break)

→ ____

4 너는 나를 전혀 도와주지 않았다. (help, you, me, didn't)

→ ____ at all.

5 한국 전쟁은 1940년에 끝나지 않았다. (didn't, the Korean War, end)

→ ____ in 1940.

6 작년 겨울에는 눈이 많이 오지 않았다. (a lot, snow, didn't, it)

→ ____ last winter.

7 우리는 지난 수요일에 회사에 가지 않았다. (we, go, didn't, to work)

→ ____ last Wednesday.

Unit 12 과거 시제의 Yes / No 의문문

A 주어진 단어를 이용하여 의문문을 완성하시오.

1 A ___________ they ___________ the news? (hear) B No, they didn't.

2 A ___________ I ___________ you my plan? (tell) B Yes, you did.

3 A ___________ you ___________ the dishes? (wash) B No, I didn't.

4 A ___________ she ___________ a haircut today? (get) B Yes, she did.

5 A ___________ the library ___________ yesterday? (open) B No, it didn't.

6 A ___________ he ___________ a swimming lesson? (take) B No, he didn't.

7 A ___________ we ___________ our plane tickets? (book) B Yes, we did.

8 A ___________ Karen ___________ an invitation card to you? (send) B Yes, she did.

B 보기 에서 알맞은 단어를 골라 우리말과 같은 뜻이 되도록 문장을 완성하시오.

보기	find	make	bring	teach	ask	learn	have

1 제가 실수를 했나요?

→ ___________ ___________ ___________ a mistake?

2 그녀는 태권도를 배웠니?

→ ___________ ___________ ___________ Taekwondo?

3 Alice는 우산을 가지고 왔니?

→ ___________ ___________ ___________ her umbrella?

4 너희들은 즐거운 방학을 보냈니?

→ ___________ ___________ ___________ a nice vacation?

5 그들은 애완견을 찾았니?

→ ___________ ___________ ___________ their pet dog?

6 그가 너에게 마술을 가르쳐 주셨니?

→ ___________ ___________ ___________ you magic tricks?

7 너는 표 값을 물어보았니?

→ ___________ ___________ ___________ about the price of the ticket?

C 주어진 단어를 이용하여 대화를 완성하시오.

1 A ________ you ________ home by taxi? (come)
B No, ________ ________. I took a bus.

2 A ________ she ________ ________ last night? (go out)
B No, ________ ________. She stayed at home.

3 A ________ we ________ homework? (have)
B Yes, ________ ________. We had math homework.

4 A ________ the bus for Seoul ________? (leave)
B Yes, ________ ________. It left ten minutes ago.

5 A ________ you ________ the driving test again? (fail)
B No, ________ ________. I passed the test.

6 A ________ they ________ the birthday party? (enjoy)
B Yes, ________ ________. They had a really good time.

7 A ________ Julian ________ a prize in the contest? (win)
B Yes, ________ ________. He won first prize.

8 A ________ he ________ his girlfriend's birthday? (forget)
B No, ________ ________. He bought a ring for her.

D 우리말과 같은 뜻이 되도록 주어진 단어를 배열하시오.

1 Sam이 너를 용서했니? (Sam, you, did, forgive)
→ ________________________________

2 너는 개에게 먹이를 주었니? (feed, did, your dog, you)
→ ________________________________

3 자명종이 울렸니? (go off, the alarm, did)
→ ________________________________

4 제가 전화를 잘못했나요? (the wrong number, I, did, call)
→ ________________________________

5 그녀는 어제 기분이 안 좋았니? (she, bad, feel, did)
→ ________________________________ yesterday?

6 그들이 저를 오랫동안 기다렸나요? (did, they, wait long)
→ ________________________________ for me?

Unit 13 미래 시제 will

A 주어진 말과 will을 이용하여 미래 시제 문장을 완성하시오. [부정문은 축약형으로 쓸 것]

1 I __________ __________ you back. (call)

2 __________ she __________ well soon? (get)

3 He __________ __________ me. (not, trust)

4 __________ they __________ the promise? (keep)

5 James __________ __________ to your advice. (not, listen)

B 보기 에서 알맞은 동사를 골라 will을 이용하여 미래 시제 문장을 완성하시오.

보기	stay	do	be	change	take

1 She ________________ well in the job.

2 He ________________ his mind soon.

3 Jake ________________ with us tonight.

4 Don't worry. Everything ________________ okay.

5 My mother ________________ you to the airport tomorrow.

C 주어진 말과 will 또는 won't를 이용하여 대화를 완성하시오.

1 A Are you ready to go out?
B I __________ __________ ready in ten minutes. (be)

2 A I'm very tired and sleepy.
B I __________ __________ you some coffee. (get)

3 A I made a sweater for her birthday.
B She __________ __________ it very much. (like)

4 A This is only between you and me, okay?
B I __________ __________ anyone. I promise. (tell)

5 A Will she remember to bring a camera?
B Don't worry. She __________ __________ it. (forget)

D 우리말과 같은 뜻이 되도록 주어진 단어를 이용하여 문장을 완성하시오.

1 나는 12월 1일에 열다섯 살이 된다. (be)

→ ________ ________ ________ fifteen years old on December 1st.

2 너 내 파티에 올래? (come)

→ ________ ________ ________ to my party?

3 Ron은 스키 강습을 받을 것이다. (take)

→ Ron ________ ________ skiing lessons.

4 너는 그의 놀라운 이야기를 믿지 못할 거야. (believe)

→ ________ ________ ________ his amazing story.

5 그가 자신의 계획에 대해 사실대로 말할까? (tell the truth)

→ ________ ________ ________ ________ ________ about his plan?

6 그들은 거짓말 한 것에 대해 그를 벌하지 않을 것이다. (punish)

→ ________ ________ ________ him for telling lies.

7 너의 부모님께서 너의 시험 결과를 듣고 좋아하실 것이다. (be happy)

→ Your parents ________ ________ ________ with your exam results.

E 우리말과 같은 뜻이 되도록 주어진 단어를 배열하시오.

1 당신은 오늘 밤에 늦나요? (you, late, be, will)

→ ______________________________ tonight?

2 그녀가 내 사과를 받아줄까? (my apology, she, accept, will)

→ ______________________________

3 Ben은 규칙을 어기지 않을 것이다. (break, Ben, won't, the rules)

→ ______________________________

4 내일은 날씨가 좋을 것이다. (a nice day, be, it, will)

→ ______________________________ tomorrow.

5 그들은 8시에 도착할 것이다. (arrive, will, they, at 8 p.m.)

→ ______________________________

6 그는 그 질문에 대답하지 않을 것이다. (the question, he, answer, won't)

→ ______________________________

7 너는 재미있는 사람을 많이 만나게 될 것이다. (a lot of, will, meet, interesting people, you)

→ ______________________________

Unit 14 미래 시제 be going to

A 주어진 말과 be going to를 이용하여 미래 시제 문장을 완성하시오.

1 You __________________ dinner. (cook)

2 We __________________ a new car. (buy)

3 The game __________________ soon. (start)

4 He __________________ in a hotel. (not, stay)

5 I __________________ a vacation next week. (take)

B 보기 에서 알맞은 단어를 골라 be going to를 이용하여 미래 시제 문장을 완성하시오.

보기	rain	walk	paint	move	change

1 My father __________________ his job.

2 I __________________ to school today.

3 Look at the clouds. It __________________ soon.

4 We __________________ our bedroom tomorrow.

5 Brian __________________ to Canada this summer.

C 주어진 말과 be going to를 이용하여 대화를 완성하시오.

1 A Wow, Korea scored a goal again.
B Japan __________________ this game. (lose)

2 A Watch out! You __________________. (fall)
B Okay, I will be careful. Thank you.

3 A Mom, are you free this evening?
B No, I'm not. I __________________ late. (work)

4 A It's 10:30! We __________________ our plane. (miss)
B Let's hurry up!

5 A Do you have any plans for the weekend?
B We __________________ camping. Will you come along? (go)

D 우리말과 같은 뜻이 되도록 주어진 단어를 이용하여 문장을 완성하시오.

1 나는 피자를 주문하지 않을 것이다. (order)
→ I ____ ____ ____ ____ ____ a pizza.

2 그녀는 내일 병원에 갈 것이다. (see a doctor)
→ She ____ ____ ____ ____ ____ ____ tomorrow.

3 Beth는 미인 대회에 출전할 거니? (enter)
→ ____ Beth ____ ____ ____ a beauty contest?

4 그런 일은 다시는 일어나지 않을 것이다. (happen)
→ That ____ ____ ____ ____ ____ again.

5 Judy는 그녀와 방을 같이 쓰지 않을 것이다. (share)
→ Judy ____ ____ ____ ____ ____ the room with her.

6 우리는 내일 저녁을 같이 먹을 것이다. (have dinner)
→ We ____ ____ ____ ____ ____ together tomorrow.

7 너의 오빠는 올해 외국에서 공부할 거니? (study abroad)
→ ____ your brother ____ ____ ____ ____ this year?

E 우리말과 같은 뜻이 되도록 주어진 단어를 배열하시오.

1 그들이 그 소녀를 구조할까요? (the girl, going, they, to, are, rescue)
→ ____

2 너는 집들이를 할 거니? (you, a housewarming party, have, to, are, going)
→ ____

3 우리는 하와이에서 휴가를 보낼 것이다. (spend, are, to, we, our vacation, going)
→ ____ in Hawaii.

4 그녀는 너와 말다툼하지 않을 것이다. (not, is, she, argue, to, going)
→ ____ with you.

5 나는 내년에 새 언어를 배울 것이다. (a new language, learn, to, am, going, I)
→ ____ next year.

6 Don은 내일 수학 수업을 듣지 않을 것이다. (not, take, going, is, Don, a math class, to)
→ ____ tomorrow.

7 그녀의 모든 친구들이 그녀의 결혼식에 올 것이다. (to, going, are, come, all her friends)
→ ____ to her wedding.

Unit 15 미래를 나타내는 말

A 주어진 말을 이용하여 미래 시제 문장을 완성하시오.

1 Howard ________ ________ the next President. (be)

2 I ________ ________ all the housework this afternoon. (finish)

3 I ________ ________ to a movie with my parents tonight. (go)

4 My aunt ________ ________ ________ ________ to see us next week. (come)

5 They ________ ________ ________ ________ into a new apartment soon. (move)

6 She ________ ________ ________ ________ her friend in Turkey next week. (meet)

B 보기 에서 알맞은 동사를 골라 미래 시제 문장을 완성하시오.

보기	send	show	be	buy	go	arrive

1 Peter ________ ________ back later today.

2 ________ you ________ to the festival next week?

3 He ________ ________ me the way to downtown.

4 ________ he ________ here at seven o'clock tomorrow?

5 I ________ ________ ________ ________ some flowers to her tonight.

6 Mom ________ ________ ________ ________ a new cell phone next Saturday.

C 주어진 동사를 이용하여 보기 와 같이 문장을 완성하시오.

보기
I __learn__ a new sport every year. I __learned__ how to play golf last year.
I __will learn__ how to play tennis next year. (learn)

1 Melissa ________ a fairy tale every day. She ________ *Cinderella* yesterday. She ________ *Hansel and Gretel* later today. (read)

2 David always ________ me a lot. He ________ me with the dishes last night. He ________ me with the cooking tomorrow evening. (help)

3 My grandmother often ________ us a pie on Sundays. She ________ apple pie last Sunday. She ________ pecan pie next Sunday. (make)

4 They ________ a movie every Friday. They ________ a horror movie last week. They ________ an action movie later this week. (watch)

D 우리말과 같은 뜻이 되도록 주어진 단어를 이용하여 문장을 완성하시오.

1 그는 어젯밤에 과식을 했다. (eat too much)

→ ____________ ____________ ____________ ____________ last night.

2 그녀는 작년에 옷가게에서 일했다. (work at)

→ ____________ ____________ ____________ a clothing shop last year.

3 그는 곧 그 일을 즐기게 될 것이다. (enjoy)

→ ____________ ____________ ____________ the job soon.

4 James는 3시간 후에 런던에 도착할 것이다. (arrive)

→ James ____________ ____________ ____________ ____________ in London in three hours.

5 그들은 오늘 그 회의에 참석하지 않을 것이다. (attend)

→ ____________ ____________ ____________ the meeting today.

6 나는 이번 학기에 스페인어 수업을 들을 것이다. (take)

→ ____________ ____________ ____________ ____________ Spanish classes this semester.

7 우리는 오늘 아침에 일기 예보를 보았다. (watch, the weather forecast)

→ ____________ ____________ ____________ ____________ ____________ this morning.

E 우리말과 같은 뜻이 되도록 주어진 단어를 배열하시오.

1 나는 오늘 아침에 머리가 아팠다. (a headache, I, had)

→ ____ this morning.

2 그 경기는 곧 끝나지는 않을 것이다. (be over, the game, won't)

→ ____ soon.

3 그 신발은 다음 주에 할인 판매될 것이다. (on sale, the shoes, be, will)

→ ____ next week.

4 우리는 이번 주말에 스키를 타러 갈 것이다. (will, we, go skiing)

→ ____ this weekend.

5 그녀는 어제 피아노 연습을 하지 않았다. (the piano, practice, didn't, she)

→ ____ yesterday.

6 내가 나중에 너에게 모든 것을 얘기해 줄게. (tell, will, the whole story, I, you)

→ ____ later.

7 너는 일주일 후에 그 소포를 받게 될 것이다. (receive, will, you, the package)

→ ____ in a week.

Unit 16 현재진행

A 주어진 말을 이용하여 현재진행 시제 문장을 완성하시오.

1 The baby ________________ a nap. (take)

2 He ________________ socks. (not, wear)

3 They ________________ paper dolls. (make)

4 We ________________ a trip to China. (plan)

5 My brothers ________________ a tent. (set up)

B 보기 에서 알맞은 말을 골라 현재진행 시제 문장을 완성하시오.

보기	look at	walk	stand	swim	eat

1 I ________________ my dog.

2 She ________________ ice cream.

3 Someone ________________ outside.

4 Ben ________________ her pictures.

5 They ________________ in the ocean.

C 주어진 단어를 현재진행형으로 바꿔 대화를 완성하시오.

1 A Hey, __________ you __________ to me? (listen)
B Sorry, I was somewhere else.

2 A You are all wet with rain.
B Yeah. The rain __________ __________ down hard. (come)

3 A What is that smell?
B Oh, the meat in the oven __________ __________. (burn)

4 A Where are Jacob and Dave?
B They __________ __________ with a ball in the yard. (play)

5 A Excuse me. You __________ __________ in my seat. (sit)
B Oh, I'm sorry.

D 우리말과 같은 뜻이 되도록 주어진 단어를 이용하여 문장을 완성하시오.

1 너 나한테 질문하는 거니? (ask)

→ ____________ ____________ ____________ me a question?

2 그녀는 바닥에 누워 있다. (lie)

→ ____________ ____________ ____________ on the floor.

3 나는 세수를 하고 있지 않다. (wash)

→ I ____________ ____________ ____________ my face.

4 우리는 모래성을 쌓고 있다. (build)

→ ____________ ____________ ____________ a sand castle.

5 강아지가 고양이를 쫓고 있다. (run after)

→ A dog ____________ ____________ ____________ a cat.

6 그녀는 부엌에서 요리를 하고 있니? (cook)

→ ____________ ____________ ____________ in the kitchen?

7 Billy는 내일 홍콩으로 떠날 것이다. (leave for)

→ Billy ____________ ____________ ____________ Hong Kong tomorrow.

E 우리말과 같은 뜻이 되도록 주어진 단어를 배열하시오.

1 너 옷장 안에 숨어 있니? (hiding, you, are, in the closet)

→ ____

2 Anne은 옷을 갈아입고 있다. (her clothes, changing, is, Anne)

→ ____

3 우리는 쇼핑하러 가지 않을 것이다. (not, are, we, going shopping)

→ ____

4 그 소녀는 너를 보고 있는 것이 아니다. (is, not, you, the girl, looking at)

→ ____

5 나는 이번 주말에 Ted를 만날 것이다. (am, Ted, meeting, I)

→ ____ this weekend.

6 아버지가 정원에서 나무를 자르고 계신다. (trees, is, my father, cutting)

→ ____ in the garden.

7 아이들이 무대에서 춤을 추고 있다. (are, on the stage, the children, dancing)

→ ____

Unit 17

과거진행

A 주어진 단어를 이용하여 과거진행 시제 문장을 완성하시오. [부정문은 축약형으로 쓸 것]

1 You ________________ so fast. (drive)

2 Mom ________________ to us. (sing)

3 We ________________ for the test. (study)

4 They ________________ the truth. (not, tell)

5 Greg ________________ a comic book. (not, read)

B 보기 에서 알맞은 말을 골라 과거진행 시제 문장을 완성하시오.

보기 walk listen park wait practice

1 We ________________ for the bus.

2 I ________________ to the radio news.

3 My mother ________________ her car.

4 They ________________ soccer for the Olympics.

5 Ben and Sarah ________________ on the street.

C 주어진 단어와 과거진행 시제를 이용하여 대화를 완성하시오.

1 A Were you home at that time?
B Yes, I was. I ________________ dinner. (eat)

2 A When did you hurt your foot?
B When I ________________ a hammer, I dropped it on my foot. (use)

3 A What was that noise?
B Someone ________________ at the door. (knock)

4 A I saw Alex. He was with a beautiful woman.
B Maybe, he ________________ his twin sister then. (meet)

5 A Were they Chinese?
B I don't think so. They ________________ Chinese. They were using French. (not, speak)

D 우리말과 같은 뜻이 되도록 주어진 단어를 이용하여 문장을 완성하시오.

1 우리는 옷을 싸고 있었다. (pack)

→ ___________ ___________ ___________ our clothes.

2 그들이 땅을 파고 있었니? (dig)

→ ___________ ___________ ___________ in the ground?

3 바람이 세게 불고 있었다. (blow hard)

→ The wind ___________ ___________ ___________.

4 그녀는 헬멧을 쓰고 있지 않았다. (wear)

→ ___________ ___________ ___________ ___________ a helmet.

5 그는 네 사진을 찍고 있지 않았다. (take pictures)

→ ___________ ___________ ___________ ___________ ___________ of you.

6 그 소녀는 크리스마스카드를 만들고 있었다. (make)

→ The girl ___________ ___________ Christmas cards.

7 나는 내 남동생의 숙제를 도와주고 있었다. (help)

→ ___________ ___________ ___________ my brother with his homework.

E 우리말과 같은 뜻이 되도록 주어진 단어를 배열하시오.

1 그녀는 추워서 몸을 떨고 있었다. (was, she, shaking)

→ ______________________________ from the cold.

2 너 해외여행 중이었니? (traveling overseas, you, were)

→ ______________________________

3 그는 앞줄에 앉아 있었니? (sitting, was, he, in the front row)

→ ______________________________

4 나는 너에게 편지를 쓰고 있지 않았다. (not, was, a letter, writing, I)

→ ______________________________ to you.

5 Kate는 집 열쇠를 찾고 있었다. (her house key, looking for, Kate, was)

→ ______________________________

6 아이들이 침대 위에서 뛰고 있었다. (on the bed, were, the kids, jumping)

→ ______________________________

7 학생들은 고궁을 방문하고 있었다. (were, the old palace, visiting, the students)

→ ______________________________

Unit 18 조동사의 형태

A 밑줄 친 부분을 바르게 고쳐 쓰시오.

1 She must is nervous. ______________

2 Peter can swims very fast. ______________

3 You can using my bathroom. ______________

4 Students must followed school rules. ______________

5 She shoulds go home and take a rest. ______________

B 주어진 조동사를 이용하여 문장을 다시 쓰시오.

1 Rick plays golf. (can)

→ ______________

2 He remembers my name. (may)

→ ______________

3 She goes to see a doctor. (should)

→ ______________

4 You borrow my notebook. (can)

→ ______________

5 I finish the science report on time. (must)

→ ______________

C 주어진 문장을 의문문으로 바꿔 쓰시오.

1 You can read Japanese.

→ ______________

2 He must go there alone.

→ ______________

3 I may cross the road here.

→ ______________

4 We should wait a little longer.

→ ______________

D 주어진 문장을 부정문으로 바꿔 쓰시오.

1 You may come in.

→ ____________________

2 You can dance the waltz.

→ ____________________

3 This book may be fun.

→ ____________________

4 My father can cook very well.

→ ____________________

5 Alex may arrive at the concert hall on time.

→ ____________________

6 You must drive this way.

→ ____________________

7 I may play soccer on Saturday.

→ ____________________

E 우리말과 같은 뜻이 되도록 주어진 단어를 배열하시오.

1 지금 지불해야 하나요? (I, now, should, pay)

→ ____________________

2 우리는 그런 말을 하지 않아야 한다. (such a thing, must, we, say, not)

→ ____________________

3 제가 당신에게 무언가 물어봐도 될까요? (you, I, can, something, ask)

→ ____________________

4 너는 시간을 낭비하면 안 된다. (you, your, waste, should, time, not)

→ ____________________

5 신분증을 볼 수 있을까요? (ID card, may, see, I, your)

→ ____________________

6 가위를 사용할 때는 조심해야 한다. (with scissors, should, you, be careful)

→ ____________________

7 당신은 나에게 어떤 질문이라도 할 수 있어요. (me, any, ask, questions, can, you)

→ ____________________

Unit 19 능력, 허가, 추측

A 밑줄 친 부분에 유의하여 해석을 완성하시오.

1 Ruth can ride a bike very well.
→ Ruth는 자전거를 매우 잘 ____________.

2 Hurry up! We may miss our train.
→ 서둘러! 우리는 기차를 ____________.

3 He always tells a lie. That can't be true.
→ 그는 항상 거짓말을 해. 그것은 ____________.

4 I'm not using my computer. You can use it.
→ 나는 컴퓨터를 사용하고 있지 않아. 네가 ____________.

5 Finish your homework first. Then, you may play.
→ 숙제를 먼저 끝내. 그러면 ____________.

B 보기 에서 단어를 골라 주어진 조동사를 이용하여 문장을 완성하시오.

보기	go	taste	start	wait

1 This cake looks delicious. ________ I ________ it? (may)

2 You ________ ________ your exam now. Good luck! (may)

3 Jason will be home soon. You ________ ________ inside. (can)

4 I finished brushing my teeth. ________ I ________ to bed now? (can)

C be able to를 이용하여 문장을 바꿔 쓰시오.

1 My uncle can fix the car.
→ My uncle ____________ the car.

2 Can she speak German?
→ ____________ she ____________ German?

3 I can't reach the top shelf.
→ I ____________ the top shelf.

4 Ian could skate on the frozen lake last winter.
→ Ian ____________ on the frozen lake last winter.

D 우리말과 같은 뜻이 되도록 주어진 단어를 이용하여 문장을 완성하시오.

1 제가 여기에 앉아도 될까요? (sit)

→ ____________ ____________ ____________ here?

2 내가 너의 집에 가도 되니? (come over)

→ ____________ ____________ ____________ ____________ to your house?

3 오늘 오후에 비가 올지도 모른다. (rain)

→ ____________ ____________ ____________ this afternoon.

4 Ted는 작곡을 아주 잘 할 수 있다. (write songs)

→ Ted ____________ ____________ ____________ very well.

5 내가 탁자 치우는 것을 좀 도와줄래? (help)

→ ____________ ____________ ____________ ____________ clear the table?

6 6월이면 그 아기는 걸을 수 있을 것이다. (walk)

→ The baby ____________ ____________ ____________ ____________ ____________ in June.

7 나는 작년에 그 나무에 오를 수 있었다. (climb up)

→ I ____________ ____________ ____________ the tree last year.

E 우리말과 같은 뜻이 되도록 주어진 단어를 배열하시오.

1 너는 이제 식탁을 떠나도 된다. (the table, may, you, leave)

→ ____ now.

2 사인해 주실 수 있을까요? (have, may, I, your autograph)

→ ____

3 그녀가 우리 선생님일 리가 없어. (can't, she, our teacher, be)

→ ____

4 너는 1분 동안 숨을 참을 수 있니? (you, your breath, hold, can)

→ ____ for a minute?

5 나는 그녀의 부탁을 거절할 수 없었다. (no, couldn't, say, I)

→ ____ to her request.

6 그는 내 전화번호를 모를지도 모른다. (may, my phone number, know, he, not)

→ ____

7 그녀는 이번 주말에 너를 방문하지 못할 것이다. (won't, she, able, be, you, visit, to)

→ ____ this weekend.

Unit 20 의무, 강한 추측, 불필요, 충고

A 밑줄 친 부분에 유의하여 해석을 완성하시오.

1 Ryan must be hungry.

→ Ryan은 ______________.

2 We had better take the subway.

→ 우리는 지하철을 ______________.

3 She doesn't have to worry about Jeremy.

→ 그녀는 Jeremy에 대해 ______________.

4 It is freezing outside. You should wear a thick coat.

→ 밖이 매우 추워. 너는 두꺼운 코트를 ______________.

B 보기 에서 알맞은 단어를 골라 주어진 조동사를 이용하여 문장을 완성하시오.

[1-4] must not / don't have to

보기 get up hurry tell eat

1 We ______________ with our mouth open.

2 We ______________. We have plenty of time.

3 I ______________ early. I have no morning class tomorrow.

4 You ______________ Elizabeth about the party. It's a surprise!

[5-8] should / shouldn't

보기 judge believe go speak

5 We ______________ politely to the elderly.

6 You ______________ people by their looks.

7 Sam is a big liar. You ______________ him.

8 I have a toothache. I ______________ to the dentist.

C have to를 이용한 문장으로 바꿔 쓰시오.

1 They must wear school uniforms.

→ ______________________________

2 Must I tell him the truth?

→ ______________________________

3 Amie must listen to her teacher in class.

→ ______________________________

D **우리말과 같은 뜻이 되도록 주어진 단어를 이용하여 문장을 완성하시오.**

1 우리는 Max에게 미안하다고 말하는 것이 좋겠다. (had better, say)

→ We ________ ________ ________ ________ to Max.

2 우리는 플라스틱과 종이, 유리를 재활용해야 한다. (should, recycle)

→ ________ ________ ________ plastic, paper, and glass.

3 Adam은 장거리 비행 후 매우 피곤한 게 틀림없다. (must, be)

→ Adam ________ ________ ________ after the long flight.

4 네가 나를 집까지 바래다줄 필요는 없다. (have to, walk)

→ ________ ________ ________ ________ ________ me home.

5 우리는 약속을 어겨서는 안 된다. (must, break)

→ ________ ________ ________ ________ our promise.

6 너는 모든 질문에 '예' 또는 '아니요'로 답해야 한다. (should, answer)

→ ________ ________ ________ yes or no to all questions.

7 제가 연체료를 지불해야 하나요? (have to, pay)

→ ________ ________ ________ ________ ________ late fees?

E **우리말과 같은 뜻이 되도록 주어진 단어를 배열하시오.**

1 너는 밤에 외출하지 않는 것이 좋겠다. (had better, you, not, go out)

→ ______________________________ at night.

2 우리는 도서관에서 떠들지 말아야 한다. (should, we, make a noise, not)

→ ______________________________ in the library.

3 그 소년은 천재임이 틀림없다. (a genius, must, the boy, be)

→ ______________________________

4 Jean은 자신의 감정을 감춰야 했다. (had to, Jean, her feelings, hide)

→ ______________________________

5 다른 나라를 여행하려면 너는 여권이 있어야 한다. (have, must, you, a passport)

→ ______________________________ to travel to another country.

6 제가 표를 미리 예약해야 하나요? (a ticket, I, should, book)

→ ______________________________ in advance?

7 어린 아이들은 집에 혼자 있어서는 안 된다. (must, young children, be, not, alone)

→ ______________________________ at home.

Unit 21 추측과 부탁의 정도

A 보기 에서 알맞은 조동사를 골라 주어진 동사를 이용하여 문장을 완성하시오.

보기	must	might	can't	may not

1 Jane is at school. She __________ at home. (be)

2 He is tired. He __________ to the concert. (come)

3 This novel is a bestseller. It __________ very interesting. (be)

4 I don't have any plans for the weekend. I __________ to a movie. (go)

B 주어진 조동사를 이용하여 보기 와 같이 문장을 바꿔 쓰시오.

> 보기 I am asking you to help me. (can)
> → Can you help me?

1 I am asking you to turn off the radio. (can)

→ __________

2 I am asking you to turn down the volume. (would)

→ __________

3 I am asking you to watch my bag for a minute. (will)

→ __________

4 I am asking you to tell me the way to the train station. (could)

→ __________

C 주어진 조동사를 이용하여 보기 와 같이 문장을 바꿔 쓰시오.

> 보기 I want to have a cup of coffee. (can)
> → Can I have a cup of coffee?

1 I want to have a receipt. (could)

→ __________

2 I want to try on these jeans. (can)

→ __________

3 I want to have your cell phone number. (may)

→ __________

4 I want to have some information about the course. (may)

→ __________

D **우리말과 같은 뜻이 되도록 주어진 단어를 이용하여 문장을 완성하시오.**

1 그게 맞을 리가 없어. (can't, right)

→ That ____________ ____________ ____________.

2 오늘 밤에 우리 저녁을 같이 할 수 있을까? (can, have, dinner)

→ ____________ ____________ ____________ ____________ together tonight?

3 나를 위해서 택시를 좀 불러 줄래? (will, call a taxi)

→ ____________ ____________ ____________ ____________ ____________ for me?

4 면허증을 좀 볼 수 있을까요? (may, see)

→ ____________ ____________ ____________ your driver's license?

5 조심해! 너 화상을 입을지도 몰라. (may, get)

→ Be careful! You ____________ ____________ a burn.

6 그는 배가 고픈 것이 틀림없어. 그는 아침을 먹지 않았어. (must, be, hungry)

→ ____________ ____________ ____________ ____________. He skipped breakfast.

7 Thompson 씨와 통화할 수 있을까요? (could, speak to)

→ ____________ ____________ ____________ ____________ Mr. Thompson, please?

E **우리말과 같은 뜻이 되도록 주어진 단어를 배열하시오.**

1 이 편지 좀 부쳐 줄래? (this letter, you, mail, will)

→ ____

2 잠깐 뵐 수 있을까요? (see, for a moment, I, you, can)

→ ____

3 그 식당은 이 지역에서 유명한 것이 틀림없다. (famous, be, must, the restaurant)

→ ____ in this area.

4 그녀는 나와 나이가 같을 리가 없다. (my age, can't, she, be)

→ ____

5 실례합니다. 옆으로 비켜 주시겠습니까? (step aside, would, you)

→ Excuse me. ____

6 그들은 그 결과에 실망할지도 모른다. (be, they, may, disappointed)

→ ____ with the result.

7 다시 한 번 말씀해 주시겠어요? (that, say, you, could)

→ ____ again?

Unit 22 명사

A 명사에 해당하는 것을 모두 고르시오.

joy	ice	have	milk	smart
should	fast	movie	zoo	easy
life	desk	beautiful	company	careful
pour	truth	letter	Canada	hand
begin	bright	funny	window	rich
honesty	Korea	learn	TV	idea

B 문장을 읽고, 명사에 밑줄을 그으시오.

1 Michael studies art in Paris.

2 A cat jumped up on the table.

3 Evelyn was crying with happiness.

4 Children are playing on the playground.

5 Sarah had coffee and two donuts for lunch.

6 The boys are looking up at the stars in the sky.

7 The box is filled with sweet candies and small toys.

C 보기 에서 밑줄 친 명사의 종류를 골라 그 기호를 쓰시오.

보기 (a) 고유명사 (b) 구체명사 (c) 추상명사

1 This city is famous for its beauty. ______

2 Karen poured hot water into her cup. ______

3 Tell me the truth. I want to know it. ______

4 She is wearing her sweater inside out. ______

5 January is the first month of the year. ______

6 Deborah is a polite and friendly student. ______

7 He raises some vegetables in the backyard. ______

D 문장을 읽고, 구체명사에는 동그라미(○), 추상명사에는 네모(□), 고유명사에는 세모(△) 표시를 하시오.

1 Kelly is kind to her neighbors.

2 They have peace in their mind.

3 Their friendship grew into love.

4 Our new house is made of wood.

5 I hope to study science in college.

6 Jerry hung the picture on the wall.

7 Naomi stayed at a hotel in London.

8 A thief stole my camera and computer.

E 다음을 읽고, 제시된 개수대로 명사를 골라 빈칸에 써 넣으시오. [단수로 쓸 것]

1

> I have a foreign friend. His name is Jerry. He is from Edinburgh, the UK. I teach him Korean, and he teaches me English. We learn about each other's cultures, too. Last week, we made a Korean dish together. It was a bit spicy for him, but he ate it all. I think that he respects our cultures.

(1) 고유명사(5개) ______________________

(2) 추상명사(2개) ______________________

(3) 구체명사(3개) ______________________

2

> I like seeing paintings. I often go to the art galleries. My favorite artists are Vincent van Gogh and Picasso. They had great skill in painting, and they used colors very well. I admire them, and I want to be a famous painter like them in the future.

(1) 고유명사(2개) ______________________

(2) 추상명사(2개) ______________________

(3) 구체명사(5개) ______________________

Unit 23 셀 수 있는 명사

A 밑줄 친 부분을 바르게 고쳐 쓰시오.

1 You should be careful with <u>knifes</u>. ____________

2 <u>Foxs</u> are smart and good at hiding. ____________

3 Many <u>churchs</u> in town need volunteers. ____________

4 Children fed <u>deers</u> and rabbits at the zoo. ____________

5 The company has many <u>factorys</u> in China. ____________

B 주어진 단어를 복수형으로 바꿔 문장을 완성하시오.

1 Sam bought ____________ and ____________. (apple, tomato)

2 I looked up the word in two different ____________. (dictionary)

3 The ____________ on the ____________ turned red and yellow. (leaf, tree)

4 Alligators have sharp ____________ and powerful ____________. (tooth, jaw)

5 ____________ and ____________, may I have your attention, please? (lady, gentleman)

C 우리말과 같은 뜻이 되도록 보기 에서 알맞은 단어를 골라 어법에 맞게 문장을 완성하시오.

보기	mouse	country	piano	box	goose

1 거위들은 겨울에 남쪽으로 날아간다.
→ ____________ fly south in the winter.

2 나는 차고에서 쥐 세 마리를 보았다.
→ I saw three ____________ in the garage.

3 Donna는 집에 두 대의 피아노가 있다.
→ Donna has two ____________ in her house.

4 Frank는 아시아 열 개국을 여행했다.
→ Frank traveled to ten ____________ in Asia.

5 탁자 위에 많은 선물 상자가 있다.
→ There are a lot of gift ____________ on the table.

D 우리말과 같은 뜻이 되도록 주어진 단어를 이용하여 문장을 완성하시오.

1 호수에 물고기가 많이 있었다. (lots of, fish)

→ There were ____________ ____________ ____________ in the lake.

2 내 고양이는 두 발로 설 수 있다. (foot)

→ My cat can stand on ____________ ____________.

3 경찰이 세 명의 도둑을 뒤쫓고 있다. (thief)

→ The police are chasing ____________ ____________.

4 거리에 많은 사람들이 있다. (person)

→ There are ____________ ____________ on the street.

5 나는 감자 네 개를 얇게 잘랐다. (potato)

→ I cut ____________ ____________ into thin slices.

6 엄마가 나에게 신발 한 켤레를 사주셨다. (shoes)

→ Mom bought ____________ ____________ ____________ ____________ for me.

7 두 명의 여자가 나란히 앉아 있었다. (woman)

→ ____________ ____________ were sitting next to each other.

E 우리말과 같은 뜻이 되도록 주어진 단어를 배열하시오.

1 지붕은 눈으로 덮여 있다. (covered, the roofs, are)

→ ____ with snow.

2 나는 일주일에 5일을 운동한다. (five days, I, exercise)

→ ____ a week.

3 양들이 들판에서 풀을 뜯고 있다. (are, grass, eating, the sheep)

→ ____ in the field.

4 그는 아기들의 사진을 많이 찍는다. (many photos, he, of babies, takes)

→ ____

5 강을 따라 다섯 개의 벤치가 있다. (along the river, are, five, there, benches)

→ ____

6 Joanne은 양말 두 켤레를 샀다. (two, bought, Joanne, socks, pairs of)

→ ____

7 그 아이들은 동물원에서 캥거루와 코알라를 보았다. (saw, and, kangaroos, koalas, the kids)

→ ____ at the zoo.

Unit 24 셀 수 없는 명사

A 우리말과 같은 뜻이 되도록 보기 에서 알맞은 단어를 골라 어법에 맞게 문장을 완성하시오.

보기 money furniture homework salt sheet

1 그녀는 매달 많은 돈을 저금한다.
→ She saves a lot of ____________ every month.

2 Ben은 실수로 커피에 소금을 조금 넣었다.
→ Ben put some ____________ in his coffee by mistake.

3 수학 선생님은 우리에게 숙제를 많이 내주신다.
→ Our math teacher gives us a lot of ____________.

4 나는 손으로 종이 두 장을 구겼다.
→ I crushed two ____________ of paper in my hand.

5 그들은 집에 가구가 많지 않다.
→ They don't have much ____________ in their house.

B 보기 에서 알맞은 단어를 골라, 주어진 표현을 이용하여 문장을 완성하시오.

[1-4] 보기 slice glass can bowl

1 I'd like ___________________ and six hotdogs. (six, cola)

2 Goldilocks saw ___________________ on the table. (three, soup)

3 He was very thirsty. He drank ___________________. (four, water)

4 Mom always puts ___________________ in my sandwich. (two, cheese)

[5-8] 보기 loaf piece cup bottle

5 Each boy had ___________________. (two, pizza)

6 I usually have ___________________ a day. (three, green tea)

7 Jim sent her ___________________ and a bunch of flowers. (two, wine)

8 Can you buy ___________________ on your way home? (four, bread)

C 우리말과 같은 뜻이 되도록 주어진 단어를 이용하여 문장을 완성하시오.

1 내게 돈을 좀 빌려줄래? (some, money)

→ Can you lend me ___________ ___________?

2 나는 해야 할 숙제가 많다. (a lot of, homework)

→ I ___________ ___________ ___________ ___________ ___________ to do.

3 Baker 씨는 식후에 차를 한 잔 마신다. (cup, tea)

→ Ms. Baker ___________ ___________ ___________ ___________ ___________ after a meal.

4 모든 사람이 케이크를 한 조각씩 가지고 있다. (slice, cake)

→ Everybody ___________ ___________ ___________ ___________ ___________.

5 나는 세 장의 종이와 펜 한 자루가 필요하다. (piece, paper)

→ I ___________ ___________ ___________ ___________ ___________ and a pen.

6 그들은 그들의 아들을 위해 가구를 몇 점 샀다. (some, furniture)

→ They ___________ ___________ ___________ for their son.

7 한 잔의 오렌지 주스는 약 120 칼로리이다. (glass, orange juice)

→ ___________ ___________ ___________ ___________ ___________ is about 120 calories.

D 우리말과 같은 뜻이 되도록 주어진 단어를 배열하시오.

1 오늘 너에게 온 우편물이 많다. (a lot of, for you, is, mail, there)

→ ____ today.

2 그는 내게 충고 한 마디를 했다. (gave, advice, he, a, of, piece)

→ ____ to me.

3 그녀는 항상 물 한 병을 가지고 다닌다. (always, a, she, of, carries, water, bottle)

→ ____

4 나는 그 병에 대해 많은 정보를 찾지 못했다. (find, I, information, couldn't, much)

→ ____ about the disease.

5 Anne은 빵 두 장에 사과 잼을 발랐다. (apple jam, bread, spread, two, of, slices)

→ Anne ______________________ on ______________________.

6 우리는 매일 여덟 잔의 물을 마셔야 한다. (should, eight, water, of, drink, we, glasses)

→ ____ every day.

7 Matthew는 아침으로 시리얼 한 그릇을 먹었다. (a, Matthew, cereal, had, bowl, of)

→ ____ for breakfast.

Unit 25 명사의 격

A 보기 에서 밑줄 친 명사의 격을 골라 기호로 쓰시오.

보기 (a) 주격 (b) 목적격 (c) 소유격

1 I saw that man's face before. ________
2 The dentist pulled out my tooth. ________
3 Trees' leaves are shaking in the wind. ________
4 David visited his boss's house last Friday. ________
5 The teacher looked at the students' work. ________
6 Amanda's dress matches her shoes perfectly. ________

B '(어포스트로피)를 이용하여 「소유격+명사」의 형태로 바꿔 쓰시오.

1 fish, eggs ________
2 children, book ________
3 students, grades ________
4 people, ideas ________
5 geese, feathers ________
6 women, clothes ________
7 my brother, glasses ________
8 babies, shoes ________
9 eagles, eyes ________
10 ladies, toilet ________

C 보기 와 같이 빈칸에 알맞은 소유격을 쓰시오.

보기 The family owns land.
→ It is the family's land.

1 Kate has a puppy.
→ It is ________.

2 Picasso painted these paintings.
→ They are ________.

3 Billy lives in this house.
→ This is ________.

4 Steve goes to the school.
→ This is ________.

D 우리말과 같은 뜻이 되도록 주어진 단어를 이용하여 문장을 완성하시오.

1 Ian의 컴퓨터가 고장 났다. (Ian, computer)

→ __________ __________ is broken.

2 오늘은 며칠이니? (today, date)

→ What's __________ __________?

3 우리 언니의 생일이 내일이다. (my sister, birthday)

→ __________ __________ __________ is tomorrow.

4 나는 이웃의 아기를 돌볼 것이다. (my neighbor, baby)

→ I will babysit __________ __________ __________.

5 Brown 씨는 공룡의 발자국을 발견했다. (a dinosaur, footprints)

→ Mr. Brown discovered __________ __________ __________.

6 소년들의 옷은 경기에서 더러워졌다. (the boys, clothes)

→ __________ __________ __________ got dirty at the game.

7 우리 학교의 축구팀이 이번 경기에서 이겼다. (our school, soccer team)

→ __________ __________ __________ __________ won this game.

E 우리말과 같은 뜻이 되도록 주어진 단어를 배열하시오.

1 강아지의 꼬리가 신나게 흔들리고 있었다. (tail, the puppy's, was wagging)

→ ______________________________ excitedly.

2 남자 화장실이 어디인가요? (is, restroom, where, the men's)

→ ______________________________

3 나는 그 이야기의 결말이 마음에 들지 않았다. (like, the story's, didn't, ending, I)

→ ______________________________

4 그 새들의 새장 냄새가 고약했다. (cage, terrible, the birds', smelled)

→ ______________________________

5 나는 내 고양이의 이름을 바꾸고 싶다. (my, name, cat's, change)

→ I want to ______________________________.

6 우리 오빠들의 방은 항상 엉망이다. (are, my, rooms, brothers', always)

→ ______________________________ a mess.

7 우리는 어머니의 날에 엄마를 위해 케이크를 만들었다. (for our mother, Day, on, Mother's)

→ We made cake ______________________________.

Unit 26 관사

A 빈칸에 a, an, × 중 알맞은 것을 써 넣으시오. [×는 관사가 필요 없는 경우]

1 Take ___________ umbrella with you.

2 There is ___________ vase on the table.

3 We took a trip to Atlanta by ___________ bus.

4 She eats ___________ apple ___________ day.

5 The magazine comes out once ___________ month.

B 빈칸에 a, an, the, × 중 알맞은 것을 써 넣으시오. [×는 관사가 필요 없는 경우]

1 We often play ___________ baseball after school.

2 Mary had spaghetti for ___________ lunch today.

3 ___________ moon is full, and ___________ sky is clear.

4 I watched a movie last night. ___________ movie was boring.

5 Nora had ___________ glass of milk and ___________ egg this morning.

C a, an, the 중 알맞은 것을 고르고 우리말과 같은 뜻이 되도록 주어진 단어를 이용하여 문장을 완성하시오. [관사가 필요 없는 경우 쓰지 말 것]

1 나는 보통 하루에 여덟 시간 일한다. (day)

→ I usually work 8 hours _________________.

2 기차가 한 시간 늦게 도착했다. (hour)

→ The train arrived _________________ late.

3 나는 숲 속에서 사슴 한 마리를 보았다. (deer)

→ I saw _________________ in the woods.

4 나는 중국어를 잘하지 못한다. (Chinese)

→ I can't speak _________________ very well.

5 라디오 소리를 키워줘. 들리지 않아. (radio)

→ Turn up _________________. I can't hear it.

6 엄마가 우리에게 피아노를 연주해 주고 있다. (piano)

→ Mom is playing _________________ for us.

D 우리말과 같은 뜻이 되도록 주어진 단어를 이용하여 문장을 완성하시오.

1 불을 좀 꺼줄래? (light)

→ Can you turn off ______________?

2 Sam은 매일 바이올린을 연습한다. (violin)

→ Sam practices ______________ every day.

3 나는 일 년에 두 번 고국을 방문한다. (year)

→ I visit my home country twice ______________.

4 너는 아침을 거르지 말아야 한다.

→ You should not skip ______________. (breakfast)

5 자유의 여신상은 뉴욕의 상징이다. (Statue of Liberty)

→ ______________ is a symbol of New York.

6 어떻게 MP3 파일을 내 컴퓨터에 내려받을 수 있나요? (MP3 file)

→ How do I download ______________ to my computer?

7 그 소녀는 창문에서 무당벌레 한 마리를 보았다. (ladybug)

→ The girl saw ______________ on the window.

E 우리말과 같은 뜻이 되도록 주어진 단어를 배열하시오.

1 여름에는 해가 일찍 뜬다. (early, comes up, the sun)

→ ______________________________ in summer.

2 언덕에는 낡은 집 한 채가 있다. (is, old, there, house, an)

→ ______________________________ on the hill.

3 우리는 주말에 테니스 치는 것을 즐긴다. (enjoy, playing, we, tennis)

→ ______________________________ on the weekend.

4 우리는 일주일에 한 번 외식을 한다. (week, once, for, a, dinner)

→ We go out ______________________________.

5 나는 식당에 갔다. 그 식당은 정말 근사했다. (was, the, very nice, restaurant)

→ I went to a restaurant. ______________________________

6 그는 자전거를 타고 전국을 여행했다. (traveled, bike, around the country, he, by)

→ ______________________________

7 우리 삼촌은 예술가이고, 우리 이모는 작가이다. (my aunt, an, is, my uncle, artist, author, is, an)

→ ______________________________, and ______________________________.

Unit 27 인칭대명사

A 밑줄 친 부분을 참고하여 빈칸에 알맞은 대명사를 쓰시오.

1 Look at these puppies. __________ are so cute!
2 I bought a new sweater. I like __________ color.
3 Ms. Jones is our teacher. Every student likes __________.
4 Greg is new here. I don't know much about __________.
5 Alice and I are late for school. So __________ are running.
6 You had better call __________ parents. They may be worried.
7 My name is John Smith. You can call __________ Coach or John.

B 밑줄 친 부분을 바르게 고쳐 쓰시오.

1 This is not me luggage. __________
2 I like he voice very much. __________
3 I have a dog. It legs are very short. __________
4 My parents love me, and I love their. __________
5 Did you see Sophia? I should see she now. __________
6 James and Jacob are my brothers. Them are twins. __________
7 Karen and I are in the same class. Us are very close. __________

C 밑줄 친 부분을 주어진 대명사로 바꿔 문장을 다시 쓰시오.

1 I am excited about my new school life. (she)
→ __________
2 You are not in your bedroom. (we)
→ __________
3 I showed him some of my photos. (they)
→ __________
4 Mary was looking for you. She needs your help. (I)
→ __________
5 They are very generous. Everybody respects them. (he)
→ __________

D 보기 와 같이 우리말과 같은 뜻이 되도록 주어진 단어를 이용하여 문장을 완성하시오. [소유격을 이용할 것]

보기	이것이 너의 신분증이니? (be, you, ID card) → ___Is___ this ___your___ ___ID card___ ?

1 그녀는 어제 팔이 부러졌다. (break, she, arm)

→ She ________ ________ ________ yesterday.

2 나는 오늘 밤에 내 남동생을 돌볼 거야. (take care of, I, brother)

→ I will ________ ________ ________ ________ ________ tonight.

3 에스키모인들은 자신들의 집을 얼음으로 짓는다. (build, they, houses)

→ The Eskimo people ________ ________ ________ with ice.

4 그는 자신의 새 프로젝트에 대해 우리에게 말했다. (speak to, we)

→ He ________ ________ ________ about his new project.

5 나는 그 문을 고쳐야 한다. 그것의 손잡이가 부서졌다. (it, handle)

→ I have to fix the door. ________ ________ is broken.

6 Paul은 그녀와 놀이동산에 갔다. (go to, the amusement park, with she)

→ Paul ________ ________ ________ ________ ________ ________

________.

E 우리말과 같은 뜻이 되도록 주어진 단어를 배열하시오.

1 너는 내 목소리가 들리니? (hear, can, me, you)

→ ________________________

2 우리는 너의 조언이 필요하다. (need, advice, we, your)

→ ________________________

3 그녀는 네 옆에 앉아 있니? (next to, sitting, she, you, is)

→ ________________________

4 그녀는 나에게 수학을 가르쳐 준다. (math, me, she, teaches)

→ ________________________

5 그의 사무실은 그녀의 집 근처에 있다. (office, near, house, his, her, is)

→ ________________________

6 그 아기 고양이는 항상 어미를 따라다닌다. (always, its, the kitten, follows, mother)

→ ________________________

7 나는 장미를 좋아한다. 나는 그것들을 정원에서 기른다. (my, them, I, grow, in, garden)

→ I like roses. ________________________

Unit 28 소유대명사

A 밑줄 친 부분을 소유대명사로 바꿔 쓰시오.

1 His watch is expensive. ____________

2 I bought my computer online. ____________

3 Your coat looks warm and light. ____________

4 Jane lost her umbrella on the subway. ____________

5 I will show our room. Please follow me. ____________

6 My parents live in the countryside. I visit their house every weekend. ____________

B 우리말과 같은 뜻이 되도록 빈칸에 알맞은 소유대명사를 쓰시오.

1 그의 의견은 나의 것과는 정반대이다.
→ His opinion is opposite to ____________.

2 이 아이디어는 누구의 것이니? 네 것이니?
→ Whose idea is it? Is it ____________?

3 그것은 우리의 잘못이 아니라, 그들의 잘못이다.
→ It was their fault, not ____________.

4 그녀는 교과서를 가지고 오지 않아서 Jim이 그의 것을 그녀에게 빌려주었다.
→ She didn't bring her textbook, so Jim lent her ____________.

C 밑줄 친 부분을 소유대명사로 바꿔 문장을 다시 쓰시오.

1 His house is far from our house.
→ ____________

2 That food is my food, and not his food.
→ ____________

3 You can't have any of those candies. They're all my candies.
→ ____________

4 I have every classmate's address except her address.
→ ____________

5 I gave them my telephone number, and they gave me their number.
→ ____________

D 우리말과 같은 뜻이 되도록 주어진 단어를 이용하여 문장을 완성하시오. [소유대명사를 이용할 것]

1 그녀의 답은 나의 것과는 다르다. (be different from)

→ Her answer ________ ________ ________ ________.

2 이 초콜릿은 내 것인데, 네가 먹어도 돼. (this chocolate)

→ ________ ________ ________ ________, but you can have it.

3 파티는 우리 집에서 하니, 아니면 그들의 집에서 하니? (house)

→ Do we have the party at ________ ________ or ________?

4 너의 카메라는 200달러지만, 나는 내 것을 300달러에 샀어. (buy)

→ Your camera cost $200, but I ________ ________ for $300.

5 내 휴대 전화가 배터리가 다 됐어. 네 것을 써도 될까? (use)

→ The battery on my cell phone is dead. Can ________ ________ ________?

6 이것은 내 아이스크림이다. 그녀는 자신의 것을 이미 먹었다. (eat)

→ This is my ice cream. She already ________ ________.

7 이것은 내 청바지이다. 나는 그의 것을 세탁기 안에서 보았다. (see)

→ These are my jeans. I ________ ________ in the washing machine.

E 우리말과 같은 뜻이 되도록 주어진 단어를 배열하시오.

1 그 운동화는 그녀의 것이다. (those, are, hers, sneakers)

→ ________________________________

2 그는 자신의 손을 그녀의 손에 얹었다. (his hand, hers, put, he, on)

→ ________________________________

3 그 개는 너의 것이 아니라, 내 것이다. (not, mine, yours, is, the dog)

→ ________________________________

4 우리의 계획은 그들의 것과 비슷했다. (similar to, was, theirs, our plan)

→ ________________________________

5 이것은 내 지갑이야. 나는 책상 위에 있는 네 지갑을 봤어. (on the desk, saw, I, yours)

→ This is my wallet. ________________________________

6 너의 신발은 나의 것과 크기가 같다. (the same, are, your shoes, size, mine, as)

→ ________________________________

7 경기를 그들의 집에서 볼 거니, 아니면 우리 집에서 볼 거니? (the game, or, at their house, watch, ours)

→ Will we ________________________________?

Unit 29 재귀대명사

A 빈칸에 알맞은 재귀대명사를 쓰시오.

1 History repeats ___________.

2 I saw ___________ in the mirror.

3 We baked the cookies ___________.

4 He is old enough to wash ___________.

5 She burned ___________ when she was cooking.

6 Can you tell me something about ___________? (단수)

7 The children prepared dinner ___________ for us.

B 밑줄 친 단어를 강조하는 재귀대명사를 써 넣으시오.

1 He told me her secret. → He ___________ told me her secret.

2 She repaired the car. → She repaired the car ___________.

3 You should decide what to do. (단수) → You ___________ decide what to do.

4 The test wasn't difficult. → The test ___________ wasn't difficult.

5 Never mind. I will do it. → Never mind. I will do it ___________.

C 보기 에서 알맞은 말을 골라 문장을 완성하시오.

보기			
	by himself	help yourself	enjoyed himself
	teaching myself	introduced herself	hurt ourselves

1 I'm ________________ to play the guitar.

2 We ________________ during the hockey game.

3 Kelly ________________ to her new classmates.

4 The old man lives ________________ in a huge house.

5 Please ________________ to the free drinks and food.

6 Steve ________________ at the rock concert last night.

D **우리말과 같은 뜻이 되도록 주어진 단어를 이용하여 문장을 완성하시오.**

1 나는 양파를 자르다가 손을 베었다. (cut)

→ I was chopping the onions, and I ______ ______.

2 어린 아이들은 스스로를 돌볼 수 없다. (look after)

→ Small children cannot ______ ______ ______.

3 Jeff는 자신을 위해 운동한 한 켤레를 샀다. (buy)

→ Jeff ______ ______ a pair of sneakers.

4 고양이는 털을 깨끗하게 하려고 스스로 핥는다. (lick)

→ A cat ______ ______ to clean its fur.

5 그녀가 직접 나의 팬레터에 답장해 주었다. (reply)

→ She ______ ______ to my fan letter.

6 우리는 우리 스스로를 좋은 사람이라고 생각한다. (think of)

→ We ______ ______ ______ as good people.

7 Caroline이 그녀의 진짜 이름이지만, 그녀는 스스로를 Cathy라고 부른다. (call)

→ Caroline is her real name, but ______ ______ ______ ______.

E **우리말과 같은 뜻이 되도록 주어진 단어를 배열하시오.**

1 Susan은 혼잣말을 하고 있다. (is, herself, talking to, Susan)

→ ______________________________

2 나는 내 자신이 매우 자랑스럽다. (proud of, very, am, I, myself)

→ ______________________________

3 너는 숙제를 혼자서 했니? (do, your homework, did, by, you, yourself)

→ ______________________________

4 내 아들은 스스로 그 음식을 다 먹었다. (My son, by himself, all the food, ate)

→ ______________________________

5 그 소년들이 바로 그 팀을 승리로 이끌었다. (the boys, the team, led, themselves)

→ ______________________________ to victory.

6 우리는 그 사고에 대해 스스로를 책망했다. (blamed, we, for the accident, ourselves)

→ ______________________________

7 그 영화 자체는 재미있었지만, 극장이 더러웠다. (the movie itself, fun, was)

→ ______________________________, but the theater was dirty.

Unit 30 지시대명사

A 밑줄 친 부분을 바르게 고쳐 쓰시오.

1 Are this your jeans? ____________

2 These is my email address. ____________

3 Those bus goes downtown. ____________

4 Look at that boxes in front of the door. ____________

B 보기 에서 알맞은 단어를 골라 우리말과 같은 뜻이 되도록 문장을 완성하시오. [중복 사용 가능]

보기 this that these those

1 이 고양이는 네 것이니? → Is ____________ cat yours?

2 이것은 내 가족사진이다. → ____________ is the picture of my family.

3 내가 이 책들을 빌릴 수 있을까? → Can I borrow ____________ books?

4 저 사람이 우리 삼촌 John이야. → ____________ is my uncle John.

5 저것들은 초콜릿 쿠키이다. → ____________ are chocolate cookies.

6 저 신발들은 내 취향이 아니다. → ____________ shoes are not my cup of tea.

C 보기 에서 알맞은 단어를 골라 대화를 완성하시오. [중복 사용 가능]

[1-3] 보기 this these

1 A Are ____________ apples sweet? B Sure. Do you want to try one?

2 A ____________ is my favorite song. B Oh, really? It is my favorite, too.

3 A ____________ are popular products in our store. B They all look good.

[4-6] 보기 that those

4 A ____________ are Chris's sons. B They really look after Chris.

5 A Look! ____________ is the new library. B Let's go and check it out.

6 A Can you see ____________ woman in a black dress? B Yes, I can. Do you know her?

D **우리말과 같은 뜻이 되도록 주어진 단어를 이용하여 문장을 완성하시오.**

1 이 아이가 내 여동생 Grace야. (be, my sister)

→ ___________ ___________ ___________ ___________, Grace.

2 우리 할아버지가 저것을 만드셨어. (build)

→ My grandfather ___________ ___________.

3 저 향수는 냄새가 너무 진하다. (perfume, smell)

→ ___________ ___________ ___________ too strong.

4 대기실에 있는 저 사람들을 봐. (people)

→ Look at ___________ ___________ in the waiting room.

5 너는 이 가방들을 가지고 가, 내가 저것들을 가지고 갈게. (take, bags)

→ You ___________ ___________ ___________, and I'll ___________ ___________.

6 이것들은 할인 판매 중인가요? (be)

→ ___________ ___________ on sale?

7 이번이 뉴욕에 처음 오시는 건가요? (be, your first visit)

→ ___________ ___________ ___________ ___________ ___________ to New York?

E **우리말과 같은 뜻이 되도록 주어진 단어를 배열하시오.**

1 여기는 공공장소야. (is, a, place, public, this)

→ ____

2 이것들은 모두 공짜입니다. (are, free, these, all)

→ ____

3 이 바지는 너무 끼어요. (pants, too, are, tight, these)

→ ____

4 저것들은 Sarah의 것들이야. (belong to, those, Sarah)

→ ____

5 벽에 있는 저 그림이 보이니? (see, you, that, do, picture)

→ _____________________________________ on the wall?

6 저는 이 초콜릿 케이크로 할게요. (will, this, have, I, chocolate cake)

→ ____

7 이것은 내 것이고, 저것은 너의 것이야. (is, this, that, yours, mine, is)

→ ____________________, and ____________________.

Unit 31 부정대명사

A **보기** 에서 알맞은 것을 골라 대화를 완성하시오. [중복 사용 가능]

보기	one	ones	it	another

1 I lost my watch. I need a new ____________.

2 Where is my car key? I can't find ____________.

3 Tina has a cat. ____________ is ten years old now.

4 These pants are too small. Show me bigger ____________.

5 I'm still thirsty. Can I have ____________ glass of water?

6 My old computer didn't work well. So Mom bought me a new ____________.

B **우리말과 같은 뜻이 되도록 빈칸에 알맞은 말을 쓰시오.**

1 나는 모자 두 개를 샀다. 하나는 파란색이고, 또 다른 하나는 검정색이다.

→ I bought two caps. ____________ is blue, and ____________________ is black.

2 우리에겐 세 명의 손님이 있다. 한 명은 미국인이고, 나머지는 호주인들이다.

→ We have three guests. ____________ is American, and ____________________ are Australian.

3 어떤 사람들은 화창한 날씨를 좋아한다. 또 다른 사람들은 비 오는 날씨를 좋아한다.

→ ____________ people like sunny weather. ____________________ like rainy weather.

4 나에게는 세 자매가 있다. 한 명은 열여덟 살이고, 또 다른 한 명은 열다섯 살이며, 나머지 한 명은 다섯 살이다.

→ I have three sisters. ____________________ is 18 years old, ____________________ is 15 years old, and ____________________ is 5 years old.

C **보기** 에서 알맞은 단어를 골라 우리말과 같은 뜻이 되도록 문장을 완성하시오.

보기	something	somebody	anyone	anything	no one	nothing

1 재미있는 일이 하나도 없다. → There isn't ____________ interesting.

2 건강보다 중요한 것은 없다. → ____________ is more important than health.

3 누군가 나를 따라오고 있었다. → ____________ was following me.

4 마실 것 좀 드릴까요? → Would you like ____________ to drink?

5 질문 있는 사람 있나요? → Does ____________ have questions?

6 아무도 나를 도와주지 않았다. → ____________ helped me.

D **우리말과 같은 뜻이 되도록 주어진 단어를 이용하여 문장을 완성하시오.**

1 그는 나에 대해 아무것도 모른다. (know, nothing)

→ ______ ______ ______ about me.

2 누군가가 집에 있었다. (there, be, somebody)

→ ______ ______ ______ at home.

3 이 파이 정말 맛있네요. 한 조각 더 먹을게요. (have, piece)

→ This pie is delicious. I'll ______ ______ ______.

4 우리는 자동차를 잃어버렸다. 우리는 그것을 찾아야 한다. (must find)

→ We lost our car. We ______ ______ ______.

5 어떤 사람들은 재즈를 좋아하고, 또 다른 사람들은 록 음악을 좋아한다. (rock music)

→ ______ like jazz, and ______ ______ ______ ______.

6 나에게는 세 명의 아이가 있다. 한 명은 여기에 살고, 나머지는 외국에 산다. (live, here, abroad)

→ I have three kids. ______ ______ ______, and ______ ______ ______ ______.

7 그는 세 개의 펜이 있다. 하나는 검정색이고, 또 다른 하나는 빨간색이고, 나머지 하나는 녹색이다. (red, green)

→ He has three pens. ______ is black, ______ ______ ______, and ______ ______ ______ ______.

E **우리말과 같은 뜻이 되도록 주어진 단어를 배열하시오.**

1 나는 너에게 아무것도 숨기지 않는다. (don't, from you, I, anything, hide)

→ ______________________________

2 제 포크를 떨어뜨렸어요. 다른 포크를 가져다주실래요? (bring, another, you, will, one, me)

→ I dropped my fork. ______________________________

3 내 가방이 닳아서 못 쓴다. 나는 새 가방을 하나 살 예정이다. (a, buy, one, new)

→ My bag is worn out. I'm going to ______________________________.

4 우리 형은 항상 검정색 양말을 신고, 나는 항상 흰색 양말을 신는다. (wear, ones, white)

→ My brother always wears black socks, and I always ______________________________.

5 그는 도넛을 다섯 개 샀다. 하나는 자기 것이고, 나머지는 여동생들의 것이다. (are, the others, for his sisters)

→ He bought five donuts. One is for himself, and ______________________________.

6 나는 강아지가 두 마리 있다. 한 마리는 사람들을 잘 따르지만, 나머지 한 마리는 그렇지 않다.
(is, one, the other, friendly to, people, isn't)

→ I have two puppies. ______________________________, but ______________________________.

Unit 32 비인칭대명사 it

A 보기 에서 밑줄 친 it의 쓰임을 찾아 그 기호를 쓰시오.

보기 (a) 날씨 (b) 기온 (c) 시간 (d) 요일, 날짜 (e) 계절 (f) 명암 (g) 거리

1 It's fall already. ______
2 It's warm and windy. ______
3 It's ten o'clock. Let's hurry. ______
4 It is very bright out there. ______
5 It's only five minutes' walk. ______
6 It's five degrees below zero. ______
7 It's Sunday tomorrow. I can sleep in. ______

B 보기 에서 밑줄 친 it의 쓰임을 찾아 그 기호를 쓰시오.

보기 (a) 비인칭 대명사 it (b) 인칭 대명사 it

1 It takes an hour. ______
2 It was on the table. ______
3 It is a beautiful dress. ______
4 It is my favorite movie. ______
5 It is summer in Australia. ______
6 It was September 9th yesterday. ______

C 주어진 단어를 이용하여 대화를 완성하시오. [가능하면 축약형으로 쓸 것]

1 A What time is it? (ten to six) B ______
2 A What's the date today? (May 7th) B ______
3 A What day is it today? (Thursday) B ______
4 A What day was it yesterday? (Wednesday) B ______
5 A What is the weather like? (cold and windy) B ______
6 A What's the temperature now? (15 degrees Celsius) B ______
7 A How far is it from here to the City Library? (about five miles) B ______
8 A How long does it take to get to the airport? (half an hour by bus) B ______

D 우리말과 같은 뜻이 되도록 주어진 단어를 이용하여 문장을 완성하시오. [가능하면 축약형으로 쓸 것]

1 이제 봄이다. (spring)

→ ____________ ____________ now.

2 비가 세차게 내리고 있다. (rain)

→ ____________ ____________ hard.

3 내일은 목요일이다. (Thursday)

→ ____________ ____________ tomorrow.

4 오늘은 내 생일이다. (my birthday)

→ ____________ ____________ ____________ today.

5 벌써 9시 정각이다. (nine o'clock)

→ ____________ ____________ ____________ already.

6 밖이 아직 밝다. (still, bright)

→ ____________ ____________ ____________ ____________ outside.

7 지하철을 타고 2시간 걸린다. (two hours)

→ ____________ ____________ ____________ ____________ by subway.

E 우리말과 같은 뜻이 되도록 주어진 단어를 배열하시오.

1 오늘은 무슨 요일인가요? (it, today, is, day, what)

→ ____

2 오늘은 10월 10일이니? (10th, it, October, today, is)

→ ____

3 어제는 화요일이었니? (yesterday, was, Tuesday, it)

→ ____

4 오늘 오후에는 눈이 올 것이다. (snow, is, to, it, going)

→ ________________________________ this afternoon.

5 걸어서 10분 정도 걸린다. (ten, takes, on foot, it, minutes)

→ ____

6 오후 6시 정도면 어두워진다. (gets, at around 6 p.m., it, dark)

→ ____

7 버스 정류장에서 우리 집까지는 약 500미터예요. (about, 500 meters, it's)

→ ________________________ from the bus stop to my house.

THIS IS GRAMMAR

이것이 진화하는 New This Is Grammar다!

· 판에 박힌 형식적인 표현보다 **원어민이 실제 일상 생활에서 바로 쓰는** 생활 영문법
· 문어체뿐만 아니라 **구어체 문법을 강조한 회화, 독해, 영작을 위한** 실용 영문법
· 현지에서 더는 사용하지 않는 낡은 영문법 대신 **시대의 흐름에 맞춘** 현대 영문법

이 책의 특징

★ 실생활에서 쓰는 문장과 대화, 지문으로 구성된 예문 수록
★ 핵심 문법 포인트를 보기 쉽게 도식화 · 도표화하여 구성
★ 다양하고 유용한 연습문제 및 리뷰, 리뷰 플러스 문제 수록
★ 중 · 고등 내신에 꼭 등장하는 어법 포인트의 철저한 분석 및 총정리
★ 회화 · 독해 · 영작 실력 향상의 토대인 문법 지식의 체계적 설명

This Is Grammar (최신개정판) 시리즈

초급 1, 2 **기초 문법 강화 + 내신 대비**
예비 중학생과 초급자를 위해 영어의 기본적 구조인 형태, 의미, 용법 등을 소개하고, 다양한 연습문제를 제공하고 있다. Key Point에 문법의 핵심 사항을 한눈에 보기 쉽게 도식화·도표화하여 정리하였다.

중급 1, 2 **문법 요약(Key Point) + 체계적 설명**
중·고등 내신에 꼭 등장하는 문법 포인트를 철저히 분석하여 이해 및 암기가 쉽도록 예문과 함께 문법을 요약해 놓았다. 중급자들이 체계적으로 영문법을 학습할 수 있도록 충분한 콘텐츠를 제공하고 있다.

고급 1, 2 **핵심 문법 설명 + 각종 수험 대비**
중·고급 영어 학습자들을 대상으로 내신, 토익, 토플, 텝스 등 각종 시험을 완벽 대비할 수 있도록 중요 문법 포인트를 분석, 정리하였다. 다양하고 진정성 있는 지문들을 통해 풍부한 배경지식을 함께 쌓을 수 있다.

www.nexusEDU.kr
넥서스 초·중·고등 사이트

www.nexusbook.com
넥서스 홈페이지

책에 대해 궁금한 사항은 넥서스에듀 홈페이지 1:1 고객상담 게시판을 이용하세요.

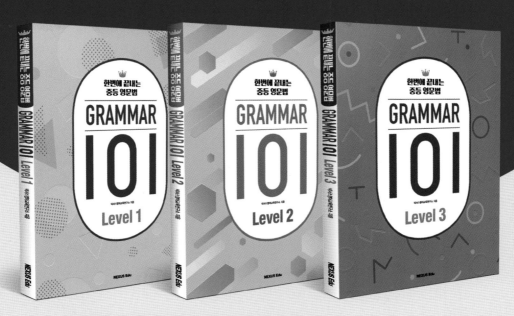

LEVEL CHART

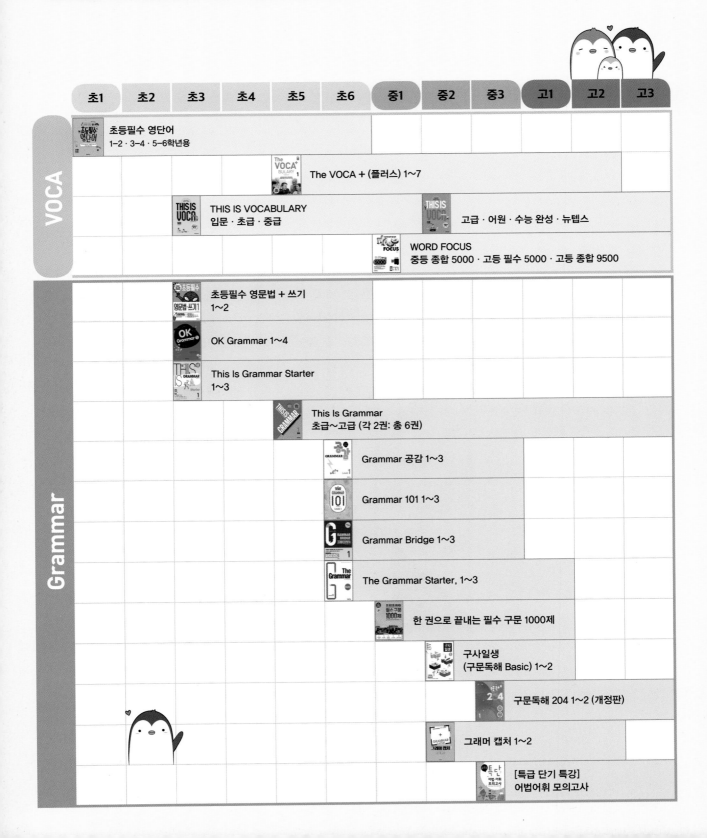

<table>
<tr><th></th><th>초1</th><th>초2</th><th>초3</th><th>초4</th><th>초5</th><th>초6</th><th>중1</th><th>중2</th><th>중3</th><th>고1</th><th>고2</th><th>고3</th></tr>
<tr><td rowspan="4">VOCA</td><td colspan="6">초등필수 영단어
1-2 · 3-4 · 5-6학년용</td><td></td><td></td><td></td><td></td><td></td><td></td></tr>
<tr><td></td><td></td><td></td><td></td><td colspan="7">The VOCA + (플러스) 1~7</td><td></td></tr>
<tr><td></td><td></td><td colspan="5">THIS IS VOCABULARY
입문 · 초급 · 중급</td><td colspan="5">고급 · 어원 · 수능 완성 · 뉴텝스</td></tr>
<tr><td></td><td></td><td></td><td></td><td></td><td></td><td colspan="6">WORD FOCUS
중등 종합 5000 · 고등 필수 5000 · 고등 종합 9500</td></tr>
<tr><td rowspan="13">Grammar</td><td></td><td></td><td colspan="4">초등필수 영문법 + 쓰기
1~2</td><td></td><td></td><td></td><td></td><td></td><td></td></tr>
<tr><td></td><td></td><td colspan="4">OK Grammar 1~4</td><td></td><td></td><td></td><td></td><td></td><td></td></tr>
<tr><td></td><td></td><td colspan="4">This Is Grammar Starter
1~3</td><td></td><td></td><td></td><td></td><td></td><td></td></tr>
<tr><td></td><td></td><td></td><td></td><td colspan="8">This Is Grammar
초급~고급 (각 2권: 총 6권)</td></tr>
<tr><td></td><td></td><td></td><td></td><td></td><td colspan="4">Grammar 공감 1~3</td><td></td><td></td><td></td></tr>
<tr><td></td><td></td><td></td><td></td><td></td><td colspan="4">Grammar 101 1~3</td><td></td><td></td><td></td></tr>
<tr><td></td><td></td><td></td><td></td><td></td><td colspan="4">Grammar Bridge 1~3</td><td></td><td></td><td></td></tr>
<tr><td></td><td></td><td></td><td></td><td></td><td colspan="5">The Grammar Starter, 1~3</td><td></td><td></td></tr>
<tr><td></td><td></td><td></td><td></td><td></td><td></td><td colspan="4">한 권으로 끝내는 필수 구문 1000제</td><td></td><td></td></tr>
<tr><td></td><td></td><td></td><td></td><td></td><td></td><td></td><td colspan="3">구사일생
(구문독해 Basic) 1~2</td><td></td><td></td></tr>
<tr><td></td><td></td><td></td><td></td><td></td><td></td><td></td><td></td><td colspan="4">구문독해 204 1~2 (개정판)</td></tr>
<tr><td></td><td></td><td></td><td></td><td></td><td></td><td></td><td colspan="4">그래머 캡처 1~2</td><td></td></tr>
<tr><td></td><td></td><td></td><td></td><td></td><td></td><td></td><td></td><td colspan="4">[특급 단기 특강]
어법어휘 모의고사</td></tr>
</table>

THIS IS GRAMMAR

Answers

넥서스영어교육연구소 지음

내신·토익·토플·텝스 등 각종 시험 완벽 대비, 이것이 **현대 영문법의 결정판**이다!

★원어민이 사용하는 생생한 문장들로 구성된 예문

★단계별, 유형별로 구성된 연습문제와 리뷰문제

1

초급

NEXUS Edu

PART 1

Unit 01 EXERCISES

p. 9~11

A

1 am, are, are
2 am, is, are
3 is, is, are
4 am, are, are
5 are, is, are
6 is, is, are
7 are, is, are
8 are, are, are
9 is, is, are
10 is, is, are

해석

1 나는 화가이다. 당신은 음악가이다.
→ 우리는 예술가이다.
2 나는 축구 선수이다. 제이크는 수영 선수이다.
→ 우리는 운동선수이다.
3 수잔은 뉴욕에 있다. 레이첼은 로스앤젤레스에 있다.
→ 그들은 미국에 있다.
4 나는 열세 살이다. 당신은 열네 살이다.
→ 우리는 십 대이다.
5 당신은 영어 교사이다. 스미스 씨는 수학 교사이다.
→ 당신들은 교사이다.
6 조슈아는 수영을 잘한다. 메건은 달리기를 잘한다.
→ 그들은 운동을 잘한다.
7 당신은 중학생이다. 그녀는 고등학생이다.
→ 너희들은 학생이다.
8 톰과 제이크는 그들의 방에 있다. 사라와 엠마는 거실에 있다.
→ 그들은 내 아이들이다.
9 63빌딩은 서울에 있다. 엠파이어 스테이트 빌딩은 뉴욕 시에 있다.
→ 그것들은 높은 빌딩들이다.
10 아만다는 치어리더이다. 그녀의 가장 친한 친구도 치어리더이다.
→ 아만다와 그녀의 가장 친한 친구는 치어리더이다.

B

1 are, We're
2 is, He's
3 are, You're
4 is, It's
5 are, We're
6 is, She's
7 are, They're
8 is, He's
9 are, You're
10 are, We're
11 are, They're
12 are, You're
13 are, They're

해석

1 너와 나는 중국 출신이다.
→ 우리는 중국인이다.
2 필립은 도서관에 있다.
→ 그는 학교에 없다.
3 당신은 영어를 잘 한다.
→ 당신은 훌륭한 학생이다.
4 내 휴대 전화는 신형이다.
→ 그것은 가늘고 가볍다.
5 린다와 나는 가장 친한 친구이다.
→ 우리는 반 친구이다.
6 제시카는 대단한 배우이다.
→ 그녀는 내가 가장 좋아하는 배우이다.
7 바나나는 식탁에 있다.
→ 그것들은 맛있다.
8 스미스 씨는 내 새로 온 수학 선생님이시다.
→ 그는 매우 친절하다.
9 너와 샐리는 춤을 잘 못 춘다.
→ 너희들은 몸치이다.
10 데이비드와 나는 교실에 있다.
→ 우리는 기말고사를 볼 준비가 되어 있다.
11 브라운 씨와 브라운 여사는 하와이에 있다.
→ 그들은 휴가 중이다.
12 너와 제레미는 열네 살이다.
→ 너희들은 중학생이다.
13 제이크와 아담은 축구팀 선수이다.
→ 그들은 훌륭한 선수들이다.

C

1 is, is, is
2 is, are
3 is, are
4 is, is
5 is, is, are
6 am, is, are
7 are, are
8 is, are, is

해석

1 준은 내 남동생이다. 그는 귀엽지만, 약간 게으르다.
2 우리 삼촌은 부자이다. 그는 많은 차를 소유하고 있다. 그것들은 모두 신형이다.
3 나에게는 사촌이 한 명 있다. 그는 나를 만나면 항상 기뻐한다. 우리는 매우 친하다.
4 데이비드는 세계에서 가장 훌륭한 축구 선수이다. 그는 영국 출신이다.
5 호주는 큰 나라이다. 그것은 또한 섬이기도 하다. 호주 사람들은 꽤 친절하다.
6 우리 가족은 음악을 좋아한다. 나는 바이올리니스트, 내 여동생은 피아니스트, 그리고 우리 부모님은 오페라 가수이다.
7 너와 나는 같은 학교에 다닌다. 우리는 또한 급우이다. 너는 내 가장 친한 친구이다. 너는 항상 나를 많이 도와준다.
8 우리 집은 매우 좋다. 거실과 주방은 매우 크지만, 식당은 작다.

D

(1) I'm
(2) are
(3) I'm
(4) you're

해석

T : 안녕하세요, 여러분. 저는 브랜든 밀러이고요, 여러분의 새 영어 선생님입니다.
Ss: 안녕하세요, 밀러 선생님. 선생님을 뵙게 되어 기뻐요.
T : 브랜든이라고 불러 주세요. 자, 저에게 질문 있나요?
S1: 브랜든 선생님! 영국에서 오셨나요?
T : 아니, 그렇지 않아요. 저는 호주에서 왔어요.
S2: 브랜든 선생님! 나이가 어떻게 되세요?
T : 저는 다음 달에 스물여덟 살이 된답니다.
S3: 브랜든 선생님! 제 짝이 선생님이 잘생겼대요!
T : 고마워요.

Unit 02 EXERCISES

p. 13~15

A

1 am, not, I'm not
2 is, not, It's not[It isn't]
3 are, not, They're not[They aren't]
4 is, not, She's not[She isn't]
5 is, not, He's not[He isn't]
6 am, not, I'm not
7 are, not We're not[We aren't]
8 are, not, You're not[You aren't]
9 are, not, They're not[They aren't]
10 are, not, They're not[They aren't]

해석

1 나는 부지런하다. → 나는 게으르지 않다.
2 그 새끼 고양이는 배가 고프다. → 그것은 배가 부르지 않다.
3 그 접시들은 깨끗하다. → 그것들은 더럽지 않다.
4 나의 새 이웃은 미국 사람이다. → 그녀는 프랑스 사람이 아니다.
5 박 씨는 스포츠 슈퍼스타이다. → 그는 배우가 아니다.
6 우리 가족은 독일 출신이다. → 나는 영국 사람이 아니다.
7 크리스와 나는 도서관에 있다. → 우리는 집에 없다.
8 당신과 제임스는 사진작가이다. → 당신들은 과학자가 아니다.
9 여우는 영리한 동물이다. → 그것들은 어리석은 동물이 아니다.
10 남수와 두산은 교실에 있다. → 그들은 운동장에 없다.

B

1 aren't
2 am not
3 isn't
4 aren't
5 isn't
6 aren't
7 isn't
8 aren't

해석

1 당신은 일찍 왔다. 당신은 늦지 않았다.
2 나는 호주 사람이다. 나는 영국 사람이 아니다.
3 그녀는 우리 고모이다. 그녀는 우리 언니가 아니다.
4 그들은 내 친구이다. 그들은 나의 형제가 아니다.
5 우리 부모님은 선생님이시다. 우리 어머니는 가수가 아니다.
6 수건은 찬장 안에 있다. 그것들은 싱크대 밑에 없다.
7 유도는 하계 올림픽 운동 경기이다. 그것은 동계 올림픽 운동 경기가 아니다.
8 오늘은 일요일이다. 샘과 나는 공원에 있다. 우리는 학교에 없다.

C

1 They're not[They aren't] happy.
2 I'm not a student.
3 Paulo isn't Korean.
4 The tickets aren't available.
5 Daniel isn't at the airport.
6 My brother and I aren't twins.
7 Hamburgers aren't healthy for you.
8 The money isn't on the counter.

해석

1 그들은 행복하지 않다.
2 나는 학생이 아니다.
3 파울로는 한국인이 아니다.
4 그 표들은 이용할 수 없다.
5 다니엘은 공항에 없다.
6 우리 형과 나는 쌍둥이가 아니다.
7 햄버거는 너의 건강에 좋지 않다.
8 그 돈은 계산대 위에 없다.

D

1 He's not[He isn't]
2 They're
3 It's
4 I'm not
5 You're

해석

1 A: 이 사람은 윌리엄이야. 우리 오빠야.
B: 아하! 네 남자 친구가 아니구나!
2 A: 중국 사람들은 탁구를 매우 잘 쳐.
B: 알아. 그들은 최고야.
3 A: 식수대가 이 층에 있나요?
B: 아니요, 없어요. 그것은 3층에 있어요.
4 A: 안녕. 나는 여기 새로 온 학생이야. 길을 잃은 것 같아.
B: 아, 그래? 나는 새로 온 학생은 아니야. 내가 도와줄 수 있어.
5 A: 나는 많은 것이 무서워. 나는 겁쟁이야.
B: 아니야, 그렇지 않아. 너는 용감해.

E

1 I'm not a freshman.
2 You aren't babies.
3 He isn't angry.
4 You aren't his sister.
5 They aren't police officers.
6 She isn't a fashion model.
7 We aren't elementary school students.

Unit 03 EXERCISES

p. 17

A

1 is, Is Paul from Singapore?
2 are, Are my sister and I late for school?
3 are, Are the roads slippery in winter?
4 is, Is Beijing the capital of China?
5 is, Is she a member of the debate club?
6 are, Are you ready for the basketball game?
7 are, Are they your cousins from the USA?

해석

1 폴은 싱가포르에서 왔다.
→ 폴은 싱가포르에서 왔나요?
2 우리 언니와 나는 학교에 늦었다.
→ 우리 언니와 내가 학교에 늦었나요?

3 그 길들은 겨울에 미끄럽다.
→ 그 길들은 겨울에 미끄럽나요?
4 베이징은 중국의 수도이다.
→ 베이징은 중국의 수도인가요?
5 그녀는 토론 동아리의 회원이다.
→ 그녀는 토론 동아리의 회원인가요?
6 너는 농구 경기를 할 준비가 되어 있다.
→ 너는 농구 경기를 할 준비가 되어 있니?
7 그들은 미국에서 온 나의 사촌들이다.
→ 그들은 미국에서 온 너의 사촌들이니?

B

1 Yes, I am.
2 Yes, it is.
3 No, it isn't. [No, it's not.]
4 Yes, he is.
5 No, they aren't. [No, they're not.]
6 Yes, they are.
7 No, she isn't. [No, she's not.]

해석

1 A: 당신은 한국 사람입니까?
B: 네, 그렇습니다. 저는 서울에서 왔습니다.
2 A: 이 영화가 좋나요?
B: 네, 좋아요. 그것은 정말 재미있어요.
3 A: 그 목걸이는 금인가요?
B: 아니요, 그렇지 않아요. 그것은 은이에요.
4 A: 창수가 새로운 반장인가요?
B: 네, 그래요. 그는 반장 선거에서 이겼어요.
5 A: 고양이들은 수영을 잘하나요?
B: 아니요, 그렇지 않아요. 그들은 물을 싫어해요.
6 A: 너의 부모님은 영어 선생님이시니?
B: 네, 그래요. 그분들은 우리 학교에서 영어를 가르치세요.
7 A: 제인이 너의 이웃이니?
B: 아니, 그렇지 않아. 그녀는 우리 집에서 먼 곳에 살아.

Unit 04 EXERCISES

p. 19~21

A

1 was
2 was
3 were
4 were
5 was
6 was
7 were
8 were
9 were
10 was

해석

1 그 아기는 배가 고팠다.
2 나는 어젯밤에 매우 피곤했다.
3 그 영화들은 환상적이었다.
4 그들은 아주 잘생겼었다.
5 쇼핑몰은 혼잡했다.
6 우리 아버지는 어제 편찮으셨다.
7 며칠 전 당신은 큰 도움이 되었다.
8 지난 일요일에 우리 가족과 나는 교회에 있었다.
9 지난 수요일에 너와 나는 학교에 지각했다.
10 나의 옛 친구 은혜는 배구 선수였다.

B

1 am, was
2 are, were
3 was, is
4 was, is
5 were, are
6 is, was
7 were, are

해석

1 나는 지금 한가하다. 어제 나는 바빴다.
2 우리는 지금 집에 있다. 우리는 한 시간 전에 체육관에 있었다.
3 명희는 지난주에 부산에 있었다. 지금 그녀는 여기에 있다.
4 작년에 우리 형은 중국에 있었다. 지금 그는 말레이시아에 있다.
5 너는 작년에 열네 살이었다. 올해, 너는 열다섯 살이다.
6 요즘은 기름 값이 비싸다. 작년에는 기름 값이 저렴했다.
7 그들은 두 시간 전에 운동장에 있었다. 지금 그들은 컴퓨터 실습실에 있다.

C

1 The school trip wasn't fun.
Was the school trip fun?
2 You weren't at the concert.
Were you at the concert?
3 The scenery wasn't beautiful.
Was the scenery beautiful?
4 They weren't proud of their son.
Were they proud of their son?
5 We weren't too early for the meeting.
Were we too early for the meeting?
6 Mark wasn't late for class last Monday.
Was Mark late for class last Monday?
7 Amanda and Ashley weren't best friends.
Were Amanda and Ashley best friends?
8 The restaurant wasn't open this morning.
Was the restaurant open this morning?
9 You weren't in the same class last year.
Were you in the same class last year?

해석

1 수학여행은 재미있었다.
→ 수학여행은 재미있지 않았다.
→ 수학여행은 재미있었니?
2 당신은 콘서트에 있었다.
→ 당신은 콘서트에 없었다.
→ 당신은 콘서트에 있었나요?
3 그 풍경은 아름다웠다.
→ 그 풍경은 아름답지 않았다.
→ 그 풍경은 아름다웠니?
4 그들은 아들을 자랑스러워했다.
→ 그들은 아들을 자랑스러워하지 않았다.
→ 그들은 아들을 자랑스러워했나요?
5 우리는 회의에 너무 빨리 왔다.

→ 우리는 회의에 너무 빨리 오지 않았다.
→ 우리가 회의에 너무 빨리 왔니?

6 마크는 지난 월요일에 수업에 지각했다.
→ 마크는 지난 월요일에 수업에 지각하지 않았다.
→ 마크가 지난 월요일에 수업에 지각했니?

7 아만다와 애슐리는 가장 친한 친구였다.
→ 아만다와 애슐리는 가장 친한 친구가 아니었다.
→ 아만다와 애슐리는 가장 친한 친구였니?

8 그 식당은 오늘 아침에 문을 열었다.
→ 그 식당은 오늘 아침에 문을 열지 않았다.
→ 그 식당은 오늘 아침에 문을 열었니?

9 너희들은 작년에 같은 반이었다.
→ 너희들은 작년에 같은 반이 아니었다.
→ 너희들은 작년에 같은 반이었니?

D

1 Are, you
2 Was, she
3 Are, they
4 Was, it
5 Were, you
6 Were, they
7 Was, I

해석

1 A: 너희들은 쌍둥이니?
B: 응, 그래. 우리는 일란성 쌍둥이야.

2 A: 그녀가 제시간에 왔니?
B: 응, 그랬어. 그녀는 늦지 않았어.

3 A: 그들은 파리에 있니?
B: 아니, 그렇지 않아. 그들은 런던에 있어.

4 A: 어제 비가 내렸니?
B: 아니, 그렇지 않았어. 눈이 많이 왔어.

5 A: 너는 어젯밤에 집에 있었니?
B: 응, 그랬어. 내 여동생과 함께 있었어.

6 A: 그들은 그때 콘서트에 있었니?
B: 아니, 그렇지 않았어. 그들은 TV를 봤어.

7 A: 저는 착한 학생이었나요?
B: 응, 그랬어. 너는 수업 시간에 공부를 열심히 했어.

E

1 Yes, she was.
2 Yes, I was.
3 No, they weren't.
4 No, it wasn't.
5 No, you weren't.
6 No, he wasn't.
7 Yes, it was.

해석

1 A: 제인은 인기 있는 가수였니?
B: 응, 그랬어. 그녀는 팬이 많았어.

2 A: 너는 어젯밤에 피곤했니?
B: 응, 그랬어. 그래서 나는 일찍 잠을 잤어.

3 A: 재활용 상자가 비어 있었니?
B: 아니, 그렇지 않았어. 그것들은 가득 차 있었어.

4 A: 영어 시험이 어려웠니?
B: 아니, 그렇지 않았어. 나는 좋은 점수를 받았어.

5 A: 내가 너무 늦었니?
B: 아니, 그렇지 않아. 너는 정확히 제시간에 왔어.

6 A: 닐 암스트롱은 화성에 간 첫 번째 사람이었니?
B: 아니, 그렇지 않았어. 하지만 그는 달에 간 첫 번째 사람이었어.

7 A: 에어컨이 어젯밤에 시끄러웠니?
B: 응, 그랬어. 그것은 너무 시끄러웠어. 그러니 오늘 밤엔 에어컨을 켜지 말아 줘.

REVIEW

p. 22~23

A

1 are, are
2 was, is, is
3 was, were
4 wasn't, was
5 was, were, wasn't

해설/해석

1 they는 복수, 문장의 시제는 현재이므로 are가 적절
제니와 크리스틴은 친한 친구이다. 그들은 둘 다 예쁘고 인기가 많다. 그들은 또한 모든 사람들에게 친절하다.

2 my cousin은 3인칭 단수, in the past는 과거이므로 was가 적절, she가 3인칭 단수 now는 현재이므로 is가 적절, 지금 겨울 운동을 좋아하는 것이고 She가 3인칭 단수이므로 is가 적절, be into는 '~을 좋아하다'라는 의미
나의 사촌은 과거에 피겨 스케이트 선수였다. 하지만 지금은 스키 선수이다. 그녀는 겨울 스포츠를 정말로 좋아한다.

3 last week은 과거이므로 was가 적절, 나와 이야기를 했을 때 그들이 신이 난 것이므로 were가 적절
사라와 에밀리는 캐나다에 있는 나의 가장 친한 친구들이다. 나는 지난주에 그들과 이야기를 할 수 있어서 기뻤다. 그들도 신났었다.

4 '샐러드를 먹었는데 상추가 신선하지 않았고, 닭고기는 맛이 없어서 내가 실망했다'는 내용이므로 wasn't와 was가 적절
나는 점심으로 치킨 샐러드를 먹었다. 상추는 신선하지 않았고, 닭고기는 맛이 없었다. 나는 실망했다.

5 It은 3인칭 단수이고, 과거이므로 was, We는 복수이고, 과거이므로 were, I는 1인칭이므로, was이며 '피곤하지 않았다'는 의미가 되어야 하므로 wasn't가 적절
크리스와 나는 지난 토요일에 놀이공원에 갔다. 그곳은 정말 재미있었다. 우리는 매우 행복했다. 우리는 즐거운 시간을 보냈다. 나는 전혀 피곤하지 않았다.

B

1 Is, 's not/isn't, was
2 Are, 'm not
3 Was, was, were
4 Were, was, were, was
5 isn't, is

해설/해석

1 Korean은 3인칭 단수, 언어를 사용하는 것은 현재이므로 Is가 적절, No 뒤에는 부정형이 와야 하므로 's not/isn't가 적절, 태어난 것은 과거이므로 was가 적절
A: 한국어가 너의 모국어니?
B: 아니요, 그렇지 않아요. 영어가 저의 모국어예요. 저는 영국에서 태어났어요.

2 과거에는 귀신을 무서워했으나 더는 무서워하지 않는다고 대답했으므로 현재 귀신을 무서워하냐고 물어봐야 한다. 주어가 you일 때는 Are가 적절, No 뒤에는 부정형이 와야 하므로 'm not이 적절

A: 당신은 귀신을 무서워하나요?
B: 아니요, 그렇지 않아요. 어렸을 때는 귀신을 무서워했는데 이제 더는 귀신이 무섭지 않아요.

3 Yes, it was.로 대답했으므로 과거로 물어야 하고, today가 3인칭 단수이므로 Was가 적절. 주어가 I이고 과거 시제이므로 was가 적절. the teachers는 복수, 시제는 과거이므로 were가 적절
A: 오늘이 등교 첫날이었니?
B: 네, 그랬어요. 너무 긴장되고 무서웠어요. 그렇지만 선생님들이 친절하셨어요.

4 주어가 you이고, last night이 과거이므로 Were가 적절. Yes뒤에는 긍정형이 와야 하므로 was가 적절. The fireworks는 복수이고 시제는 과거이므로 were가 적절. The show는 3인칭 단수이고 시제는 과거이므로 was가 적절
A: 너는 어젯밤에 불꽃놀이 축제에 있었니?
B: 응, 그랬어. 불꽃들이 정말 예쁘더라. 그 쇼는 대단했어!

5 주어가 she이고, No 뒤에는 부정형이 와야 하므로 isn't. She는 3인칭 단수이므로 is가 적절
A: 나는 파커 선생님을 만났어. 그분이 너의 음악 선생님이시니?
B: 아니요, 그렇지 않아요. 그분은 제 미술 선생님이세요.

Ⓒ

1 Is, is, Is
2 Is, is, Was, wasn't
3 is, Is, is
4 Were, were, was, Are
5 isn't, is, Are, I'm, was

해설/해석

1 this와 it은 3인칭 단수이고 현재 시제로 대답했으므로 현재 시제로 물어야 하기 때문에 is가 적절
A: 이것이 너의 책이니?
B: 아니야. 그것은 내 남동생의 것이야.
A: 그것은 재미있니?
B: 응, 재미있어. 빌려가도 돼.

2 새 스쿠터인지 묻는 것은 현재이므로 Is가 적절, 구입은 과거에 한 것이므로 Was가 적절
A: 이것이 너의 새 스쿠터니? 진짜 빠르다.
B: 응, 그래.
A: 가격이 비쌌니?
B: 아니, 비싸지 않았어. 저렴했어.

3 여동생의 생김새와 현재 상태를 묻는 내용이므로 3인칭 단수인 she를 받는 is가 적절
A: 데이비드, 네 여동생은 어떻게 생겼니?
B: 그 애는 키가 크고, 예뻐. 그리고 나처럼 머리카락이 빨간색이야.
A: 그 애는 중학생이니?
B: 아니, 그렇지 않아. 그 애는 고등학생이야.

4 박물관에는 지난 주말에 간 것이므로 과거 시제가 적절, 지금 고전 미술에 관심이 있는지 묻는 것이므로 현재 시제가 적절
A: 너와 네 남자 친구는 지난 주말에 박물관에 갔었니?
B: 응, 그랬어. 우리는 빈센트 반 고흐 전시회를 관람했어.
A: 나도 그곳에 있었어. 고전 작품에 관심이 있니?
B: 응, 그래. 나는 화가가 되고 싶어.

5 현재의 날씨를 묻는 내용이고 앞에 No가 있으므로 isn't, is가 적절, 현재 축구를 잘하는지 묻는 것이고 주어가 you이므로 Are, 현재 농구를 잘한다는 말이므로 I'm, last year는 과거이므로 was가 적절
A: 밖에 비가 오니?
B: 아니, 그렇지 않아. 화창한데, 바람이 불어.
A: 우리 축구하자. 너 축구 잘하니?
B: 아니, 그렇지 않아. 나는 농구를 잘해. 작년에 농구 팀에 있었어.

Ⓓ

(1) is (2) is (3) isn't[is not] (4) was

해설/해석

(1) her name은 3인칭 단수, 시제는 현재이므로 is가 적절
(2) She는 3인칭 단수, 시제는 현재이므로 is가 적절
(3) is의 부정형은 is not/isn't
(4) 김치찌개가 매웠던 것은 과거의 일이므로 was가 적절

나는 미국인 친구가 한 명 있다. 그녀의 이름은 타라이다. 그녀는 보스턴 출신이다. 우리는 어제 한국 식당에서 점심을 먹었다. 타라가 한국어를 잘 하지 못해서 내가 음식을 주문했다. 종업원이 김치찌개를 가져다주었지만, 타라는 전혀 좋아하지 않았다. 그것은 그녀에게 너무 매웠다. 하지만 나는 언짢지 않았다. 다음번에는 그녀와 피자를 먹으러 가야겠다.

REVIEW PLUS

p. 24

1 ① 2 ⑤ 3 ③ 4 ③

해설/해석

1 ① amn't는 불가능하므로 am not이 적절
① 나는 훌륭한 화가가 아니다.
② 제이크는 훌륭한 축구 선수이다.
③ 이 그림들은 매우 화려하다.
④ 나이키는 일본 회사가 아니다.
⑤ 동물원에 있는 동물들은 건강했습니까?

2 ① puppy는 3인칭 단수이므로 were가 아니라 was, ② 문장에 동사가 없기 때문에 not이 아니라 isn't나 wasn't가 적절, ③ my bike는 3인칭 단수이므로 aren't가 아니라 isn't, ④ They는 복수이므로 was가 아니라 were
① 그 강아지는 귀여웠다.
② 오늘 체육 시간은 재미없었다.
③ 내 자전거는 신형이 아니다.
④ 그들은 집에 가는 길에 피곤해 했다.
⑤ 네 여동생 지수는 중학생이니?

3 ① 응답에서 주어가 you이므로 wasn't가 아니라 weren't가 적절, ② 현재 시제로 물었으므로 was가 아니라 is로 대답, ④ 너희(you)가 이겼냐고 물었으므로 you가 아니라 우리(we)로 답하는 것이 적절, ⑤ Yes 뒤에는 긍정의 표현이 와야 하므로 Yes, it was. 또는 No, It wasn't가 적절
① A: 제가 정시에 왔나요?
B: 아니요, 그렇지 않았어요.
② A: 그 창문이 열려 있나요?
B: 네, 그래요.
③ A: 당신은 사무실에 있었나요?
B: 아니요, 그렇지 않았어요.
④ A: 여러분이 승자였나요?
B: 아니요, 그렇지 않았어요.
⑤ A: 그것은 옳은 답이었나요?
B: 네, 그랬어요. / 아니요, 그렇지 않았어요.

4 (A) 주어가 My room으로 단수이고, 현재시점이면서 문맥

상 부정의 의미가 돼야 하므로 is not이 적절, (B) 주어가 the bookshelves and TV로 복수이고, 현재시점이면서 긍정문이 되어야 하므로 are가 적절, (C) 주어가 the kitchen으로 단수이고, 과거시점이면서, 긍정문이 되어야 하므로 was가 적절

나는 정리 정돈을 못하는 사람이다. 내 방은 깔끔하지 않다. 쓰레기통은 사탕 봉지들로 가득하다. 내 이불들은 개어져 있지 않다. 지저분한 접시들이 여기저기에 널려 있다. 내 더러운 양말들은 침대 밑에 있다. 책장들과 TV는 먼지투성이이다. 어제 엄마가 내 방을 보셨지만 화를 내지 않으셨는데, 부엌 역시 매우 지저분했기 때문이다.

PART 2

Unit 05 EXERCISES

p. 28~29

A

1 ⓐ is, ⓔ are, ⓕ is, ⓗ am
2 ⓑ look, ⓒ study, ⓓ play, ⓖ likes, ⓘ has, ⓙ visit
3 ⓓ can, ⓙ will

해석

ⓐ 그는 영국 출신이다.
ⓑ 그들은 멋져 보인다.
ⓒ 한국 학생들은 공부를 매우 열심히 한다.
ⓓ 우리 언니와 나는 피아노를 칠 수 있다.
ⓔ 당신은 천재다.
ⓕ 이제 잠잘 시간이다.
ⓖ 그는 스파게티를 정말 좋아한다.
ⓗ 나는 수줍음을 많이 탄다.
ⓘ 그는 자기 방에 컴퓨터를 가지고 있다.
ⓙ 우리는 그녀를 곧 방문할 것이다.

B

1 visits
2 goes
3 teaches
4 reads
5 carries
6 closes
7 finishes
8 falls
9 has
10 tries

C

1 loves
2 live
3 study
4 does
5 enjoy
6 teaches
7 washes
8 buy
9 watches
10 play

해석

1 애슐리는 강아지를 매우 좋아한다.
2 그들은 큰 집에 산다.
3 당신은 도서관에서 공부한다.
4 그녀는 매일 요가를 한다.
5 우리는 함께 노래하는 것을 즐긴다.
6 브라운 선생님은 영어를 가르친다.
7 우리 아버지가 설거지를 하신다.
8 나는 편의점에서 간식을 산다.
9 그는 주말마다 텔레비전 쇼를 본다.
10 닉과 조단은 함께 컴퓨터 게임을 한다.

D

1 A dog
2 James
3 James and Kayla / I
4 He
5 Changsu
6 Ryan and Justin / We
7 My mom
8 Dad / Ms. Jang

해석

1 개는 공원에서 뛰어 다니는 것을 좋아한다.
2 제임스는 자전거 타는 것을 좋아한다.
3 제임스와 카일라는 독감에 걸렸다. / 나는 독감에 걸렸다.
4 그는 자신의 남동생과 만화책을 읽는다.
5 창수는 월요일마다 영어를 공부한다.
6 라이언과 저스틴은[우리는] 일요일마다 함께 공부한다.
7 우리 엄마는 매주 장을 보러 가신다.
8 아버지는[장 씨는] 강아지에게 재주를 가르친다.

E

1 watch, watches, watch
2 love, loves, love
3 have, has, has
4 do, does, does
5 play, plays, play
6 carry, carries, carries

해석

1 나는 코미디 쇼를 본다.
토니는 미국 드라마를 본다.
그들은 함께 영화를 본다.
2 나는 영화배우를 매우 좋아한다.
테일러는 롤러코스터를 매우 좋아한다.
우리는 쇼핑센터에서 시간을 보내는 것을 매우 좋아한다.
3 나는 두통이 있다.
존은 아르바이트를 한다.
그녀는 예쁜 액세서리를 많이 가지고 있다.
4 우리는 매일 숙제를 한다.
이사벨은 저녁을 먹은 후에 설거지를 한다.
그는 모든 일에 최선을 다한다.
5 나는 방과 후에 친구들과 논다.
존은 주말에 운동을 한다.
아이들은 매일 밤 개와 함께 논다.
6 나는 개를 데리고 지하철을 탄다.
짐은 매일 학교에 배낭을 메고 간다.
우리 어머니는 항상 작은 검은색 가방을 들고 다니신다.

Unit 06 EXERCISES

p. 31~33

A

1 doesn't
2 doesn't
3 doesn't
4 doesn't
5 don't
6 don't
7 don't
8 don't
9 don't
10 don't

해석

1 그는 축구를 하지 않는다.
2 그녀는 그렇게 빨리 걷지 않는다.
3 제임스는 중국어를 하지 않는다.
4 미셸은 개를 기르지 않는다.
5 칼과 제이크는 고기를 먹지 않는다.
6 나는 일요일에는 학교에 가지 않는다.
7 그 학생들은 오늘 수업이 없다.
8 우리 오빠들과 언니들은 애완동물을 좋아하지 않는다.
9 우리 부모님은 주말에 출근하지 않으신다.
10 매튜와 에밀리는 더는 한국에 살지 않는다.

B

1 I'm not a quick learner.
I don't shop on weekends.
2 Carol isn't from Canada.
Carol doesn't sleep late on Saturdays.
3 You're not[You aren't] a talented singer.
You don't cook breakfast every day.
4 They're not[They aren't] generous.
They don't buy gifts for their friends.
5 My brother isn't a snowboarder.
My brother doesn't study very hard.
6 She's not[She isn't] a firefighter.
She doesn't walk to school.
7 Terry and I aren't close friends.
Terry and I don't teach music.

해석

1 나는 빨리 배우는 사람이다. → 나는 빨리 배우지 못하는 사람이다.
나는 주말에 쇼핑을 한다. → 나는 주말에 쇼핑을 하지 않는다.
2 캐럴은 캐나다 출신이다. → 캐럴은 캐나다 출신이 아니다.
캐럴은 토요일마다 늦잠을 잔다. → 캐럴은 토요일마다 늦잠을 자지 않는다.
3 당신은 재능 있는 가수이다. → 당신은 재능 있는 가수가 아니다.
당신은 매일 아침 요리를 한다. → 당신은 매일 아침 요리를 하는 것은 아니다.
4 그들은 관대하다. → 그들은 관대하지 않다.
그들은 친구들을 위해서 선물을 산다. → 그들은 친구들을 위해서 선물을 사지 않는다.
5 우리 형은 스노보드를 즐기는 사람이다. → 우리 형은 스노보드를 즐기는 사람이 아니다.
우리 형은 공부를 매우 열심히 한다. → 우리 형은 공부를 매우 열심히 하지 않는다.
6 그녀는 소방관이다. → 그녀는 소방관이 아니다.
그녀는 학교에 걸어간다. → 그녀는 학교에 걸어가지 않는다.
7 테리와 나는 친한 친구이다. → 테리와 나는 친한 친구가 아니다.
테리와 나는 음악을 가르친다. → 테리와 나는 음악을 가르치지 않는다.

C

1 has, doesn't have, have, don't have
2 goes, doesn't go, go, don't go
3 live, don't live, lives, doesn't live
4 like, don't like, likes, doesn't like
5 sleep, don't sleep, sleeps, doesn't sleep
6 reads, doesn't read, read, don't read
7 takes, doesn't take, take, don't take
8 listen, don't listen, listens, doesn't listen

해석

1 그는 간식을 먹는다. → 그는 간식을 먹지 않는다.
그들은 아침 겸 점심을 먹는다. → 그들은 아침 겸 점심을 먹지 않는다.
2 샐리는 콘서트에 간다. → 샐리는 콘서트에 가지 않는다.
나는 영화를 보러 간다. → 나는 영화를 보러 가지 않는다.
3 당신은 호주에 산다. → 당신은 호주에 살지 않는다.
브랜든은 하와이에 산다. → 브랜든은 하와이에 살지 않는다.
4 나는 수영을 좋아한다. → 나는 수영을 좋아하지 않는다.
그녀는 도보 여행을 좋아한다. → 그녀는 도보 여행을 좋아하지 않는다.
5 우리는 침대에서 잔다. → 우리는 침대에서 자지 않는다.
개는 바닥에서 잔다. → 개는 바닥에서 자지 않는다.
6 제니퍼는 추리 소설을 읽는다. → 제니퍼는 추리 소설을 읽지 않는다.
너와 나는 만화책을 읽는다.→ 너와 나는 만화책을 읽지 않는다.
7 써니는 버스를 탄다. → 써니는 버스를 타지 않는다.
혜진이와 써니는 지하철을 탄다. → 혜진이와 써니는 지하철을 타지 않는다.
8 우리 오빠와 나는 고전 음악을 듣는다. → 우리 오빠와 나는 고전 음악을 듣지 않는다.
우리 언니는 록 음악을 듣는다. → 우리 언니는 록 음악을 듣지 않는다.

D

1 The shop doesn't sell cell phones.
It sells computers.
2 Mushrooms don't grow in sunlight.
They grow in darkness.
3 Jeff doesn't play golf in the winter.
He plays golf in the summer.
4 Mr. Lee doesn't come home early after work.
He comes home late after work.
5 Ms. Brown doesn't have a violin lesson on Friday.
She has a violin lesson on Thursday.
6 Tim doesn't give a bath to the dog.
He gives a bath to the cat.
7 Jennifer and her sisters don't live in Canada.
They live in America.
8 The kids don't send letters to their pen pals.
They send emails to their pen pals.
9 Cathy doesn't go camping every weekend with her friends.

She goes swimming every weekend with her friends.

해석

1 그 가게는 휴대 전화를 판다.
→ 그 가게는 휴대 전화를 팔지 않는다.
→ 그곳은 컴퓨터를 판다.

2 버섯은 햇볕에서 자란다.
→ 버섯은 햇볕에서 자라지 않는다.
→ 그것들은 어두운 곳에서 자란다.

3 제프는 겨울에 골프를 친다.
→ 제프는 겨울에 골프를 치지 않는다.
→ 그는 여름에 골프를 친다.

4 이 선생님은 퇴근 후에 집에 일찍 온다.
→ 이 선생님은 퇴근 후에 집에 일찍 오지 않는다.
→ 그는 퇴근 후에 집에 늦게 온다.

5 브라운 씨는 금요일에 바이올린 수업이 있다.
→ 브라운 씨는 금요일에 바이올린 수업이 없다.
→ 그녀는 목요일에 바이올린 수업이 있다.

6 팀은 개를 목욕시킨다.
→ 팀은 개를 목욕시키지 않는다.
→ 그는 고양이를 목욕시킨다.

7 제니퍼와 그녀의 언니는 캐나다에 산다.
→ 제니퍼와 그녀의 언니는 캐나다에 살지 않는다.
→ 그들은 미국에 산다.

8 아이들은 펜팔 친구들에게 편지를 보낸다.
→ 아이들은 펜팔 친구들에게 편지를 보내지 않는다.
→ 그들은 펜팔 친구들에게 이메일을 보낸다.

9 캐시는 주말마다 자신의 친구들과 캠핑을 간다.
→ 캐시는 주말마다 자신의 친구들과 캠핑을 가지 않는다.
→ 그녀는 주말마다 자신의 친구들과 수영하러 간다.

Unit 07 EXERCISES

p. 35~37

A

1 plays, Does, play
2 works, Does, work
3 seem, Do, seem
4 like, Do, like
5 know, Do, know
6 gets, Does, get
7 enjoys, Does, enjoy

해석

1 너의 어머니는 테니스를 치신다.
너의 어머니는 테니스를 치시니?

2 이 복사기는 작동한다.
이 복사기는 작동하니?

3 메리와 존은 행복한 것 같다.
메리와 존은 행복한 것 같니?

4 그 소년들은 농구하는 것을 좋아한다.
그 소년들은 농구하는 것을 좋아하니?

5 너는 샐리와 제프를 아주 잘 안다.
너는 샐리와 제프를 아주 잘 아니?

6 경기의 우승자가 이 새 자전거를 받는다.
경기의 우승자가 이 새 자전거를 받니?

7 제이크의 강아지는 물에서 수영을 즐긴다.
제이크의 강아지는 물에서 수영을 즐기니?

B

1 Do, need
2 Do, run
3 Do, drink
4 Do, like
5 Do, go
6 Does, snow
7 Does, work
8 Does, have
9 Does, belong to
10 Does, cook

해석

1 너는 내 도움이 필요하니?
2 샐리와 마이크는 빨리 달리니?
3 너는 우유를 많이 마시니?
4 너는 로맨틱 영화를 좋아하니?
5 그들은 같은 학교에 다니니?
6 이 지역에는 눈이 많이 오니?
7 너의 아버지는 은행에서 일하시니?
8 스티브는 노트북 컴퓨터를 가지고 있니?
9 이 재킷은 네 것이니?
10 샘은 주말 저녁에 요리를 하니?

C

1 No
2 Yes
3 Yes
4 does
5 don't
6 doesn't
7 I

해석

1 A: 코코아를 마시고 싶니?
B: 아니, 그렇지 않아. 나는 우유를 마시고 싶어.

2 A: 너의 삼촌은 기타를 치시니?
B: 응, 그래. 그는 훌륭한 기타리스트야.

3 A: 그들은 합창단에서 노래를 부르니?
B: 응, 그래. 그들은 노래를 잘해.

4 A: 앤은 감자 칩을 좋아하니?
B: 응, 그래. 그녀는 초콜릿도 좋아해.

5 A: 너 자전거가 있니?
B: 아니, 없어. 나는 인라인스케이트가 있어.

6 A: 마이크는 매일 버스를 타고 학교에 가니?
B: 아니, 그렇지 않아. 그는 걸어서 학교에 가.

7 A: 너는 매일 아침 식사를 하니?
B: 응, 그래. 나는 매일 아침 토스트와 우유를 먹어.

D

1 No, I don't.
2 Yes, we do.
3 No, she doesn't.
4 No, it doesn't.
5 No, they don't.
6 Yes, it does.

해석

1 A: 너는 캐나다에 사니?
B: 아니, 그렇지 않아. 나는 한국에 살아.

2 A: 우리 오늘 미술 수업이 있니?
B: 응, 그래. 우리 음악 수업도 있어.

3 A: 너의 언니는 프랑스어를 공부하니?
B: 아니, 그렇지 않아. 그녀는 일본어를 공부해.

4 A: 너희 나라는 가을에 비가 많이 내리니?

B: 아니, 그렇지 않아. 여름에 비가 많이 내려.

5 A: 그들은 방과 후에 농구를 하니?
B: 아니, 그렇지 않아. 그들은 축구를 해.

6 A: 그 컴퓨터에 모니터가 딸려 있나요?
B: 네, 그렇습니다. 20인치 모니터가 딸려 있습니다.

E

1 Do, cry, don't, cry
2 Does, play, doesn't
3 Do, take, do, take
4 Do, eat, don't, eat
5 Do, like, do, like
6 Does, wash, doesn't, washes
7 Does, have, does, has

해석

1 A: 너는 영화를 보고 우니?
B: 아니, 그렇지 않아. 나는 결코 영화를 보고 울지 않아.

2 A: 마이크는 토요일마다 테니스를 치니?
B: 아니, 그렇지 않아. 그는 도보 여행을 가.

3 A: 너는 저녁을 먹은 후에 산책을 하니?
B: 응, 그래. 나는 우리 언니와 산책을 해.

4 A: 너는 스파게티를 젓가락으로 먹니?
B: 아니, 그렇지 않아. 나는 스파게티를 포크로 먹어.

5 A: 너 박물관 가는 거 좋아하니?
B: 응, 그래. 난 그림과 조각품을 좋아해.

6 A: 제시카는 아침에 머리를 감니?
B: 아니, 그렇지 않아. 그녀는 밤에 머리를 감아.

7 A: 너의 새 아파트에서는 도시의 멋진 전경이 보이니?
B: 응, 그래. 경치가 멋있어.

F

1 Does your father own an SUV?
2 Do you know any English poems?
3 Does the movie have a happy ending?
4 Do you want some salt in the soup?
5 Does Mr. Kim teach German at the high school?

해석

1 너의 아버지는 SUV를 소유하고 계시니?
2 너는 알고 있는 영시(英詩)가 있니?
3 그 영화는 해피엔딩으로 끝나니?
4 너는 수프에 소금을 조금 넣길 원하니?
5 김 선생님은 고등학교에서 독일어를 가르치시니?

Unit 08 EXERCISES

p. 39

A

1 never	2 hardly
3 often	4 seldom
5 always	6 always
7 usually	

해석

1 A: 그녀가 너에게 자주 전화하니?
B: 아니, 그녀는 나에게 절대 전화하지 않아. 내가 항상 그녀에게 전화해.

2 A: 너의 아버지는 주로 아침에 커피를 마시니?
B: 아니, 아버지는 거의 커피를 마시지 않아. 차를 좋아하셔.

3 A: 너는 가끔 자신을 위해 요리를 하니?
B: 응, 나는 내가 먹으려고 국수를 자주 끓여. 난 훌륭한 요리사거든!

4 A: 너는 친구 집에서 밤새 지낼 때가 있니?
B: 아니, 나는 그러는 경우가 거의 없어. 우리 엄마가 안 좋아하시거든.

5 A: 그녀는 자주 선생님의 질문에 정확하게 답을 하니?
B: 응, 그녀는 늘 선생님의 질문에 정확하게 답을 해. 그녀는 정말 똑똑하거든!

6 A: 그는 주로 아침에 조깅하러 가니?
B: 아니, 그는 저녁에 운동하는 것을 좋아해. 그는 항상 저녁을 먹은 후에 운동을 해.

7 A: 너는 밤에 자주 TV를 보니?
B: 아니, 나는 TV를 거의 보지 않아. 나는 자기 전에 주로 책을 읽어.

B

1 (1) never meet (2) rarely listen (3) usually keep
2 (1) always use (2) sometimes meet (3) often listen (4) usually keep

해석

1 제임스
나는 영어 실력을 향상시키기 위해서 많은 것을 하지는 않는다. 나는 사전을 좀처럼 사용하지 않는다. 나는 영어를 사용하는 친구들을 결코 만나지 않는다. 나는 라디오로 영어 프로그램을 거의 듣지 않는다. 하지만 나는 보통 영어 일기를 쓴다.

2 신디
나는 영어를 매우 좋아해서 영어 실력을 향상시키기 위해 매일 최선을 다한다. 나는 항상 사전을 사용한다. 나는 가끔 영어를 사용하는 친구들을 만난다. 나는 라디오로 영어 프로그램을 종종 듣는다. 게다가 나는 보통 영어 일기를 쓴다.

REVIEW

p. 40~41

A

1 Does	2 Do
3 has	4 Do
5 doesn't	6 studies
7 teach	8 don't

해설/해석

1 life는 3인칭 단수이므로 Does가 적절
화성에 생명체가 존재합니까?

2 주어가 you이므로 Do가 적절
너는 옷을 자주 세탁하니?

3 My new laptop computer는 3인칭 단수이므로 has가 적절
내 새 노트북 컴퓨터는 악성 바이러스에 걸렸다.

4 your new friends는 복수이므로 Do가 적절
너의 새 친구들은 한국의 날씨를 좋아하니?

5 My grandfather는 3인칭 단수이므로 doesn't가 적절
우리 할아버지는 문자 메시지 보내는 법을 모르신다.

6 Amanda는 3인칭 단수이므로 studies가 적절
아만다는 주말에 항상 영어와 프랑스어를 공부한다.

7 Mr. and Ms. Jang은 복수이므로 teach가 적절
장 씨 부부는 이웃 아이들에게 태권도를 가르친다.

8 The students는 복수이므로 don't가 적절
학생들은 대개 시험 기간에는 축구를 할 시간이 없다.

B

1 The company makes popular cell phones.
2 Linda doesn't keep a journal these days.
3 Does Jason know your name and address?
4 The boy goes to the gym every day.
5 Do you live in Sydney with your brothers and sisters?
6 Some people don't enjoy shopping at the department store.
7 Andrew and Cathy talk on the phone every day after school.

해설

1 The company가 주어, makes가 동사

2 일반동사 부정문은 「주어+don't/doesn't+동사원형」, Linda가 주어, keep이 동사

3 일반동사 의문문은 「Do/Does+주어+동사원형 ~?」, Jason이 주어, know가 동사

4 the boy가 주어, goes가 동사

5 일반동사 의문문은 「Do/Does+주어+동사원형 ~?」, you가 주어, live가 동사

6 일반동사 부정문은 「주어+don't/doesn't+동사원형」, some people이 주어, enjoy가 동사

7 Andrew and Cathy가 주어, talk가 동사

C

1 Laura learns Spanish at the university.
2 She always speaks English so quickly.
3 Do you eat breakfast every morning?
4 They don't wear school uniforms after school.
5 Does your father wash his car every weekend?
6 Emily doesn't enjoy the hot and humid weather of summer.
7 Brandon and Joseph play video games every day after school.

해설/해석

1 Laura는 3인칭 단수이므로 learns가 적절
로라는 대학에서 스페인 어를 배운다.

2 빈도부사는 일반동사 앞에 와야 하므로 always speaks가 적절
그녀는 항상 영어를 매우 빠르게 말한다.

3 일반동사 의문문은 「Do/Does+주어+동사원형~?」이므로 Do you가 적절
너는 매일 아침에 식사를 하니?

4 They는 복수이므로 don't가 적절
그들은 방과 후에는 교복을 입지 않는다.

5 일반동사 의문문은 「Do/Does+주어+동사원형~?」이므로 Does your father wash가 적절
너의 아버지는 주말마다 세차를 하시니?

6 일반동사 부정문은 「주어+don't/doesn't+동사원형」이므로 doesn't enjoy가 적절
에밀리는 여름의 뜨겁고 습한 날씨를 좋아하지 않는다.

7 Brandon and Joseph는 복수이므로 play가 적절
브랜든과 조제프는 방과 후에 매일 비디오 게임을 한다.

D

1 plays, enjoys
2 goes, meets, tells
3 loves, practices, hurts, quits
4 have, has, swims, likes

해설/해석

1 Michael과 he는 3인칭 단수이므로 plays, enjoys가 적절
마이클은 고등학교 농구팀 선수이다. 가끔 그것은 힘들지만 그는 그 도전을 매우 즐긴다.

2 Emily, she, He는 3인칭 단수이므로 goes, meets, tells가 적절
에밀리는 버스를 타고 학교에 간다. 매일 아침 그녀는 같은 버스 기사를 만난다. 그는 매일 새로운 농담을 한다. 그는 항상 매우 재미있으시다.

3 My little brother, He, He, he는 3인칭 단수이므로 loves, practices, hurts, quits가 적절
내 남동생은 인라인스케이트 타는 것을 매우 좋아한다. 그는 매일 보통 두 시간 동안 공원에서 연습한다. 그는 가끔 다치기도 하지만, 결코 그만두지는 않는다.

4 Mr. and Ms. Smith로 복수이므로 have가 적절, It, Mr. Smith, Ms. Smith는 3인칭 단수이므로 has, swims, likes가 적절
스미스 씨 부부는 집을 소유하고 있다. 그 집에는 작은 서재와 수영장이 있다. 스미스 씨는 아침에 항상 수영을 하고, 스미스 부인은 오후에 신문 읽는 것을 좋아한다.

REVIEW PLUS p. 42

1 ⑤ 2 ① 3 ①
4 have, is, wags, jumps, has, always take, sometimes runs, always comes, likes, doesn't fight

해설/해석

1 일반동사의 의문문은 주어에 따라서 Does(3인칭 단수)와 Do를 사용해서 만든다. ① Does ② Does ③ Does ④ Does ⑤ Do
① 너의 어머니는 직장에 다니시니?
② 그녀는 대개 밤 열 시에 잠을 자나요?
③ 사라는 마이클보다 다니엘을 더 좋아하나요?
④ 부산으로 가는 기차는 대개 정시에 도착하나요?
⑤ 너의 형과 누나는 지금 같은 학교에 다니니?

2 ② 일반동사의 부정문은 don't나 doesn't를 사용. My big brother가 3인칭 단수이므로 not이 아니라 doesn't가 적절, ③ Rachel이 3인칭 단수이므로 Do가 아니라 Does가 적절, ④ 빈도

부사는 일반동사 앞에 와야 하므로 drinks often이 아니라 often drinks가 적절, ⑤ My sister는 3인칭 단수이므로 buy가 아니라 buys가 적절

① 나는 더 이상 파리에 살지 않는다.
② 내 큰 형은 신문을 읽지 않는다.
③ 레이첼은 대개 일요일마다 산에 가니?
④ 그는 매일 건강을 위해 많은 물을 자주 마신다.
⑤ 내 여동생은 항상 어버이날에 부모님을 위해 꽃을 산다.

3 ① 빈도부사는 be동사, 조동사 뒤, 일반동사 앞이므로 never exercise가 적절

① A: 너는 아침에 가끔 운동을 하니?
B: 아니, 그렇지 않아. 나는 아침에 결코 운동을 하지 않아.
② A: 너는 가끔 스스로 저녁을 요리하니?
B: 아니, 그렇지 않아. 우리 엄마가 항상 나에게 저녁을 해 주셔.
③ A: 오늘 밤 8시에 축구 경기가 시작하니?
B: 응, 그래. 빨리 보고 싶어.
④ A: 시애틀은 여름에 보통 비가 내리니?
B: 응, 그래. 거의 매일 비가 내려.
⑤ A: 너는 주말에 친구들과 축구를 하니?
B: 응, 그래. 나는 축구가 정말 좋아.

4 I는 1인칭이므로 have가 적절, Her name은 3인칭 단수이므로 is가 적절, she(She)는 3인칭 단수이므로 wags, jumps, has가 적절, 빈도부사는 일반동사 앞에 위치하므로 always take, she가 3인칭 단수이고 빈도부사는 일반동사 앞에 오므로 sometimes runs, always comes가 적절, She는 3인칭 단수이므로 likes가 적절, 일반동사의 부정문은 「주어+don't/doesn't+동사원형」인데 주어가 3인칭 단수이므로 doesn't fight가 적절

나에게는 새 애완동물이 있다. 그것의 이름은 루비이고, 작고 귀여운 요크셔테리어이다. 내가 학교가 끝나고 집에 오면, 루비는 꼬리를 흔들며 깡충깡충 뛰어다닌다. 루비는 에너지가 넘친다! 나는 항상 밤에 루비를 산책시킨다. 루비는 가끔 나를 앞서 달려 나가기도 하지만, 항상 나에게 돌아온다. 루비는 다른 강아지 친구들의 냄새 맡는 것을 좋아하지만, 그들과 싸우지는 않는다. 루비는 나의 가장 친한 친구이다.

PART 3

Unit 09 EXERCISES

p. 46~47

A

1 became
2 began
3 bent
4 blew
5 broke
6 brought
7 built
8 bought
9 caught
10 chose
11 cost
12 cut
13 drew
14 drank
15 drove
16 dropped
17 ate
18 fell
19 fed
20 felt
21 fought
22 found
23 fit / fitted
24 flew
25 forgot
26 gave
27 went
28 grew
29 hung
30 heard
31 hid
32 hit
33 held
34 hugged
35 hurt
36 kept
37 knew
38 laid
39 led
40 left
41 lent
42 let
43 lost
44 met
45 occurred
46 paid
47 planned
48 preferred
49 put
50 read
51 rode
52 rang
53 ran
54 said
55 saw
56 sold
57 sent
58 set
59 shut
60 sang
61 sat
62 skipped
63 slept
64 slipped
65 spoke
66 spent
67 stood
68 stayed
69 stole
70 stopped
71 swam
72 took
72 taught
74 thought
75 threw
76 woke
77 wore
78 won
79 worried
80 wrote

B

1 It was 8 p.m.
2 My dad slept
3 We learned new words in class
4 My mom went to BIG Mart
5 Nicole waited for the bus
6 I took my puppy for a walk
7 Daniel played computer games

해석

1 지금은 오후 여덟 시다.
→ 두 시간 전에 오후 여덟 시였다.
2 우리 아빠는 하루에 6시간을 주무신다.
→ 우리 아빠는 어제 6시간 주무셨다.
3 우리는 매일 수업 시간에 새로운 단어를 배운다.
→ 우리는 오늘 수업 시간에 새로운 단어를 배웠다.
4 우리 엄마는 주말마다 빅마트에 가신다.
→ 우리 엄마는 어제 빅마트에 가셨다.
5 니콜은 매일 아침에 버스를 기다린다.
→ 니콜은 오늘 아침에 버스를 기다렸다.
6 나는 방과 후에 내 강아지와 산책을 간다.
→ 나는 어젯밤 내 강아지와 산책을 갔다.
7 다니엘은 매일 밤 컴퓨터 게임을 한다.
→ 다니엘은 오늘 저녁에 컴퓨터 게임을 했다.

Ⓒ

1 I shut the door.
2 Justin was sick all day.
3 I had a great time in Bali.
4 We visited LA last Christmas.
5 My sister wore a new dress to the party.
6 My friend and I watched the soccer game last night.

해석

1 나는 문을 닫았다.
2 저스틴은 온종일 아팠다.
3 나는 발리에서 멋진 시간을 보냈다.
4 우리는 지난 크리스마스에 LA를 방문했다.
5 우리 언니는 새 드레스를 입고 파티에 갔다.
6 내 친구와 나는 어젯밤에 축구 경기를 보았다.

Unit 10 EXERCISES

p. 49~51

Ⓐ

1 last night	2 an hour ago
3 yesterday	4 every day
5 last week	6 every night
7 last summer	8 last weekend
9 Yesterday	10 this morning

해석

1 우리는 어젯밤에 토론토로 떠났다.
2 눈은 한 시간 전에 그쳤다.
3 사라는 어제 점심으로 피자를 먹었다.
4 캐시는 매일 도서관에서 공부한다.
5 우리는 지난주 방과 후에 축구 경기를 했다.
6 그는 매일 밤 아이들에게 책을 읽어준다.
7 그녀는 지난여름에 한강에서 수영했다.
8 김 씨는 지난 주말에 자신의 정원에서 일했다.
9 어제 그는 밤 열한 시에 직장에서 귀가했다.
10 내 친구들은 오늘 아침에 버스 정류장에서 나를 기다렸다.

Ⓑ

1 rode	2 went
3 has	4 arrived
5 woke up	6 fed
7 caught	8 live
9 grew	10 found
11 bought	12 loves

해석

1 나는 지난 토요일에 자전거를 탔다.
2 그들은 지난 주말에 도보 여행을 갔다.
3 우리 삼촌은 지금 검은색 SUV를 소유하고 있다.
4 그렉은 3일 전에 파리에 도착했다.
5 나는 어제 열 시에 일어났다.
6 그 아이들은 두 시간 전에 거북이들에게 먹이를 주었다.
7 그 고양이는 어젯밤에 크고 뚱뚱한 쥐를 잡았다.
8 우리 조부모님께서는 지금 시골에 사신다.
9 그 나무들은 지난달 비가 온 후에 크게 자랐다.
10 내가 너의 지갑을 책상 아래에서 찾았어. 여기 있어.
11 우리 엄마는 어제 나에게 파티에 입고 갈 예쁜 드레스를 사주셨다.
12 신디는 꽃을 아주 좋아하고 정원에 많은 식물을 기른다.

Ⓒ

1 felt	2 stole
3 stopped	4 cut
5 sang	6 left
7 met	8 began
9 hit	10 went
11 fought	12 hurt
13 tried	14 lost

해석

1 그는 배고프고 추웠다.
2 누군가가 내 자전거를 훔쳐갔다.
3 그는 그녀에게 하던 말을 멈췄다.
4 나는 가위로 종이를 오렸다.
5 그들은 무대에서 함께 노래를 불렀다.
6 그는 지난 주말에 런던으로 떠났다.
7 나는 집에 오는 길에 우리 이모를 만났다.
8 갑자기, 비가 세차게 내리기 시작했다.
9 톰이 막 배트로 야구공을 쳤다.
10 우리는 지난 토요일에 아침 겸 점심을 먹으러 나갔다.
11 그는 남동생과 그 재킷을 두고 싸웠다.
12 앤더슨 씨는 출근길에 다리를 다쳤다.
13 그녀는 기말고사에서 좋은 점수를 받으려고 열심히 노력했다.
14 우리 엄마는 오늘 아침에 지하철에서 가방을 잃어버렸다.

Ⓓ

1 took, takes	2 wears, wore
3 goes, went	4 listens, listened
5 made, makes	

해석

1 어제 우리 삼촌은 차를 타고 출근했지만, 그는 보통 버스를 타고 간다.
2 우리 언니는 대개 몸에 꼭 맞는 청바지를 입지만, 어제는 헐렁한 바지를 입었다.
3 크리스틴은 보통 열 시에 잠을 자지만, 어젯밤에 그녀는 한밤중에 잠이 들었다.
4 앤드루는 밤에 종종 댄스 음악을 듣지만, 어젯밤에는 고전 음악을 들었다.
5 지난 일요일에 우리 할머니는 아침으로 바나나 팬케이크를 만들어 주셨지만, 대개는 아침으로 블루베리 팬케이크를 만들어 주신다.

Ⓔ

1 cost	2 met
3 studied	4 did
5 took	6 cooked
7 became	8 put
9 wore	10 woke

11 drove 12 drew

해석

1 새 컴퓨터는 700달러 이상의 비용이 들었다.
2 그들은 시카고에서 만났다. 그들은 첫눈에 사랑에 빠졌다.
3 우리 형은 호주에서 호텔 경영학을 공부했다.
4 숙제를 빨리 끝냈구나! 네가 자랑스러워.
5 훈이는 지난달에 토익 시험을 쳤다. 그의 점수는 820점이었다.
6 윌리엄은 어제 한국인 친구를 위해 라면을 끓였다.
7 그녀는 유명한 영화배우가 되었다.
8 그는 자신의 휴대 전화를 탁자 위에 놓았다.
9 그 학생들은 교복을 입었다.
10 나는 늦게 일어났고 학교에 지각했다.
11 우리 아버지께서 오늘 아침 나를 학교까지 태워다 주셨다.
12 내 딸은 스케치북에 예쁜 꽃을 하나 그렸다.

F

went, did, met, saw, played, listened, read

해석

나는 즐거운 하루를 보냈다. 나는 아침 일찍 조깅하러 갔다. 오후에는 숙제를 했다. 숙제를 끝낸 후에 나는 나의 가장 친한 친구 재스민을 만났고 우리는 같이 영화를 보았다. 그 영화는 정말 재미있었다. 저녁에는 피아노를 연주했다. 밤에, 나는 음악을 듣고 책을 읽었다. 나는 지금 정말 행복하다.

Unit 11 EXERCISES p. 53

A

1 doesn't 2 didn't
3 work 4 didn't
5 wear

해석

1 데이비드는 지금 우체국에서 일하지 않는다.
2 나는 어젯밤에 수학 숙제를 끝마치지 않았다.
3 그 복사기는 제대로 작동하지 않았다.
4 앤드루는 지난여름에 도쿄에서 고모와 함께 지내지 않았다.
5 수는 지난 주말 댄스파티에 새 청바지를 입고 가지 않았다.

B

1 I didn't like the movie.
2 Brandon didn't wash his hair this morning.
3 My new cell phone didn't cost a lot of money.
4 Amanda didn't lose her mother's car key.
5 David and Joseph didn't build a robot with their friends.

해석

1 나는 그 영화를 좋아했다.
→ 나는 그 영화를 좋아하지 않았다.
2 브랜든은 오늘 아침에 머리를 감았다.
→ 브랜든은 오늘 아침에 머리를 감지 않았다.
3 내 새 휴대 전화는 값이 비쌌다.
→ 내 새 휴대 전화는 값이 비싸지 않았다.
4 아만다는 어머니의 자동차 열쇠를 잃어버렸다.
→ 아만다는 어머니의 자동차 열쇠를 잃어버리지 않았다.
5 데이비드와 조제프는 친구들과 함께 로봇을 만들었다.
→ 데이비드와 조제프는 친구들과 함께 로봇을 만들지 않았다.

C

1 I didn't cook steak for dinner last night.
2 Her parents didn't give her enough money.
3 My smartphone didn't work this morning.
4 Samantha didn't study chemistry last semester.
5 My friend didn't like the food at the restaurant.

해석

1 나는 어젯밤에 저녁으로 스테이크를 요리하지 않았다.
2 그녀의 부모님은 그녀에게 충분한 돈을 주지 않으셨다.
3 내 스마트폰은 오늘 아침에 작동하지 않았다.
4 사만다는 지난 학기에 화학을 공부하지 않았다.
5 내 친구는 그 식당의 음식을 좋아하지 않았다.

Unit 12 EXERCISES p. 55~57

A

1 worked, Did 2 gets, Does
3 waited, Did 4 closes, Does
5 ate, Did 6 sent, Did
7 jogs, Does

해석

1 너는 어제 매우 열심히 일했다.
→ 너는 어제 매우 열심히 일했니?
2 조제프는 대개 아침 7시에 일어난다.
→ 조제프는 대개 아침 7시에 일어나니?
3 애슐리는 콘서트가 끝난 후에 너를 기다렸다.
→ 애슐리는 콘서트가 끝난 후에 너를 기다렸니?
4 그 수영장은 주말에는 오후 6시에 문을 닫는다.
→ 그 수영장은 주말에 오후 6시에 문을 닫니?
5 에드워드와 프랭크는 오늘 점심을 함께 먹었다.
→ 에드워드와 프랭크는 오늘 점심을 함께 먹었니?
6 그들은 이탈리아에 계신 부모님께 엽서를 보냈다.
→ 그들은 이탈리아에 계신 부모님께 엽서를 보냈니?
7 톰슨 씨는 매일 아침 공원 주변을 조깅한다.
→ 톰슨 씨는 매일 아침 공원 주변을 조깅하니?

B

1 Did, see 2 Did, play
3 Did, try 4 Did, return
5 Did, take 6 Did, ask
7 Did, arrive

해석

1 A: 너는 어젯밤에 앨런을 보았니?
B: 응, 봤어.

2 A: 마이크는 작년에 밴드에서 연주했니?
B: 아니, 연주하지 않았어.

3 A: 그들은 그 새로 생긴 중국 식당에 가봤니?
B: 아니, 가보지 않았어.

4 A: 너는 그 책을 도서관에 반납했니?
B: 응, 반납했어.

5 A: 그녀는 코트를 세탁소에 맡겼니?
B: 아니, 맡기지 않았어.

6 A: 선생님께서 너에게 많은 질문을 하셨니?
B: 응, 그러셨어.

7 A: 오늘 아침 지하철이 제시간에 도착했니?
B: 아니, 그렇지 않았어. 나는 학교에 지각했어.

C

1 Did she do her class project yesterday?
2 Did Ryan get on the plane this morning?
3 Did you buy new sunglasses at the mall?
4 Did her Australian pen pal send her an email?
5 Did you lose your backpack in the playground?
6 Did your sister sleep more than twelve hours last night?
7 Did Sally change from her uniform into casual clothes after school?

해석

1 그녀는 어제 수업 과제를 했다.
→ 그녀는 어제 수업 과제를 했니?

2 라이언은 오늘 아침에 비행기를 탔다.
→ 라이언은 오늘 아침에 비행기를 탔니?

3 너는 쇼핑몰에서 새 선글라스를 샀다.
→ 너는 쇼핑몰에서 새 선글라스를 샀니?

4 그녀의 호주 펜팔 친구는 그녀에게 이메일을 보냈다.
→ 그녀의 호주 펜팔 친구는 그녀에게 이메일을 보냈니?

5 나는 운동장에서 배낭을 잃어버렸다.
→ 너는 운동장에서 배낭을 잃어버렸니?

6 우리 언니는 어젯밤에 열두 시간 넘게 잠을 잤다.
→ 너의 언니는 어젯밤에 열두 시간 넘게 잠을 잤니?

7 샐리는 방과 후에 교복을 평상복으로 갈아입었다.
→ 샐리는 방과 후에 교복을 평상복으로 갈아입었니?

D

1 I didn't
2 he did
3 they did
4 No, you didn't.
5 Yes, I did.
6 No, she didn't.
7 Yes, I did.

해석

1 A: 너 시험 봤니?
B: 아니, 보지 않았어. 너는?

2 A: 톰이 어제 너에게 전화했니?
B: 응, 전화했어. 그는 나를 자신의 생일 파티에 초대했어.

3 A: 제이크와 메기는 점심을 같이 먹었니?
B: 응, 같이 먹었어. 그들은 구내식당에서 먹었어.

4 A: 내가 새로 생긴 식당에 대해 너에게 얘기했니?
B: 아니, 하지 않았어. 그곳에 대해 말해줘.

5 A: 너 브래드 피트의 새 영화 봤니?
B: 응, 봤어. 나는 그 영화의 결말이 마음에 들지 않았어.

6 A: 제인이 거기 제시간에 도착했니?
B: 아니, 그렇지 않았어. 그녀는 회의에 늦었어.

7 A: 너 동물원에서 돌고래를 봤니?
B: 응, 봤어. 정말 귀여웠어. 만져보기도 했어.

E

1 Did, write, wrote
2 Did, finish, finished
3 Did, invent, invented
4 Did, meet, met
5 Did, go, went

해석

1 A: J. K. 롤링이 '해리 포터' 시리즈를 썼니?
B: 응, 그랬어. 그녀는 '실크웜' 시리즈도 썼어.

2 A: 메건은 어젯밤에 숙제를 끝마쳤니?
B: 아니. 그녀는 오늘 아침 여섯 시에 숙제를 끝마쳤어.

3 A: 알렉산더 그레이엄 벨은 전화를 발명했니?
B: 응, 그랬어. 그는 금속 탐지기도 발명했어.

4 A: 너는 지난 금요일에 여자 친구의 부모님을 만났니?
B: 아니, 만나지 않았어. 나는 지난달에 그들을 서울에서 만났어.

5 A: 너는 어제 친구들과 펀 랜드에 갔니?
B: 응, 그랬어. 나는 그곳으로 소풍을 갔어. 재미있었어!

F

1 Did, pass, No, I didn't.
2 Did, read, No, I didn't., watched
3 Did, throw, No, she didn't.
4 Did, enjoy, Yes, they did., fed, had
5 Did, build, Yes, he did., designed, constructed, took

해석

1 A: 너 운전면허 시험을 봤다고 들었어. 합격했니?
B: 아니, 그렇지 않았어. 나는 그것을 다시 봐야 해.

2 A: 당신은 제인 오스틴의 소설 '엠마'를 읽었니?
B: 아니, 읽지 않았어. 그러나 나는 '엠마'를 영화로 봤어. 언젠가 그 책을 읽어보고 싶어.

3 A: 너의 여동생은 미국으로 이사할 때 낡은 옷을 모두 버렸니?
B: 아니, 버리지 않았어. 그녀는 아직도 침대 아래 큰 갈색 상자에 그것들을 모두 가지고 있어.

4 A: 어제는 날씨가 정말 아름다웠어요. 아이들이 동물원을 좋아했나요?
B: 네, 좋아했어요. 그들은 어린이 동물원에서 사슴에게 먹이를 주었어요. 그들은 멋진 시간을 보냈어요.

5 A: 너의 아버지께서 너희 집을 지으셨니?
B: 응, 지으셨어. 아버지께서 그것을 직접 설계하시고 건설하셨어. 그것을 짓는데 5년이 걸렸어.

REVIEW

p. 58~59

A

1 enjoy	2 didn't finish
3 didn't	4 studied
5 came	6 Did
7 had	8 go

해설/해석

1 일반동사 과거 시제의 의문문은 「Did+주어+동사원형 ~?」이므로 enjoy가 적절
너의 미국 여행은 좋았니?

2 일반동사 과거 시제의 부정문은 주어에 관계없이 didn't를 사용하므로 didn't finish가 적절
그 게임은 제시간에 끝나지 않았다.

3 일반동사 과거 시제의 부정문은 「주어+didn't+동사원형~.」이므로 didn't가 적절
빌 게이츠는 첫 번째 컴퓨터를 발명하지 않았다.

4 yesterday가 과거를 의미, 과거형은 주어에 관계없이 동일한 형태를 사용하므로 studied가 적절
사라는 어제 영어 시험공부를 했다.

5 the day before yesterday가 과거를 의미하므로 came이 적절
제이콥은 그저께 수업에 왔었다.

6 last weekend가 과거를 의미하므로 Did가 적절
너와 그는 지난 주말에 뭔가 재미있는 것을 했니?

7 last weekend가 과거를 의미하므로 had가 적절
마이클과 데이비드는 지난 주말에 심한 감기에 걸렸다.

8 didn't 뒤에는 동사원형이 와야 하므로 go가 적절
그녀는 지난 토요일에 친구들과 함께 쇼핑몰에 가지 않았다.

B

1 Did your sister bring her raincoat?
2 Did Jane buy a new dress for the party?
3 I didn't play with my friends
4 Did you see many strange things
5 I didn't eat enough food at breakfast
6 Emily and her mom watched a funny TV show
7 Brandon and Rachel enjoyed their trip to the UK
8 I dreamed about marrying a famous movie star

해설

1 일반동사의 과거 시제 의문문은 「Did+주어+동사원형 ~?」이며, your sister가 주어, bring이 동사, her raincoat가 목적어

2 일반동사의 과거 시제 의문문은 「Did+주어+동사원형 ~?」이며, Jane이 주어, buy가 동사, a new dress가 목적어

3 일반동사의 부정문은 「주어+didn't+동사원형 ~.」이며, I가 주어, play가 동사

4 일반동사의 의문문은 「Did+주어+동사원형 ~?」이며, you가 주어, see가 동사, many strange things가 목적어

5 일반동사의 부정문은 「주어+didn't+동사원형 ~.」이며, I가 주어, eat이 동사, enough food가 목적어

6 일반적으로 목적어를 갖는 문장은 「주어+동사+목적어」이며, Emily and her mom이 주어, watched가 동사, a funny TV show가 목적어

7 Brandon and Rachel이 주어, enjoyed가 동사, their trip to the UK가 목적어

8 일반적으로 목적어를 갖지 않는 문장은 「주어+동사(+전치사+전치사의 목적어)」이며, I가 주어, dreamed가 동사, about이 전치사, marrying a famous movie star가 전치사의 목적어

C

1 rented, had, swam
2 ate, drank, read
3 dropped, fell, broke, threw
4 didn't have, lent, was, owe
5 traveled, visited, met, had

해설/해석

1 last month가 과거를 의미하므로 rented, had, swam이 적절
우리 가족은 지난달에 발리에 있는 해안 별장을 빌렸다. 그곳에는 방 다섯 개가 있고, 바다의 아름다운 경치가 보였다. 우리는 바다에서 수영을 했다.

2 this morning으로는 시제를 알 수 없으나 woke가 과거이므로 this morning이 과거임을 알 수 있다. 따라서 ate, drank, read가 적절
우리 아버지는 오늘 아침 일찍 일어나셨다. 아버지는 아침으로 베이글을 드셨고 커피를 마셨다. 아침 식사를 하신 후에 책상에서 신문을 읽으셨다.

3 yesterday가 과거를 의미하므로 dropped, fell, broke, threw가 적절
나는 어제 유리컵을 떨어뜨렸다. 그것은 바닥에 떨어져 산산조각이 났다! 나는 그것들을 버렸다.

4 yesterday가 과거를 의미하므로 didn't have, lent, was가 적절, 마지막 문장에서 now가 현재이므로 owe가 적절
나는 어제 점심을 사 먹을 충분한 돈이 없었다. 그래서 내 친구가 나에게 약간의 돈을 빌려 주었다. 운이 좋았지만, 그에게 지금 5달러를 빚지고 있다.

5 last winter가 과거를 의미하므로 traveled, visited, met, had가 적절
릭은 작년 겨울 호주를 여행했다. 그는 좋은 곳을 많이 방문했고 재미있는 사람들을 많이 만났다. 그는 호주에서 즐거운 시간을 보냈다.

D

1 Kate practiced Taekwondo last Friday after school.
2 Did you help your mother do the housework?
3 I didn't win first prize in the English speech contest yesterday.
4 Michael cut his finger when he cooked dinner for his family.
5 Did you visit Big Ben and Buckingham Palace in London last year?
6 They didn't wear school uniforms when they went on the school field trip.

해설/해석

1 last Friday가 과거를 의미하므로 practiced가 적절
케이트는 지난 금요일 방과 후에 태권도를 연습했다.

2 일반동사 과거 시제의 의문문은 「Did+주어+동사원형 ~?」이므로 help가 적절
너는 어머니가 집안일을 하는 것을 도와드렸니?

3 didn't 뒤에는 동사원형이 와야 하므로 didn't win이 적절
나는 어제 영어 말하기 대회에서 1등을 하지 않았다.

4 when 이하의 동사가 과거형(cooked)이므로 cut이 적절
마이클은 가족을 위해 저녁을 만들다가 손가락을 베었다.

5 last year가 과거를 의미하고, 일반동사 과거 시제의 의문문은 「Did+주어+동사원형 ~?」이므로 Did you visit가 적절
너는 작년에 영국에 있는 빅벤과 버킹햄 궁전에 방문했었니?

6 뒤의 when절로 보아 과거 시제임을 알 수 있고, 부정문이므로 didn't wear가 적절
그들은 현장 학습을 갔을 때 교복을 입지 않았다.

REVIEW PLUS

p. 60

1 ③ 2 ⑤ 3 ①
4 (1) runs (2) didn't come (3) dropped

해설/해석

1 ③ last summer는 과거를 의미하므로 studies가 아니라 studied가 적절
① 나는 학교에서 팀 스포츠 경기를 많이 하지 않는다.
② 내 어린 남동생은 지난주에 심한 감기에 걸렸다.
③ 니콜은 지난여름에 파리에서 프랑스어를 공부했다.
④ 그 어린이들은 자신들의 옷을 빨지 않았다.
⑤ 너는 옛 친구들에게서 온 편지들을 간직했니?

2 ① 「didn't+동사원형」이므로 forgot이 아니라 forget이 적절, ② your new American friend는 3인칭 단수이므로 Do가 아니라 Does나 Did가 적절, ③ 그가 나가기를 원했던 것과 그녀가 나가기를 원하지 않았던 것은 과거이므로 want가 아니라 wanted가 적절하며, 한 문장의 시제는 일치시켜 주는 것이 원칙, ④ Students는 복수이므로 doesn't가 아니라 don't가 적절
① 나는 숙제하는 것을 잊지 않았다.
② 너의 새 미국인 친구는 한국 음식을 좋아하니?
③ 그때 그는 외출하기를 원했지만, 그녀는 외출하기를 원하지 않았다.
④ 학생들은 방과 후에 교실 청소하는 것을 좋아하지 않는다.
⑤ 메건은 작년에 유럽 여행을 하면서 부모님을 그리워했다.

3 ① the mail은 사물이므로 it으로 받아야 하고, did는 과거이므로 Yes, it did.가 적절
① A: 엄마, 오늘 우편물이 왔어요?
B: 그래, 왔다. 에밀리로부터 편지가 왔구나.
② A: 너는 어젯밤에 잘 잤니?
B: 아니, 잘 못 잤어. 불을 피웠는데도 계속 추웠어!
③ A: 너는 유럽을 여행하다가 길을 잃었니?
B: 응, 그랬어. 나는 가끔 사람들에게 도움을 요청해야 했어.
④ A: 너의 언니가 네가 이 멋진 저녁을 요리하는 것을 도와주었니?
B: 아니, 도와주지 않았어. 내가 혼자서 다 요리한 거야.
⑤ A: 네가 대학생이었을 때 (부모님) 집에서 살았니?
B: 아니, (부모님) 집에서 살지 않았어. 나는 집세에 많은 돈을 썼어.

4 (1) when절이 현재이므로 runs가 적절, (2) 일반동사 과거 시제의 부정문은 주어에 관계없이 「didn't+동사원형」을 사용하므로 didn't come이 적절, (3) 과거에 일어난 일이므로 dropped가 적절
나의 강아지는 목욕을 좋아하지 않는다. 강아지는 물이 흐르는 소리를 들으면 도망간다. 어제 나는 강아지를 목욕시키려고 강아지의 이름을 불렀지만, 강아지는 나에게 오지 않고 침대 밑에 숨었다. 나는 "루비야, 좋은 냄새가 나게 하고 싶지 않니?"하고 물었다. 루비가 "그르렁."하고 으르렁거렸다. 나는 루비를 거품이 나는 물속에 떨어뜨렸다. 루비는 물을 너무 많이 튀겼다. 이제 우리 둘 다 깨끗하다!

PART 4

Unit 13 EXERCISES

p. 63

A

1 gave, will give
2 went, will go
3 won, will win
4 gave, will give

해석

1 나는 작년 아빠 생신에 아빠에게 파란 넥타이를 드렸다.
나는 내년 아빠 생신에 아빠에게 빨간 넥타이를 드릴 것이다.
2 나는 지난 토요일에 친구들과 함께 쇼핑몰에 갔다.
나는 다음 토요일에 그들과 함께 쇼핑몰에 또 갈 것이다.
3 우리 학교 축구팀은 지난 금요일에 경기에서 이겼다.
그들은 다음 금요일에 경기에서 또 다시 이길 것이다.
4 남 선생님은 어제 학생들에게 말하기 시험을 냈다.
그녀는 내일 그들에게 또 시험을 낼 것이다.

B

1 will call
2 will help
3 will be
4 will enjoy

해석

1 우리 아빠가 어젯밤에 뉴욕에서 전화를 하셨다.
오늘 밤에 다시 전화하실 것이다.
2 윌리엄은 어제 식당에서 자신의 아버지를 도와 드렸다.
그는 오늘도 또 그의 아버지를 도울 것이다.
3 어제는 날씨가 화창했다.
내일도 마찬가지로 화창할 것이다.
4 나영이는 요즘 한국에서 영어를 배우는 것이 좋다.
그녀는 런던에서 영어를 배우는 것을 훨씬 더 좋아할 것이다.

C

1 will, lend
2 Will, finish, he, won't
3 Will, see, we, will
4 will, go, Will, join, I, won't, will, stay

해석

1 A: 나는 펜과 종이가 없어.

B: 너에게 내 것을 빌려줄게.
2 A: 그가 오늘 그 프로젝트를 끝낼까?
B: 아니, 그렇지 않을 거야. 그는 오늘 바빠.
3 A: 너와 네 여동생은 오늘 밤에 영화를 볼 거니?
B: 응, 우리는 그럴 거야.
4 A: 아버지는 이번 주말에 도보 여행하러 갈 거야. 너도 같이 갈래?
B: 아니, 안 갈래. 나는 집에 있을래.

Unit 14 EXERCISES p. 65~67

A

1 going to
2 Is
3 to attend
4 going to
5 not going
6 to study

해석

1 나는 벽에 페인트칠을 할 것이다.
2 그는 다른 도시로 이사 갈 거니?
3 루이스는 그 회의에 참석할 것이다.
4 너는 새 컴퓨터를 살 거니?
5 나는 더는 그녀와 말하지 않을 것이다.
6 우리 언니는 대학교에서 미술을 공부할 것이다.

B

1 will miss
2 will drop by
3 will play
4 will clean
5 will buy
6 is going to sign
7 is going to do
8 is going to move
9 are going to get
10 am going to help

해석

1 나 정말 슬퍼. 나의 가족이 많이 보고 싶어.
2 그녀는 오늘 저녁 너의 사무실에 들를 것이다.
3 그는 오늘밤 밴드에서 드럼을 칠 것이다.
4 그들은 내일 온 집안을 청소할 것이다.
5 니콜이 우리를 위해 표를 살 거야. 걱정하지 마.
6 사무엘은 테니스 수업에 등록할 것이다.
7 아담은 이번 주말에 빨래를 할 것이다.
8 우리 가족은 다음 달에 서울로 이사할 것이다.
9 매튜와 사라는 내년 봄에 결혼할 것이다.
10 나는 오늘 오후에 조제프가 숙제하는 것을 도와줄 것이다.

C

1 am not going to get up
2 am going to study
3 is going to go
4 Are, going to meet
5 Is, going to play
6 isn't[is not] going to eat

해석

1 나는 일요일에 일찍 일어나지 않는다.
→ 나는 이번 주 일요일에 일찍 일어나지 않을 것이다.
2 나는 작년에 토론토에서 영어를 공부했다.
→ 나는 내년에 토론토에서 영어 공부를 할 것이다.
3 니콜은 어제 도서관에 갔다.
→ 그녀는 오늘 오후에도 도서관에 갈 것이다.
4 너는 지난달에 펜팔 친구를 만났니?
→ 너는 다음 달에 펜팔 친구를 만날 거니?
5 팀은 토요일마다 친구들과 함께 축구를 하니?
→ 그는 다음 토요일에 친구들과 함께 축구 할 거니?
6 애슐리는 남자 친구와 점심을 그다지 자주 먹지 않는다.
→ 그녀는 남자 친구와 내일 점심을 먹지 않을 것이다.

D

1 Is, going, to, learn, isn't
2 Will, help
3 won't, tell
4 am, going, to, visit
5 Are, going, to, go, are
6 is, not, going, to, eat

해석

1 A: 그는 수영을 배울 거니?
B: 아니, 그렇지 않아. 그는 물을 무서워해.
2 A: 내가 이 상자들을 옮기는 걸 도와줄래?
B: 물론이야. 걱정하지 마. 같이 하자.
3 A: 이건 너와 나 사이의 비밀이야.
B: 알았어. 아무한테도 말하지 않을게.
4 A: 너 방학에 무슨 계획이 있니?
B: 응. 나는 캐나다에 사는 이모를 방문할 거야.
5 A: 그들은 고래를 보러 갈 거니?
B: 응, 그래. 그들은 그것을 기대하고 있어.
6 A: 저녁 식사 준비 다 됐어! 언니를 부르렴!
B: 언니는 저녁을 먹지 않을 거예요. 언니는 다이어트 중이에요.

E

1 will
2 Are you going to
3 is going to
4 am going to
5 will
6 will
7 Will you
8 Are you going to

해석

1 A: 나는 이 퍼즐을 풀 수가 없어!
B: 걱정하지 마, 사라야. 내가 너를 도와줄게.
2 A: 너는 영어 캠프에 갈 거니?
B: 응, 그래. 나는 캠프에 갈 거야.
3 A: 너는 왜 그렇게 많은 치즈를 샀니?
B: 아빠가 오늘 밤에 저녁으로 피자를 만들어 주실 거예요.
4 A: 너는 왜 그렇게 행복해 보이니?
B: 나는 오늘 밤 제니퍼와 함께 영화를 볼 거야.
5 A: 타일러! 이 지저분한 것 좀 보거라.
B: 죄송해요, 엄마. 제가 점심 먹고 치울게요.
6 A: 주문하시겠어요?
B: 결정하지 못하겠어요. 좋아요, 저는 참치 샌드위치로 할게요.
7 A: 나를 위해 바닥을 진공청소기로 청소해 줄래?
B: 응, 그래. 너를 도울 수 있어서 기뻐.
8 A: 너희 오늘밤에 외식할 거니?

B: 응, 그래. 내가 벌써 예약을 해놓았어.

F

1 will turn on
2 is going to take
3 will help
4 am going to write
5 will get
6 am going to take care of

해석

1 A: 아맞다, 여긴 너무 덥구나!
B: 그래요? 제가 에어컨을 켜 드릴게요.
2 A: 마이클, 학교까지 태워다 줄까?
B: 감사하지만 괜찮아요. 아빠가 저를 학교까지 데려다 주실 거예요.
3 A: 우리 엄마가 지금 직장에서 집으로 오고 계셔!
B: 걱정하지 마. 부엌 치우는 것을 도와줄게.
4 A: 너는 어제 왜 그렇게 많은 우표를 샀니?
B: 나는 다른 나라에 있는 내 친구들에게 편지를 쓸 거야.
5 A: 너무 피곤해! 잠을 자고 싶어.
B: 내가 커피를 한 잔 줄게. 잠을 깨워 줄 거야.
6 A: 너 오늘 저녁에 한가하니? 야구 경기 보러 가자.
B: 미안해. 나는 여동생을 돌봐야 해. 부모님께서 외출을 하실 거야.

Unit 15 EXERCISES p. 69~71

A

1 ended
2 later
3 every
4 will celebrate
5 next
6 didn't
7 this morning

해석

1 그 수업은 두 시간 전에 끝났다.
2 내가 돈을 나중에 갚을게.
3 우리는 주말마다 조부모님을 방문한다.
4 우리는 다음 주말에 너의 생일을 축하할 것이다.
5 한나가 내년 여름에 런던에 있는 너를 방문할 거니?
6 브랜든은 지난달에 한국에 오지 않았다.
7 제시카는 오늘 아침에 아무것도 먹지 않았다.

B

1 met, will meet
2 cost, will cost
3 lost, loses
4 didn't, sit, don't, sit
5 Did, forget, forgot
6 Did, stay, Will, stay
7 didn't, go, won't, go

해석

1 우리는 지난주 월요일에 새로 온 영어 선생님을 만났어.
우리는 다음 주 월요일에 새로 온 영어 선생님을 만날 거야.
2 작년에 외국에서 살 때 많은 돈이 들었다.
내년에 외국에서 사는 것은 많은 돈이 들 것이다.
3 우리 언니는 지난 학기에 전자사전을 잃어버렸다.
우리 언니는 매 학기마다 전자사전을 잃어버린다.
4 작년에 나는 앞줄에 자주 앉지 않았다.
현재 나는 뒷줄에 자주 앉지 않는다.
5 너는 어제 교과서를 가져오는 것을 잊었니?
나는 어제 교과서를 가져오는 것을 잊어버렸어.
6 너는 지난달에 괌에서 최고급 호텔에 묵었니?
너는 다음 달에 괌에서 최고급 호텔에 묵을 거니?
7 내 친구와 나는 어젯밤에 저녁을 먹으러 나가지 않았다.
내 친구와 나는 내일 저녁을 먹으러 나가지 않을 것이다.

C

1 plays, was, watched, is, going, to, play
2 went, had, are, going, to, ride
3 lost, thinks, will, walk
4 visited, saw, is, will, go

해석

1 요즘 라이언은 보통 토요일 오후에 친구들과 운동을 한다. 하지만 지난 토요일에 그는 너무 피곤해서 대신 집에서 영화를 보았다. 다음 주에 그는 친구들과 야구를 할 것이다.
2 나는 지난겨울에 처음으로 스노보드를 타러 갔다. 내 친구들과 나는 정말 재미있었다. 그것은 멋진 스포츠이다! 다음 겨울에 우리는 주말마다 스노보드를 타러 갈 것이다.
3 데이비드는 오늘 학교 가는 길에 휴대 전화를 잃어버렸다. 그것은 모든 친구들의 전화번호와 소중한 사진, 좋아하는 모든 노래들을 담고 있었다. 하지만 지금 그는 그것을 찾을 수 있다고 생각한다. 방과 후에 그는 집까지 아침에 걸었던 길을 걸으면서 그것을 찾아 볼 것이다.
4 수는 어제 미술관에 갔고 피카소의 그림을 보았다. 그 전시회는 아주 좋았다. 지금 그녀는 피카소의 그림과 그의 인생에 정말 관심이 많다. 이번 주말에 그녀는 도서관에 가서 그와 그의 작품에 대한 책을 좀 찾아볼 것이다.

D

1 Is it going to rain tomorrow?
2 I will have a sports drink
3 is a senior at Yale University
4 was my homeroom teacher last year
5 I am going to be a famous comedian
6 Emily reads a story to her brother

E

1 will go
2 won't, forget
3 will call
4 won't show up
5 won't go
6 will stay

해석

1 A: 엄마, 우리 우유와 과일이 다 떨어졌어요.
B: 알았다. 내가 나중에 장을 볼게.
2 A: 런던 여행은 어땠니?
B: 정말 좋았어! 나는 영원히 잊지 못 할 거야.
3 A: 텔레비전이 고장 난 것 같아.
B: 내가 오늘 저녁에 수리공을 부를게.
4 A: 라이언이 내 파티에 온다고 약속했어.
B: 그를 믿지 마. 그는 내일 나타나지 않을 거야.
5 A: 구입할 물건 목록에 적힌 것을 모두 샀니?
B: 그래. 하지만 A마트의 물건은 비싸더라. 다시는 거기에 가지 않을 거야.
6 A: 주말에 특별한 계획 있니?

B: 별 거 없는데, 집에서 아이들과 시간을 보낼 거야.

F

1 am not going to eat
2 am going to watch
3 are going to study
4 am not going to get
5 are going to visit
6 am going to buy

해석

1 A: 너의 새해 계획은 뭐니?
B: 살을 빼고 싶어. 나는 패스트푸드를 먹지 않을 거야.

2 A: 너 어제 코미디 쇼 봤니?
B: 아니, 하지만 이번 주말에 재방송을 볼 거야.

3 A: 산책하러 가자.
B: 난 못 가. 나는 제인을 기다리고 있어. 우리는 중간고사 공부를 할 거야.

4 A: 너는 머리카락이 너무 길어.
B: 알아. 하지만 나는 머리를 자르지 않을 거야. 나는 긴 머리가 좋아.

5 A: 제시하고 브랜다를 저녁 식사에 초대했니?
B: 응, 그런데 오지 않을 거야. 그들은 오늘밤 사촌을 방문할 거야.

6 A: 이번 주말에 뭐 할 거니?
B: 백화점이 이번 주에 세일을 할 거야. 이번 일요일에 거기서 옷을 좀 살 거야.

REVIEW

p. 72~73

A

1 lend
2 Are
3 will
4 will join
5 will
6 are not going to
7 going to

해설/해석

1 화자의 의지를 나타내는 will은 「will+동사원형」의 형태
나에게 네 펜을 좀 빌려줄래?

2 be going to와 will은 둘 다 미래를 나타내는 표현으로 쓰이는데 going to가 있으므로 Are가 적절
너는 '과학 수사대'의 이 에피소드를 나와 함께 볼 거니?

3 뒤에 going to는 be동사와 쓰이는데, be동사가 없으므로 will이 적절
우리 오빠들 둘 다 내년에 대학에 들어갈 것이다.

4 next week이 미래를 의미하므로 will join이 적절
매튜와 케이트는 다음 주에 드라마 캠프에 참가할 것이다.

5 is going이 답이 되려면 forget 앞에 to가 있어야 함. will 다음에는 동사원형이 나올 수 있으므로 will이 적절
아마도 그는 고양이에게 먹이 주는 것을 잊을 거야. 꼭 그에게 일러 주도록 해.

6 Cathy and I가 복수이므로 are not going to가 적절
캐시와 나는 내일 영어를 공부하지 않을 것이다.

7 앞에 Are가 있는 것으로 보아 going to가 적절
너는 설문 조사의 결과를 학교 신문에 실을 거니?

B

1 will follow
2 is going to attend
3 made, will like
4 are going to visit, will be
5 had, am going to make, will join

해설/해석

1 '따라가겠다'는 순간적인 결정, 화자의 의지를 의미하므로 will follow가 적절
A: 당신은 야구 경기장에 가는 법을 아나요?
B: 예, 알아요. 제가 알려 드릴게요.
A: 좋아요! 우리는 당신을 따라갈게요.

2 미리 계획된 미래의 일정을 나타낼 때는 be going to를 쓰므로 is going to attend가 적절
A: 너의 남동생은 몇 살이니?
B: 그는 5월에 여섯 살이 될 거야.
A: 그는 언제 유치원에 갈 거니?
B: 그는 가을에 유치원에 갈 거야.

3 목도리를 만들었던 과거의 사실을 말하므로 made가 적절. 아버지가 그 목도리를 좋아할 것이라는 미래에 대한 추측이므로 will like가 왔음
A: 아빠 생신 때 아빠께 무엇을 드릴 거니?
B: 지난주에 아빠를 위해 목도리를 만들었어.
A: 너 정말 착하다! 아빠가 그것을 좋아하실 거야.

4 휴가 때 친척을 방문하는 것은 미리 계획된 것이므로 are going to visit가 적절. 단순한 미래의 일에 대한 추측으로 will be가 왔음
A: 너와 언니는 휴가 때 어디를 갈 거니?
B: 우리는 미국에 있는 친척을 방문할 거야.
A: 재미있겠다. 너희 둘 다 좋은 시간을 보내길 바라!

5 이미 일어난 사실은 과거 시제 had를 쓰고, 앞으로 일어날 일에 대한 계획된 일정은 be going to를 써서 am going to make가 적절. 화자의 의지에 의한 순간적 결정은 will을 쓰므로 will join이 적절
A: 오늘 아침에 아침 식사로 무엇을 먹었니, 마이클?
B: 나는 우유와 시리얼을 먹었어. 하지만 내일은 블루베리 팬케이크를 만들려고 해.
A: 멋진걸! 나도 함께 할게.

C

1 She isn't going to come
2 Are you going to learn horseback riding
3 I will open the door
4 Will you take the dog for a walk
5 We will finish the project
6 is going to discuss the problem
7 Sam and I are going to meet in front of the museum

해설

1 be going to의 부정문은 「주어+be동사+not+going to+동사원형」

2 be going to의 의문문은 「be동사+주어+going to+동사원형」

3 will의 긍정문은 「주어+will+동사원형」

4 will의 의문문은 「will+주어+동사원형」

5 will의 긍정문은 「주어+will+동사원형」

6 be going to의 긍정문은 「주어+be going to+동사원형」

7 be going to의 긍정문은 「주어+be going to+동사원형」

D

1 I will not use bad language again.
2 They are going to start a new business.
3 We are not going to accept his apology.
4 She will come with me to the dance tonight.
5 Are you going to walk all the way to the beach?
6 Professor Park will teach Spanish next semester.

해설/해석

1 will의 부정문은 「주어+won't[will not]+동사원형」
다시는 나쁜 말을 쓰지 않을 게요.

2 문장의 주어가 3인칭 복수이므로 be가 아니라 are
그들은 새 사업을 시작할 것이다.

3 be going to의 부정문은 「주어+be동사+not+going to+동사원형」
우리는 그의 사과를 받아들이지 않을 것이다.

4 will의 긍정문은 「주어+will+동사원형」
그녀는 오늘 밤 댄스파티에 나와 함께 갈 것이다.

5 be going to의 긍정문은 「주어+be going to+동사원형」
너는 해변까지 내내 걸어서 갈 거니?

6 will의 긍정문은 「주어+will+동사원형」
박 교수님은 다음 학기에 스페인어를 가르칠 것이다.

REVIEW PLUS

p. 74

1 ⑤ 2 ② 3 ④
4 am going to visit, will join, are going to learn, will be, am going to enjoy

해설/해석

1 ⑤ yesterday는 과거를 의미하므로 won't와 함께 쓰일 수 없음. tomorrow 등의 미래를 의미하는 것이 와야 함
① 데이비드는 여동생을 깜짝 놀라게 하는 것을 좋아한다.
② 너는 내일 시험에 통과할 것이다.
③ 나는 정시에 일하러 갈 것이다.
④ 다음 주에 서울에서 당신을 만날까요?
⑤ 그 상점은 내일 9시에 문을 열지 않을 것이다.

2 ① tomorrow는 미래를 나타내므로 play가 아니라 미래 시제를 나타내는 will play가 적절, ③ 주어가 3인칭 단수이고, 의문문이므로 plays가 아니라 play가 적절, ④ last는 과거 시제를 나타내는 표현이므로 has대신 had가 적절, ⑤ 과거 시제 일반동사를 부정할 때에는 「didn't+동사원형」이므로 stayed가 아니라 stay가 적절
① 우리 언니는 내일 스쿼시를 칠 것이다.
② 나는 싱가포르로 여행갈 것이다.
③ 그는 피아노를 매우 잘 치니?
④ 우리 선생님은 지난주에 심한 감기에 걸렸다.
⑤ 우리는 서울에 있는 원더 호텔에서 머무르지 않았다.

3 ④ next month가 미래를 의미하고, will이나 be going to 뒤에는 동사원형이 와야 하므로 is going to가 아니라 is going to be 또는 will be가 적절
① A: 지훈아, 너는 크리켓 하는 법을 아니?
B: 아니, 몰라. 나에게 가르쳐 주겠니? 정말 배우고 싶어.
② A: 사라는 핼러윈 때 머리를 초록색으로 염색할 거니?
B: 아니, 그러지 않을 거야. 대신 그녀는 가발을 쓸 거야.
③ A: 정말 멋진 식사였어! 자, 누가 돈을 지불할 거니?
B: 아, 내가 지불할게. 내가 한턱낼게.
④ A: 제니퍼, 너는 형제자매가 있니?
B: 응, 그래. 나는 남동생이 한 명 있어. 그는 다음 달에 스물세 살이 될 거야.
⑤ A: 너는 타지마할을 방문할 거니?
B: 응, 그럴 거야! 가이드가 나를 거기에 데려다 주도록 미리 준비해 두었어.

4 미래의 일이므로 「will+동사원형」과 「be going to+동사원형」을 이용
안녕, 나의 여름 방학 계획을 너에게 말해 줄게. 첫째로, 나는 호주 시드니에 있는 내 친구 데니스를 방문하려고 해. 지난주에 그에게 방문한다고 말했고 그는 정말 신이 나 했어! 그는 나를 그레이트베리어리프에 데려가기로 약속했어. 그러고 나서 한국에 돌아온 후에 우리 형의 축구 캠프에 참가할 거야. 우리는 축구 하는 법을 배울 거야. 내 꿈은 언젠가 맨체스터 유나이티드에서 축구를 하는 거야. 매우 바쁜 여름이 되겠지만, 즐거운 시간을 보낼 거야!

PART 5

Unit 16 EXERCISES

p. 78~79

A

1 is taking, goes
2 is sleeping, sleeps
3 leaves, is leaving
4 read, am reading
5 does, is writing

해석

1 그는 지금 버스를 타고 있다.
그는 버스를 타고 매일 학교에 간다.
2 조용히 해 주세요. 아기가 자고 있어요.
아기는 하루에 16시간쯤 잔다.
3 기차는 30분마다 출발한다.
서둘러! 기차가 5분 후에 출발할 거야.
4 나는 시간이 날 때 책을 읽는다.
나는 지금 '허클베리 핀의 모험'을 읽고 있다.
5 벤은 항상 저녁을 먹기 전에 숙제를 한다.
그는 지금 역사 보고서를 쓰고 있다.

B

1 are sitting
2 is jogging

3 are not talking about 4 are lying
5 is studying 6 am not using

해석

1 그들은 나란히 앉아 있다.
2 우리 아버지는 공원 주위를 조깅하고 계신다.
3 우리는 휴가 계획에 대해 이야기하고 있는 것이 아니다.
4 사람들은 햇빛 아래 해변에 누워 있다.
5 피터를 방해하지 마. 그는 지금 시험공부를 하고 있어.
6 나는 지금 내 컴퓨터를 쓰고 있지 않아. 너는 그것을 써도 돼.

C

is studying, is learning, is showing, is flying

해석

에밀리는 세계적으로 유명한 요리사가 되기 위해서 공부를 하고 있다. 이번 주에 그녀는 한식 요리를 배우고 있다. 오늘 그녀의 선생님은 학생들에게 된장찌개를 어떻게 요리하는지 보여 주고 있다. 에밀리는 그녀의 한국 선생님을 좋아하고, 수업을 정말로 즐거워한다. 다음 주에 에밀리는 비행기를 타고 태국으로 갈 것이다. 그녀는 방콕에서 태국 음식을 어떻게 요리하는지 배울 것이다.

D

1 (a) 2 (b) 3 (a) 4 (a) 5 (b)
6 (b)

해석

1 밖에는 비가 내리고 있다.
2 나는 오늘 밤 댄스파티에 가지 않을 것이다.
3 그들은 지금 새 고층 건물을 짓고 있나요?
4 샐리는 책상에서 신문을 읽고 있다.
5 너는 이번 주말에 조부모님을 방문할 거니?
6 내 남동생은 다음 달에 해외에서 집으로 돌아올 것이다.

E

1 It isn't snowing outside.
Is it snowing outside?
2 She isn't answering the phone.
Is she answering the phone?
3 Mr. Park isn't teaching a class now.
Is Mr. Park teaching a class now?
4 You aren't learning how to play the cello.
Are you learning how to play the cello?
5 They aren't using the Internet to do their homework.
Are they using the Internet to do their homework?

해석

1 밖에 눈이 오고 있다.
→ 밖에 눈이 오고 있지 않다.
→ 밖에 눈이 오고 있니?
2 그녀가 전화를 받고 있다.
→ 그녀는 전화를 받고 있지 않다.
→ 그녀는 전화를 받고 있나요?
3 박 선생님은 지금 수업을 하고 있다.
→ 박 선생님은 지금 수업을 하고 있지 않다.
→ 박 선생님은 지금 수업을 하고 있니?
4 너는 첼로를 연주하는 법을 배우고 있다.
→ 너는 첼로를 연주하는 법을 배우고 있지 않다.
→ 너는 첼로를 연주하는 법을 배우고 있니?
5 그들은 숙제하려고 인터넷을 사용하고 있다.
→ 그들은 숙제하려고 인터넷을 사용하고 있지 않다.
→ 그들은 숙제하려고 인터넷을 사용하고 있니?

Unit 17 EXERCISES p. 81~83

A

1 Was 2 at that time
3 drinking 4 were riding
5 was wearing 6 were practicing

해석

1 샐리는 통화를 하고 있었니?
2 그때 밖에 눈이 내리고 있었다.
3 나는 커피를 마시고 있지 않았다. 그것은 우유였다.
4 캐시와 잭슨은 그때 말을 타고 있었다.
5 토마스는 어젯밤 검은색 정장을 입고 있었다.
6 너와 나는 어제 오후 5시에 야구를 연습하고 있었다.

B

1 was fixing 2 was playing
3 was surfing 4 was having
5 were studying 6 were sunbathing

해석

1 트렌트는 지붕을 고치고 있었다.
2 나는 집에서 체스를 두고 있었다.
3 주디는 인터넷을 검색하고 있었다.
4 제이미는 친구와 수다를 떨고 있었다.
5 우리는 도서관에서 시험공부를 하고 있었다.
6 몇몇 사람들은 해변에서 일광욕을 하고 있었다.

C

1 was cleaning 2 weren't telling
3 wasn't reading 4 were playing
5 were watering 6 was making

해석

1 리사는 자신의 방을 청소하고 있었다.
2 그들은 진실을 말하고 있지 않았다.
3 킴은 신문을 읽고 있지 않았다.
4 아이들은 숨바꼭질을 하고 있었다.
5 우리는 정원에 있는 식물에 물을 주고 있었다.
6 이 씨는 손님들을 위해 식사를 만들고 있었다.

D

1 was making 2 were looking for
3 were shopping 4 were exercising

5 was saving

해석

1 나는 점심으로 시저 샐러드를 만들었다.
→ 나는 점심으로 시저 샐러드를 만들고 있었다.
2 그들은 실종된 개를 찾아보았다.
→ 그들은 실종된 개를 찾고 있었다.
3 우리는 백화점에서 쇼핑을 하고 있다.
→ 우리는 백화점에서 쇼핑을 하고 있었다.
4 다니엘과 조제프는 체육관에서 운동을 한다.
→ 다니엘과 조제프는 체육관에서 운동을 하고 있었다.
5 그녀는 가난한 사람들을 돕기 위해서 돈을 저축한다.
→ 그녀는 가난한 사람들을 돕기 위해서 돈을 저축하고 있었다.

E

1 was crying, wasn't crying, Was, crying
2 were playing, weren't playing, Were, playing
3 was taking, wasn't taking, Was, taking
4 were watching, weren't watching, Were, watching

해석

1 아기는 이른 아침에 운다.
→ 아기는 새벽 두 시경에 울고 있었다.
→ 아기는 새벽 두 시경에 울고 있지 않았다.
→ 아기가 새벽 두 시경에 울고 있었니?
2 너는 비디오 게임을 한다.
→ 너는 그때 비디오 게임을 하고 있었다.
→ 너는 그때 비디오 게임을 하고 있지 않았다.
→ 너는 그때 비디오 게임을 하고 있었니?
3 톰은 매일 샤워를 한다.
→ 톰은 오늘 아침 7시에 샤워를 하고 있었다.
→ 톰은 오늘 아침 7시에 샤워를 하고 있지 않았다.
→ 톰은 오늘 아침 7시에 샤워를 하고 있었니?
4 제인과 그녀의 여동생은 주말마다 영화를 본다.
→ 제인과 그녀의 여동생은 그때 영화를 보고 있었다.
→ 제인과 그녀의 여동생은 그때 영화를 보고 있지 않았다.
→ 제인과 그녀의 여동생은 그때 영화를 보고 있었니?

F

1 was helping
2 was studying
3 was sleeping
4 is doing
5 was shining
6 am writing

해석

1 A: 제이콥은 어젯밤에 어디에 있었니?
B: 그는 집에 있었어. 그는 아버지를 도와주고 있었어.
2 A: 너는 어제 오후 두 시에 무엇을 하고 있었니?
B: 나는 도서관에서 시험공부를 하고 있었어.
3 A: 네가 어젯밤 열두 시에 나에게 전화했니?
B: 아니, 안 했어. 나는 그때 자고 있었어.
4 A: 너의 남동생은 이 닦는 것을 마쳤니?
B: 아니, 그는 지금 이를 닦고 있어.
5 A: 오늘 아침 날씨가 어땠니?
B: 아름다웠어! 그때 해가 밝게 빛나고 있었어.
6 A: 덥다. 샘, 수영하러 가자.
B: 미안하지만, 안 돼. 나 지금 에세이를 쓰고 있는 중이야.

G

1 was ringing, was preparing, was, was, was calling
2 died, was building, was swimming, went, was floating, flushed

해석

1 A: 베스, 어젯밤에 너의 전화가 마구 울리고 있었어.
B: 미안해. 나는 그때 오늘 열리는 말하기 대회를 준비하고 있어서 듣지 못했어.
A: 그래서 결국 전화를 받았니? 누구였니?
B: 런던에 있는 친구 사라였어. 그녀는 "생일 축하해!"라고 말하려고 전화를 걸었어.
2 A: 나에게 끔찍한 소식이 있어! 내가 좋아하는 금붕어 '타이거'가 어젯밤에 죽었어.
B: 아, 진짜? 어떻게 된 일이야?
A: 나도 모르겠어. 나는 어젯밤에 내 방에서 모형 비행기를 만들고 있었어. 그때 타이거는 다른 금붕어와 함께 여느 때처럼 헤엄쳐 다니고 있었어.
B: 타이거가 죽은 것을 언제 알게 되었니?
A: 오늘 아침에. 내가 먹이를 주러 갔더니 타이거가 뒤집힌 채 떠다니고 있었어! 내 남동생이 불과 한 시간 전에 타이거를 넣고 변기 물을 내렸어.

REVIEW

p. 84~85

A

1 (a) was making (b) is cooking
2 (a) wasn't raining (b) weren't using
3 (a) is playing (b) was studying
4 (a) is meeting (b) were looking
5 (a) Are the children drawing
(b) Was the volleyball team practicing

해설/해석

1 (a) when절 이하가 과거 시제를 나타내므로 주절에서 과거진행이 적절, (b) 현재를 의미하는 now가 쓰였으므로 현재 진행 is making이 적절
(a) TV로 그 소식을 들었을 때 나는 아침을 만들고 있었다.
(b) 우리 아빠는 지금 바쁘시다. 그는 저녁을 요리하고 계신다.
2 (a) 과거진행은 과거 어느 시점에 진행되고 있는 동작이나 일을 나타내는데 주어가 3인칭 단수이므로 wasn't raining, (b) 복수일 때는 weren't using이 적절
(a) 오늘 아침 내가 집을 나섰을 때 비가 오고 있지 않았다.
(b) 전기가 나갔을 때 저스틴과 나는 토스터를 사용하고 있지 않았다.
3 (a) now가 쓰인 경우 현재 진행인 is playing이 적절, (b) at that time이 과거의 한 시점을 나타내므로 과거 진행인 was studying이 적절
(a) 우리 아버지는 지금 친구와 테니스를 치고 계신다.
(b) 나는 그때 학교에서 샐리와 역사를 공부하고 있었다.
4 (a) next week은 미래를 의미하므로 is meeting이 적절, (b) at 11 p.m. last night은 과거의 특정 시간을 나타내는 표현이므로 were looking이 적절

(a) 로렌은 다음 주에 영화를 보기 위해 친구와 만날 것이다.
(b) 그 학생들은 어젯밤 11시에 별을 보고 있었다.

5 (a) right now는 현재를 의미하므로 현재진행이 적절, (b) at that time은 과거의 특정 시간을 나타내므로 과거진행이 적절
(a) 어린이들은 지금 자신들이 좋아하는 핼러윈 캐릭터들의 그림을 그리고 있나요?
(b) 그 배구팀은 그때 체육관에서 연습을 하고 있었습니까?

B

1 plays, is playing　　2 lay, was lying
3 make, are making　　4 read, was reading
5 waited, was waiting　　6 goes, is going

해설/해석

1 주어가 3인칭 단수이므로 현재형 plays, 현재진행은 is playing이 적절
민희는 비올라를 연주한다.
민희는 비올라를 연주하고 있다.

2 lie의 과거형은 lay, 과거진행은 주어가 3인칭 단수이므로 was lying이 적절
강아지는 햇볕 아래에 누웠다.
강아지는 햇볕 아래에 누워 있었다.

3 주어가 3인칭 복수이므로 현재 시제는 make, 현재진행은 are making이 적절
그 아이들은 너무 시끄럽다.
그 아이들은 너무 시끄럽게 하고 있다.

4 read의 과거형은 read, 과거진행은 주어가 3인칭 단수이므로 was reading이 적절
그녀는 새로 나온 '해리 포터'책을 읽었다.
그녀는 새로 나온 '해리 포터'책을 읽고 있었다.

5 wait의 과거형은 waited, 과거진행은 주어가 3인칭 단수이므로 was waiting이 적절
그녀는 아버지가 자신을 마중 나오기를 기다렸다.
그녀는 아버지가 자신을 마중 나오기를 기다리고 있었다.

6 주어가 3인칭 단수이므로 현재 시제는 goes, 현재진행은 is going이 적절
앤드루는 승마 캠프에 간다.
앤드루는 승마 캠프에 가고 있다.

C

(1) are, doing　　(2) am listening
(3) were riding　　(4) am having

해설/해석

(1) 현재진행은 현재 일시적으로 진행되고 있는 동작을 나타내며 '~하고 있다, ~하는 중이다'라는 의미를 가짐, 현재진행은 「be동사 현재형(am/are/is)+-ing」이므로 are you doing이 적절
(2) 현재 음악을 듣고 있다고 말하는 것이므로 am listening이 적절
(3) 마크가 아픈 것은 자전거를 타고 가는 도중에 생긴 일이므로 were riding이 적절
(4) now는 현재를 의미하므로 am having이 적절

A: 여보세요? 라이언? 지금 뭐하고 있니?
B: 나는 음악을 들으면서 존과 채팅하는 중이야. 왜?
A: 음, 마크와 나는 농구를 하러 스포츠 센터에 자전거를 타고 가는 중이었어. 그런데 갑자기 마크가 아파서 집으로 가기로 했어. 우리에게 다른 선수가 필요하게 됐거든. 그래서 내 생각에 네가 우리와 함께 하길 바랄 것 같아서.
B: 고맙지만, 나는 좋은 시간을 보내는 중이야. 하지만, 다음번에 생각해 볼게.
A: 그래, 이해해.

D

1 They are dancing on the street.
2 Was she smiling at me?
3 The mail carrier is delivering a parcel.
4 I was having a break
5 People are standing in line
6 They are buying groceries for their camping.
7 Hannah and I were shopping for souvenirs.
8 Our teacher is speaking to the principal

해설

1 현재진행은 「주어+be동사 현재형(am/are/is)+-ing」, 주어는 they, 동사는 are dancing
2 과거진행 의문문은 「be동사 과거형(was/were)+주어+-ing」
3 현재진행은 「주어+be동사 현재형(am/are/is)+-ing」, 주어가 the mail carrier, 동사가 is delivering
4 과거진행은 「be동사 과거형(was/were)+-ing」, 주어가 I, 동사가 was having
5 주어가 people, 동사가 are standing
6 주어가 they, 동사가 are buying
7 과거진행은 「be동사 과거형(was/were)+-ing」, 주어가 Hannah and I, 동사가 were shopping
8 주어가 our teacher, 동사가 is speaking

REVIEW PLUS

p. 86

1 ④　　2 ①　　3 ③
4 (1) were having　　(2) ran　　(3) waited
(4) was still raining　　(5) are watching

해설/해석

1 ④ 현재진행의 의문문은 「be동사 현재형(am/are/is)+주어+-ing~?」의 형태이므로 does를 is로 바꿈
① 레이첼은 세 마리의 검은 고양이에게 참치를 먹이고 있다.
② 약 두 시간 후에 마침내 비가 멈추었다.
③ 에밀리는 선생님의 질문을 이해하지 못한다.
④ 엘리자베스는 저쪽에서 윌리엄과 무엇을 하고 있습니까?
⑤ 어린이들이 놀고 난 후에 우리는 마루를 청소했다.

2 ② 과거진행 의문문은 「be동사 과거형(was/were)+주어+-ing~?」이므로 watch가 아닌 watching이 적절, ③ next weekend는 미래를 나타내는 표현이고 현재진행형은 가까운 미래의 확정적인 일을 나타내기도 하므로 is visiting이 적절, ④ at that time은 과거 시점을 나타내는 표현이므로 are playing이 아니라 과거진행 시제인 were playing이 적절, ⑤ yesterday는 과거 시점을 나타내는 표현이므로 Do가 아닌 Did가 적절

① 스미스 부인은 오후 6시 30분에 차로 집에 가고 있었다.
② 너는 그때 농구 경기를 보고 있었니?
③ 캐서린은 다음 주말에 절친한 친구를 방문할 예정이다.
④ 아이들은 그때 모래 상자에서 놀고 있었다.
⑤ 너는 어제 부모님의 기념일 파티를 계획했니?

3 ③ 문맥상 현재진행이 되어야 하므로 carries가 아닌 carrying이 적절

① A: 너의 여동생들은 부엌에서 무엇을 하는 중이니?
B: 그들은 레모네이드를 만들려고 레몬을 짜는 중이야.

② A: 엄마, 오늘 신문은 어디에 있어요?
B: 조금 전에 부엌 식탁에 있었단다.

③ A: 너의 형은 차에 있는 식료품들을 나르고 있니?
B: 응, 그래. 그는 여기에 곧 올 거야.

④ A: 우리 꽃들은 왜 자라고 있지 않나요, 엄마?
B: 나도 모르겠는걸. 아마 햇볕이 더 필요한 모양이구나.

⑤ A: 네가 현관을 혼자서 다 칠한 거니, 조제프?
B: 아뇨, 그렇지 않아요. 앤드루와 마이클이 저를 도와주었어요.

4

(1) 문맥상 과거의 어느 시점(오늘 아침)에 일어난 일이므로 과거진행이 오는 것이 적절
(2) 과거에 일어난 일이므로 과거 시제가 오는 것이 적절
(3) 과거에 일어난 일이므로 과거 시제가 오는 것이 적절
(4) 과거의 어느 시점(5시)에 일어난 일이므로 과거진행이 오는 것이 적절
(5) 현재 진행되고 있는 일이므로 are watching이 적절

오늘 아침에, 타미는 여동생들을 동물원에 데리고 갔다. 그들은 좋은 시간을 보내고 있었다. 그런데 그때 비가 오기 시작했다. 그들은 실내로 뛰어가서 비가 멈추기를 기다렸다. 하지만 5시에도 여전히 비가 내려서 동물원을 나와 집으로 돌아갔다. 지금 그들은 아프리카에 살고 있는 야생 동물에 관한 다큐멘터리를 보고 있다.

PART 6

Unit 18 EXERCISES

p. 89

A

1 dances, can dance
2 goes, can go
3 take, can take
4 went, might go
5 come, must come
6 celebrates, may celebrate

해석

1 그녀는 음악에 맞춰 춤을 춘다.
그녀는 춤을 매우 잘 출 수 있다.
2 그는 주말마다 콘서트를 보러 간다.
그는 오늘 밤에 콘서트를 보러 갈 수 있다.
3 나는 매일 개를 데리고 산책한다.
나는 너 대신에 개를 공원에 데리고 갈 수 있다.
4 우리는 지난 토요일에 동물원에 갔다.
우리는 이번 토요일에 동물원에 갈지도 모른다.
5 너는 매일 해가 지기 전에 집에 들어온다.
너는 해가 지기 전에 집에 들어와야 한다.
6 에이미는 매년 자신의 생일을 가족들과 함께 축하한다.
에이미는 올해 자신의 생일을 친구들과 함께 축하할지도 모른다.

B

1 We can eat out tonight.
We cannot[can't] eat out tonight.
Can we eat out tonight?
2 You may get new shoes today.
You may not get new shoes today.
May I get new shoes today?
3 They must put two kids in one room.
They must not[mustn't] put two kids in one room.
4 She can use his laptop computer.
She cannot[can't] use his laptop computer.
Can she use his laptop computer?

해석

1 우리는 오늘 밤에 외식한다.
우리는 오늘 밤에 외식할 수 있다.
우리는 오늘 밤에 외식할 수 없다.
우리는 오늘 밤에 외식할 수 있나요?
2 너는 오늘 새 신발을 받는다.
너는 오늘 새 신발을 받을지도 모른다.
너는 오늘 새 신발을 받지 못할지도 모른다.
제가 오늘 새 신발을 받게 될까요?
3 그들은 두 아이를 한 방에 넣는다.
그들은 두 아이를 한 방에 넣어야 한다.
그들은 두 아이를 한 방에 넣으면 안 된다.
4 그녀는 그의 노트북을 사용한다.
그녀는 그의 노트북을 사용할 수 있다.
그녀는 그의 노트북을 사용할 수 없다.
그녀가 그의 노트북을 사용할 수 있습니까?

Unit 19 EXERCISES

p. 92~93

A

1 (b) 2 (c) 3 (b) 4 (a) 5 (c) 6 (a)

해석

1 너는 들어와도 된다.
2 그녀는 나를 기억하지 못할지도 모른다.
3 너는 내 축구공을 빌려 가도 된다.
4 나는 피아노와 비올라를 연주할 수 있다.
5 나는 오늘 밤 늦게 공원에 갈지도 모른다.
6 나는 100m를 12초 내에 달릴 수 있다.

B

1 may take
2 cannot[can't] write
3 cannot[can't] find
4 might not yell
5 can park

해석

1 너는 내 의자는 가져가면 안 되지만, 탁자는 가져가도 돼.
2 그는 일본어로 말할 수 있지만, 쓸 수는 없다.

3 나는 운동화를 찾을 수는 있지만, 발레화는 찾을 수 없다.
4 우리 어머니는 나에게 소리를 지르실지도 모르지만, 너에게는 소리를 지르지 않으실 것이다.
5 '주차' 표지판이 있어. 너는 여기에 차를 주차할 수 있어.

C

1 She isn't able to play the guitar.
2 I am able to remember her name.
3 He wasn't able to answer the question.
4 Are you able to draw a map of the island?
5 We are able to travel under the sea these days.

해석

1 그녀는 기타를 칠 수 없다.
2 나는 그녀의 이름을 기억할 수 있다.
3 그는 그 질문에 대답할 수 없었다.
4 너는 그 섬의 지도를 그릴 수 있니?
5 오늘날 우리는 해저를 여행할 수 있다.

D

1 can't, be able to 2 may
3 might, can 4 can't be
5 couldn't 6 Can, may

해석

1 A: 나는 텔레비전을 볼 수 없어. 고장 났어.
B: 톰이 그것을 고칠 수 있을지도 몰라.
2 A: 잡지에 재미있는 것이 있니?
B: 나한테는 별로 없어. 네가 빌려가도 좋아.
3 A: 날씨가 정말 흐려. 곧 비가 올지도 몰라.
B: 걱정하지 마. 나랑 우산을 같이 써도 돼.
4 A: 봐! 저 사람 샘이지?
B: 아니, 그가 샘일 리가 없어. 그는 지금 파리에 있어.
5 A: 너 정말 피곤해 보여. 무슨 일 있었니?
B: 어젯밤에 잠을 잘 수 없었어. 이웃이 너무 시끄러웠어.
6 A: 1주일 동안 네 노트북 컴퓨터 좀 빌려줄래?
B: 그래. 그런데 네 컴퓨터는 어떻게 된 거야?
A: 내 것은 고장 났어. 고치는 데 2주가 걸릴지도 몰라.

E

1 might see 2 can't miss
3 wasn't able to call 4 May, come
5 might not answer 6 couldn't read

해석

1 A: 주말에 뭐 할 거야?
B: 글쎄. 영화를 볼지도 몰라.
2 A: NTC 백화점이 어디에요?
B: 우체국 옆에 있어요. 쉽게 찾으실 거예요.
3 A: 너 왜 이렇게 늦었니? 왜 나에게 전화하지 않았어?
B: 미안해. 너에게 전화를 할 수 없었어. 전화 배터리가 다 됐었어.
4 A: 안녕하세요, 피터슨 선생님. 들어가도 될까요?
B: 그래. 앉아라. 무슨 이야기를 하고 싶니?
5 A: 제임스는 어디 있니? 그에게 전화를 해보는 것이 어떻겠니?
B: 그는 내 전화를 받지 않을지도 몰라. 우리는 어제 싸웠거든.
6 A: 너 언제 내 공책 돌려 줄거니?
B: 다음 주는 어때? 그것을 읽을 수 없었어. 너무 바빴어.

Unit 20 EXERCISES

p. 96~97

A

1 Must 2 don't have to
3 must 4 have to
5 could 6 had to
7 should 8 must
9 must not 10 don't have to

해석

1 우리는 그렇게 빨리 떠나야만 하나요? 지금 재미있게 놀고 있는데요.
2 너는 잔디를 깎을 필요가 없어. 너를 위해서 내가 할게.
3 당신은 여기서 기다리시면 안 됩니다. 방문객들은 저쪽에서 기다리셔야 합니다.
4 이것이 마지막 시험이에요. 여러분은 매우 열심히 공부해야 해요.
5 저 구름 좀 봐! 곧 비가 내릴 것 같아.
6 나는 오늘 아침 일찍 일을 시작 해야만 했어. 그래서 일찍 일어나야 했어.
7 너는 지금 집에 가야 해. 어머니가 집에서 기다리고 계셔.
8 그는 지금 떠나야 해요. 가서 그에게 작별 인사하세요. 서둘러요!
9 네 테니스 화를 가져오는 것을 잊어버리면 안 돼. 오늘 테니스 경기가 있어.
10 너는 아무것도 하지 않아도 돼. 내가 널 위해 모두 다 할게.

B

1 (a) 2 (d) 3 (a) 4 (b) 5 (a)
6 (a) 7 (c) 8 (b) 9 (d) 10 (c)

해석

1 너는 방을 청소해야만 한다.
2 너는 드레스를 입을 필요가 없다.
3 제가 꼭 채소를 다 먹어야 하나요?
4 너는 문을 잠그지 않은 채 떠나서는 안 된다.
5 너는 항상 친구와 함께 수영해야 한다.
6 정말 더워. 모자를 쓰는 것이 좋을 거야.
7 너는 장기간의 여행으로 피곤한 것이 틀림없다.
8 우리는 입구 앞에 주차를 해서는 안 된다.
9 그녀는 아이들 걱정은 안 해도 된다.
10 그는 아침과 점심을 먹지 않았다. 그는 배고픈 게 틀림없다.

C

1 must not block 2 don't have to knock
3 don't have to wait 4 should call
5 shouldn't make 6 had better do

해석

1 방문객은 입구를 막아서는 안 된다.
2 노크할 필요가 없어. 그냥 들어오면 돼.
3 나를 기다릴 필요 없어. 혼자서도 괜찮을 거야.

4 엄마가 걱정할지도 몰라. 우리는 엄마에게 전화해야 해.
5 벌써 밤 11시야. 너무 늦었어. 지금 시끄럽게 하면 안 돼.
6 남아 있는 깨끗한 옷이 없어. 빨래를 하는 것이 좋겠어.

D

1 should, read, my, new, novel
2 Should, I, phone, her
3 don't, have, to, worry
4 had, to, finish, his, game
5 must, give, her, a, present
6 must, not, miss, this, opportunity
7 had, better, keep, an, eye, on, your, bag

Unit 21 EXERCISES p. 99~101

A

1 Could	2 can't
3 may	4 Can
5 may	6 can't
7 may	8 must

해석

1 제 질문에 대답해 주시겠어요?
2 원숭이들은 말을 할 수 없다. 인간만이 말을 할 수 있다.
3 그는 학교에 없다. 그는 집에 있을지도 모른다.
4 나는 답을 몰라. 나에게 말해 줄 수 있니?
5 코트를 챙겨. 밤에 추울지도 몰라.
6 혜민이는 한 시간을 넘게 쉬었어. 그녀는 피곤할 리가 없어.
7 저스틴은 약간 지치고 피곤해하고 있어. 그는 오늘 밤에 집에 있을 지도 몰라.
8 초인종이 울리고 있어. 해림이가 틀림없어. 그녀가 곧 여기로 올 거라고 내게 말했어.

B

1 May, I, have
2 Will, you, shut
3 Can, I, try, it, on
4 May, I, read
5 Would, you, take, care, of
6 Could, you, turn, off

C

1 must	2 can't
3 must	4 may
5 can't	6 must

해석

1 A: 내 취미 중 하나는 책을 읽는 거야.
B: 너 책을 좋아하는 게 틀림없구나.
2 A: 너 그 소식 들었니? 스티브가 시험에 떨어졌대.
B: 그게 사실일 리 없어. 그가 나에게 시험에 통과했다고 말했거든.
3 A: 천둥소리 들리니? 지금 분명히 비가 오고 있을 거야.
B: 그렇다면, 우산을 가지고 가는 게 좋겠구나.
4 A: 그는 지금 집에 있니?
B: 그는 가끔 이 시간에 개를 산책시켜. 그는 공원에 있을지도 몰라.
5 A: 초인종이 울려. 앤디니?
B: 그 일리가 없어. 그는 샌프란시스코에 출장 갔거든.
6 A: 목이 아프고 콧물이 나요. 기침도 많이 하고요.
B: 심한 감기에 걸린 게 틀림없어. 너는 병원에 가보는 게 좋겠어.

D

1 Can you give me a receipt?
2 could you tell me the time
3 Would you pass me the potatoes?
4 Can you turn down the volume?
5 Could you turn on the air conditioner?
6 Will you take me to the party?

해석

1 당신은 코트를 사고 있다. 점원에게 영수증을 요청해라.
→ 저에게 영수증을 주시겠어요?
2 당신은 시간을 알고 싶다. 누군가에게 시간을 알려 달라고 요청해라.
→ 실례합니다만, 몇 시인지 알려 주시겠어요?
3 당신은 감자를 원한다. 아버지께 감자를 건네 달라고 요청해라.
→ 감자를 건네주시겠어요?
4 라디오 소리가 너무 크다. 친구에게 소리를 줄여 달라고 요청해라.
→ 소리 좀 줄여 줄래?
5 이곳은 너무 덥다. 누군가에게 에어컨을 켜 달라고 요청해라.
→ 에어컨 좀 켜 주시겠습니까?
6 당신은 핼러윈 파티에 가기를 원한다. 형에게 그 파티에 데려가 달라고 요청해라.
→ 그 파티에 나를 데려가 줄래?

E

1 may I speak to Chris
2 Can I drink a glass of water?
3 May I take a message?
4 may I have 10 dollars to go to the movies
5 could I get some help
6 Could I use your cell phone?

해석

1 당신은 전화를 걸어 크리스와 이야기하기를 원한다.
→ 여보세요, 크리스와 이야기할 수 있을까요?
2 당신은 목이 마르다. 당신은 물 한잔을 마시기를 원한다.
→ 물 한 잔 마실 수 있을까?
3 누군가 당신에게 전화를 건다. 당신은 메모를 받아 놓기를 원한다.
→ 제가 메모를 남겨 드릴까요?
4 당신은 영화를 보러 가기 위해서 10달러를 정말로 원한다.
→ 엄마, 제가 영화를 보러 가려고 하는데 10달러만 주시면 안 될까요?
5 당신은 책상을 옮기려고 한다. 당신은 약간의 도움을 원한다.
→ 존, 내가 도움을 좀 받을 수 있을까?
6 당신은 집에 전화를 놓고 왔다. 당신은 친구의 휴대 전화를 사용하기를 원한다.
→ 네 휴대 전화를 써도 되니?

F

1 Will you help me?
2 You must have a fever.
3 She may be a band member.
4 He must be very strong.
5 Could you book two movie tickets
6 He can't be a musical actor.

REVIEW

p. 102~103

A

1 can	2 can't be
3 had better	4 couldn't
5 have to	6 don't have to
7 isn't able to	8 can
9 may	10 must

해설/해석

1 '나는 배가 부르다'고 했으므로 '내 케이크를 먹어도 좋다.'고 하는 것이 자연스럽다. 따라서 can이 적절
나는 배가 불러. 너는 내 케이크를 먹어도 돼.

2 '켈리는 매우 영리하다'고 했으므로 '그녀는 틀릴 리가 없다'는 뜻의 can't be가 적절
켈리는 매우 똑똑하다. 그녀가 틀릴 리가 없다.

3 태풍이 오고 있다고 뒤에 덧붙였으므로 '당신은 여기 머무는 것이 좋겠다' 또는 '당신은 여기 머물러야 한다'는 뜻의 had better가 적절
당신은 여기에 머무르는 게 좋겠어. 폭풍이 오고 있어.

4 '소음 때문에 잠을 자지 못했다.'는 의미이므로 '~할 수 없었다'는 뜻의 couldn't가 적절
어젯밤 나는 소음 때문에 잘 수가 없었다.

5 '그것은 법규이다'라고 덧붙였으므로 '모든 승객을 안전벨트를 매야만 한다'의 의무의 뜻인 have to가 적절
모든 승객은 안전벨트를 착용해야만 한다. 그것이 법규이다.

6 '네가 문제 푸는 것을 도와줄 것이다.'라고 말했으므로 '당신은 걱정할 필요가 없다'라는 뜻의 don't have to가 적절
너는 걱정할 필요가 없어. 내가 그 문제를 풀도록 너를 도와줄게.

7 앤드루는 이제 겨우 두 살이므로 '책을 읽을 수 없다'라는 뜻의 isn't able to가 적절
앤드루는 책을 읽을 수 없다. 그는 겨우 두 살이다.

8 '나는 패션 감각이 뛰어나다'라고 했으므로 너에게 어울리는 완벽한 셔츠를 찾을 수 있는 능력이 있다는 뜻의 can이 적절
나는 패션 감각 뛰어나. 나는 너에게 완벽한 셔츠를 찾아줄 수 있어.

9 '그는 주중에 가끔 교회에 온다'고 하였으므로 '오늘 밤에 올지도 모른다.'라는 뜻의 may가 적절
그는 주중에 가끔 교회에 온다. 그는 오늘밤 나타날지도 모른다.

10 김 씨가 수년 동안 독일에 살았으므로 독일어를 '잘함이 틀림없다'는 뜻의 must가 적절
김 씨는 독일에서 여러 해 동안 살았다. 그는 독일어를 유창하게 할 수 있음이 틀림없다.

B

1 You have to try harder.
2 I won't[will not] be able to finish this project.
3 You should not drink soda every day.
4 Matthew might tell us a great ghost story!
5 He must come to the school festival.
6 We had better not make any noise in the library.

해설/해석

1 주어가 You이므로 has to가 아닌 have to가 적절
당신은 더 열심히 노력해야 한다.

2 조동사의 부정형은 「조동사+not+동사원형」. 따라서 will be not able to가 아니라 will not be able to, 또는 축약형으로 won't be able to가 적절
나는 이 프로젝트를 끝낼 수 없을 것이다.

3 조동사의 부정형은 「조동사+not+동사원형」이므로 should not drinking이 아니라 should not drink가 적절
당신은 탄산음료를 매일 마시면 안 된다.

4 조동사는 주어의 인칭에 관계없이 동일한 형태를 쓰므로 mights가 아니라 might가 적절
매튜는 우리에게 멋진 유령 이야기를 해 줄지도 몰라!

5 조동사의 긍정문은 「조동사+동사원형」이므로 must comes가 아닌 must come이 적절
그는 학교 축제에 와야 한다.

6 「had better+동사원형」의 부정형은 「had better not+동사원형」이므로 had not better make가 아니라 had better not make가 적절
우리는 도서관에서 떠들지 않는 게 좋겠다.

C

(1) can't (2) must (3) had better

해설/해석

(1) 문맥상 '벌써 지루할 리가 없다'는 의미가 되어야 하므로 can't가 적절
(2) 강한 추측을 나타내고 있으므로 must가 적절
(3) 문맥상 '~하는 편이 낫다'는 의미이므로 had better가 적절

A: 무슨 일이야? 벌써 지루해질 리가 없어.
B: 지루해. 일주일 동안 숲 속에 있는 이 낡은 오두막집에 있다니 우리는 제정신이 아님이 틀림없어.
A: 우리는 호수에서 카누를 타거나 아니면 자연 속의 산책로를 걸을 수도 있어.
B: 잘 모르겠어. 아마도 여기를 떠나서 해변으로 가는 편이 좋겠어.

D

1 had, better, go	2 must, not, turn, right
3 do, I, have, to, tell	4 don't, have, to, do

해설

1 You가 주어, had better가 조동사, go가 동사

2 금지를 나타내는 must의 부정형은 must not을 쓰므로, You must not turn right이 적절

3 have to(~해야 한다)는 do동사를 이용해서 의문문을 만들기 때문에 do I have to tell이 빈칸에 들어가는 것이 적절

4 '~할 필요가 없다'는 뜻의 조동사는 have to의 부정형인 don't have to가 적절

E

1 You must be joking!
2 I can show you
3 Are animals able to think?
4 You had better practice the violin

해설

1 조동사는 긍정문에서 「주어+조동사+동사원형」의 형태를 취하므로 You must be joking!이 적절

2 조동사는 긍정문에서 「주어+조동사+동사원형」의 형태를 취하므로 I can show you가 적절

3 '~할 수 있다'는 의미의 be able to는 의문문에서 「be+주어+able to+동사원형 ~?」으로 쓰이므로 따라서 Are animals able to think?가 적절

4 '~하는 것이 좋겠다'는 의미의 had better는 평서문에서 「had better+동사원형」으로 쓰이므로 You had better practice the violin이 적절

REVIEW PLUS

p. 104

1 ④ 2 ③ 3 ②
4 (1) must (2) Can (3) might (4) have to

해설/해석

1 ④ 조동사 should 뒤에는 반드시 동사원형을 써야 하므로 wearing이 아니라 wear가 적절
① 나는 지금 가야만 한다. 나는 이미 늦었다.
② 그들은 늦게까지 깨어 있을지도 몰라. 주말이잖아.
③ 나는 어렸을 때, 수영해서 호수를 건널 수 있었다.
④ 너는 따뜻한 코트를 입어야 해. 오늘은 추워.
⑤ 그녀는 병원에 가야 한다. 그녀는 종종 복통이 있다.

2 ① 그들이 길을 잃을지도 모르기에 '길을 물어봐야 한다'는 뜻이 되어야 하므로 should not이 아니라 should가 적절, ② '우리와 함께 가지 않을래?'라고 권유하였으므로 '매우 재미있을 거야.'라고 말해야 한다. 따라서 won't 가 아니라 will이 적절, ④ '먹을 것이 아무 것도 없다'고 말했으므로 '식료품 사는 것을 기억해야만 한다'고 말해야 한다. 따라서 may가 아닌 의무를 나타내는 have to나 must가 적절, ⑤ '미리 표를 살 수 있겠니?'라고 상대방에게 부탁을 하고 있으므로 Can 등이 적절
① 그들은 길을 물어야만 한다. 그들은 길을 잃을지도 모른다.
② 저희랑 함께 가지 않을래요? 정말 재미있을 거예요.
③ 아몬드 스트리트에 어떻게 가는지 저에게 알려 주시겠어요?
④ 우리는 식료품 사는 것을 기억해야만 한다. 먹을 것이 아무것도 없다.
⑤ 미리 표를 구매해 주시겠어요? 그 쇼를 정말 보고 싶어요.

3 ② 몸집이 크고 강해지고 싶다는 말에 '그러면 운동을 더 해야 한다' 또는 '운동을 더 하는 것이 좋겠다'고 충고하는 것이 문맥상 적절하다. 따라서 운동할 필요가 없다는 don't have to가 아니라 should가 적절
① A: 나는 돈이 전혀 없어.
B: 너는 아르바이트를 찾아봐야 해.
② A: 나는 언젠가 크고 강한 사람이 될 거야.
B: 그러면 너는 운동을 더 해야 해.
③ A: 여보세요?
B: 여보세요, 레이놀즈 씨? 데이비드와 통화할 수 있을까요?
④ A: 멈춰! 수영하는 모든 사람들은 수영장에 들어가기 전에 샤워를 해야만 한단다.
B: 아, 죄송해요. 몰랐어요.
⑤ A: 마이클? 듣고 있었니?
B: 죄송해요, 조 선생님. 다시 한 번 그 질문을 말해 주시겠어요?

4 (1) 문맥상 obey(복종하다, 지키다)라는 뜻의 동사가 쓰였으므로 의무를 나타내는 조동사를 쓰는 것이 적절하다. 따라서 must가 적절
(2) 문맥상 허가를 구하고 있으므로 조동사 Can을 쓰는 것이 적절
(3) 문맥상 '네 여동생을 겁줄지도 모른다'는 말이므로 '~일지도 모른다'는 추측의 뜻을 지닌 조동사 might를 쓰는 것이 적절
(4) 문맥상 '네 여동생도 (컴퓨터 게임을 할) 차례가 주어져야 한다'는 뜻이므로 have to를 쓰는 것이 적절
아빠: 네 엄마와 나는 떠날 거야. 우리가 떠나기 전에, 규칙을 다시 확인하자. 너희를 돌봐주는 분의 말씀에 항상 순종해야만 한단다. 어두워진 후에 외출해서는 안 되고, 10시 전에는 잠자리에 들어야 해.
마이크: 불을 끄고 유령 이야기를 해도 되나요?
아빠: 마이크, 그러면 안 돼. 그것이 너의 어린 여동생을 무섭게 할지도 모르니까.
존: 컴퓨터 게임을 해도 되나요?
아빠: 그래, 해도 돼. 하지만 여동생에게도 차례가 돌아가도록 해야 해.

PART 7

Unit 22 EXERCISES

p. 107

A

student, lake, animals, Seoul, weather, friendship, chair, mother, sugar

B

1 Chocolate, sweet
2 shoes, hole
3 neighbor, dog, cats
4 boy, stars, sky
5 family, Busan, vacation, summer
6 entertainer, TV, clothes
7 Ben, coin, street, pocket
8 father, tomatoes, potatoes, onions, supermarket

해석

1 초콜릿은 내가 가장 좋아하는 과자이다.
2 나의 새 신발에 구멍이 하나 있다.
3 나의 이웃은 큰 개 한 마리와 고양이 두 마리를 기른다.

4 그 소년은 하늘에 빛나는 별을 쳐다보았다.
5 우리 가족은 지난 여름휴가 때 부산에 갔다.
6 나는 TV에서 어떤 연예인을 보았다. 그는 우스꽝스러운 옷을 입고 있었다.
7 벤은 길에서 금화를 하나 주웠고 그것을 자신의 주머니에 넣었다.
8 우리 아버지는 슈퍼마켓에서 토마토와 감자, 약간의 양파를 샀다.

C

1 Emily, Sydney, Australia, Korea, Jennifer, Dongdaemun Market
2 week, knowledge, kindness, friendship, time
3 teacher, neighbor, furniture, bed, chairs, desk

해석

에밀리는 호주 시드니에서 온 교사이다. 그녀는 지난주에, 한국에 왔다. 그녀의 이웃인 제니퍼는 그녀가 가구 사는 것을 도와주었다. 제니퍼는 어디에서 쇼핑을 해야 하는지에 대해 많이 알고 있다. 그들은 동대문 시장에서 침대 하나, 의자 두 개, 그리고 책상 하나를 샀다. 에밀리는 제니퍼의 친절에 감사했고, 그들의 우정이 오랜 기간 지속될 것이라고 믿는다.

Unit 23 EXERCISES

p. 110~111

A

1 deer
2 benches
3 heroes
4 kangaroos
5 boxes
6 churches
7 geese
8 men
9 zoos
10 pianos
11 mice
12 children
13 fish
14 teeth
15 potatoes
16 leaves
17 oxen
18 stories
19 roofs
20 babies
21 photos
22 beliefs
23 wolves
24 factories

B

1 feet
2 baby
3 wolves
4 men
5 radios
6 child, children
7 cities, city
8 sandwich, sandwiches

해석

1 내 발이 이 신발 때문에 아파.
2 아기가 웃고 있어. 정말 귀여워!
3 소녀는 동물원에서 늑대 세 마리를 보았다.
4 갑자기, 다섯 명의 남자가 집으로 들어왔다.
5 그 동네 가게는 라디오를 할인 판매 중이다.
6 앤더슨 씨는 한 명의 아이가 있지만, 청 씨는 세 명의 아이들이 있다.
7 중국에는 멋진 도시들이 많이 있지만, 홍콩이 내가 가장 좋아하는 도시이다.
8 제이콥은 샌드위치를 한 개 먹을 수 있지만, 그의 형은 샌드위치를 두 개 먹을 수 있다.

C

1 insects
2 country
3 university
4 rivers
5 heroes
6 company
7 holidays
8 churches

해석

1 벌과 개미는 곤충이다.
2 프랑스는 유럽에 있는 국가이다.
3 하버드는 세계적으로 유명한 대학이다.
4 나일과 아마존은 강이다.
5 슈퍼맨과 배트맨은 액션 영웅이다.
6 마이크로소프트는 컴퓨터 소프트웨어 회사이다.
7 크리스마스와 새해는 겨울 휴일이다.
8 필리핀에는 교회와 기독교인들이 많다.

D

1 My sisters are fans of Brad Pitt.
2 She has English newspapers.
3 He sent memos to his classmates.
4 My apartment has two bathrooms.
5 A truck carries heavy things.
6 I bought a shirt on sale last weekend.
7 Matthew has a Korean friend.
8 A woman is exercising in the park.

해석

1 우리 언니는 브래드 피트의 팬이다.
→ 우리 언니들은 브래드 피트의 팬들이다.
2 그녀는 영자 신문을 가지고 있다.
→ 그녀는 영자 신문들을 가지고 있다.
3 그는 반 친구에게 메모를 보냈다.
→ 그는 반 친구들에게 메모들을 보냈다.
4 나의 아파트에는 욕실이 하나 있다.
→ 나의 아파트에는 욕실이 두 개 있다.
5 그 트럭들은 무거운 물건들을 나른다.
→ 한 대의 트럭이 무거운 물건들을 나른다.
6 나는 지난 주말에 할인 판매 중인 셔츠를 다섯 벌 샀다.
→ 나는 지난 주말에 할인 판매 중인 셔츠를 한 벌 샀다.
7 매튜는 한국인 친구가 여러 명 있다.
→ 매튜는 한국인 친구가 한 명 있다.
8 많은 여성들이 공원에서 운동을 하고 있다.
→ 한 명의 여성이 공원에서 운동을 하고 있다.

Unit 24 EXERCISES

p. 113

A

1 C
2 C
3 UC
4 UC
5 UC
6 C
7 UC
8 UC
9 UC
10 C
11 UC
12 UC

B

1 water　　2 sugar
3 information　　4 glasses
5 loaves

해석

1 물 한 병이면 충분해요. 감사해요.
2 커피에 약간의 설탕을 넣어드릴까요?
3 시드니에 관한 정보가 좀 필요해요. 여행 안내서가 있나요?
4 피자 세 조각과 탄산음료 세 잔을 먹을 수 있을까요?
5 다니엘은 소풍을 위해서 빵 다섯 덩이와 도넛 열두 개를 샀다.

C

1 His grandparents live in Singapore.
2 Could you pass me the salt?
3 I have a lot of homework to finish by tomorrow.
4 Can you lend me some money? I only have two dollars.

해석

1 그의 조부모님은 싱가포르에 사신다.
2 소금을 좀 건네주시겠어요?
3 나는 내일까지 끝내야 하는 숙제가 많이 있다.
4 나에게 돈을 조금만 빌려 줄 수 있니? 나는 2달러밖에 없어.

Unit 25 EXERCISES p. 115

A

1 (a), (b)　　2 (a), (b)
3 (a), (c), (b)　　4 (a), (c), (b)

해석

1 상어들은 매우 날카로운 이를 가지고 있다.
2 우리 선생님들은 매일 숙제를 내주신다.
3 제임스는 이웃의 아이들을 보고 있다.
4 다니엘은 학생들의 질문에 대답했다.

B

1 baby's　　2 boys'
3 Megan's　　4 neighbor's

해석

1 그 아기는 딸랑이를 가지고 있다.
→ 그것은 아기의 딸랑이다.
2 스톤 리지 기숙 학교는 소년들만을 위한 곳이다.
→ 그곳은 소년들의 학교이다.
3 메건은 새 디지털 카메라를 샀다.
→ 그것은 메건의 새 디지털 카메라이다.
4 내 이웃은 핑과 퐁이라는 개 두 마리를 기른다.
→ 내 이웃의 개들은 핑과 퐁이라고 불린다.

C

1 A giraffe's neck is very long.
2 Andrew's new jeans are too tight.
3 Amanda was eating her brother's dinner.
4 The animals' cages are too small for them.

해석

1 기린의 목은 매우 길다.
2 앤드루의 새 청바지는 너무 꽉 낀다.
3 아만다는 자기 오빠의 저녁 식사를 먹고 있었다.
4 그 동물들의 우리들은 그들에게 너무 작다.

Unit 26 EXERCISES p. 118~119

A

1 ×　2 an　3 an　4 ×　5 a　6 ×

해석

1 나는 메일을 받았다.
2 그는 정직한 소년이다.
3 그것은 쉬운 시험이었다.
4 나는 붉은색 육류를 먹지 않는다.
5 그녀는 사전이 필요하다.
6 아보카도는 비싸다.

B

1 (b)　2 (a)　3 (b)　4 (a)　5 (a)　6 (a)

해석

1 맥스는 하루에 여덟 잔의 물을 마신다.
2 나는 너의 아기 시절의 사진을 보았다.
3 우리 가족은 한 주에 한 번씩 영화를 보러 간다.
4 애슐리는 한 달간 유럽 여행을 할 것이다.
5 메건은 파란 블라우스와 예쁜 핑크색 스커트를 입었다.
6 아버지는 어머니를 위해 꽃 한 다발을 사셨다.

C

1 (a)　2 (a)　3 (b)　4 (c)　5 (b)　6 (c)

해석

1 그 연극 재미있었니?
2 내 옆에 있는 소년은 우리 형이다.
3 북극곰은 북극에 산다.
4 신디는 오케스트라에서 첼로를 연주한다.
5 나는 망원경을 통해서 달을 보았다.
6 오늘 밤 그는 드럼을 너무 크게 연주하고 있다.

D

1 the, an　　2 the
3 an　　4 the, a
5 an　　6 the
7 a　　8 the, the

9 a, a 10 A, a

해석

1 A: 너는 오늘 개에게 먹이를 주었니?
B: 응. 한 시간 전에 먹이를 주었어.
2 A: 문 좀 잡아줄래?
B: 그래. 서두를 필요 없어. 나는 너를 기다릴 수 있어.
3 A: 에밀리가 새로 온 영어 교사인가요?
B: 아니에요. 그녀는 외국인 유학생이에요.
4 A: 어젯밤 파티는 정말 즐거웠어. 너도 그랬니?
B: 응, 그랬어. 나는 이번 주말에 또 파티를 열 거야.
5 A: 나는 매일 아침 건강을 위해서 사과를 하나씩 먹어.
B: 너에게 좋을 것 같아.
6 A: 텔레비전 좀 꺼줄래? 아무도 텔레비전을 보고 있지 않아.
B: 알았어. 리모컨이 어디 있니?
7 A: 너의 형은 일자리를 구했니?
B: 응. 그는 쇼핑몰에 있는 태국 식당에서 일하고 있어.
8 A: 너는 어젯밤 음악회에서 피아노를 연주했니?
B: 아니, 그렇지 않았어. 나는 바이올린을 연주했어. 나는 바이올리니스트야.
9 A: 너는 자전거가 있니? 그것을 빌릴 수 있을까?
B: 아니. 하지만 인라인 스케이트가 있으니 그것은 빌려줄 수 있어.
10 A: 캐나다인 커플이 우리 옆집으로 이사 왔어.
B: 너는 그들에게 집들이 선물을 주었니?

E

an, a, a, a, The, the, the, the

해석

어제 사라는 다락방에서 사진들이 들어 있는 오래된 상자를 하나 발견했다. 그녀는 잘생긴 한 남자가 젊고 예쁜 소녀에게 키스하고 있는 사진을 보았다. 그 소녀는 그녀의 어머니였고, 그 남자는 그녀의 아버지였다. 지금, 그녀는 학교에서 그 사진을 친구들에게 보여 주고 있다. "여기 우리 부모님의 사진이 있어. 사진에서 아버지가 어머니에게 키스를 하고 있어. 얼마나 귀여운 커플이니!"

REVIEW

p. 120~121

A

1 cereal
2 the guitar
3 two pieces, toast
4 an umbrella
5 information
6 sisters, tennis
7 an intelligent
8 neighbors, a cat, a dog , The cat, the dog

해설/해석

1 cereal은 셀 수 없는 명사로 a bowl of cereal로 사용
마이클은 시리얼 한 그릇을 원한다.

2 악기 이름 앞에 정관사 the를 사용
우리 엄마는 고등학교 밴드에서 기타를 연주했다.

3 two가 있으므로 piece의 복수형인 pieces가 적절, toast는 셀 수 없는 명사로 toast가 적절
아침 식사로 통밀 토스트 두 조각을 먹을 수 있을까요?

4 뒷 문장의 'It'으로 우산이 하나임을 알 수 있고, umbrella가 단수로 쓰였으므로 an umbrella가 적절
나는 비 오는데 외출하려고 우산을 샀다. 그것은 밝은 핑크색이고, 예쁘다.

5 information은 추상 명사로 셀 수 없으므로 information이 적절
호주에 대한 정보 좀 얻을 수 있을까요? 휴가 때 호주로 여행갈 계획이에요.

6 복수 동사 are가 쓰였으므로 복수형인 sisters가 적절, 운동경기 이름 앞에 무관사, 따라서 tennis가 적절
내 여동생들은 방과 후에 테니스를 배우고 있다. 그들은 즐거운 시간을 보내고 있다.

7 girl이 단수로 쓰이고 Lauren이라는 소녀에 대한 일반적인 설명을 하고 있으므로 부정관사 an이 적절
로렌은 아주 똑똑한 소녀이다. 그녀는 아이큐가 160이 넘는다. 그녀는 국제 멘사 회원이다.

8 동사로 have가 쓰였으므로 neighbors가 적절, 일반적인 강아지를 지칭하며, dog와 cat이 셀 수 있는 명사이므로, a dog, a cat이 적절, 이미 앞서 언급한 고양이와 강아지를 지칭하고 있으므로 The cat과 the dog가 적절
우리 이웃들은 고양이 한 마리와 개 한 마리를 키우고 있다. 그 고양이는 그 개가 쫓아올 때만 시끄럽다.

B

1 the house, the backyard, an article
2 furniture, a desk, a chair
3 two bottles of water, candies
4 the bread knife, the counter, the toaster

해설/해석

1 이미 알고 있는 집을 지칭하므로 the house가 적절, 이미 알고 있는 뒤뜰을 지칭하므로 the backyard가 적절, 신문에 있는 여러 기사 중 어느 한 기사를 읽고 있으므로 an article이 적절
A: 엄마, 아버지는 어디 계세요? 집에 계시나요?
B: 뒤뜰에 계시는 것 같구나. 신문 기사를 읽고 계시는 걸 봤어.

2 가구는 셀 수 없는 명사이므로 furniture가 적절, 책상과 의자는 셀 수 있고 단수로 쓰였으므로 a desk, a chair가 적절
A: 가구를 좀 사야 해. 같이 갈래?
B: 물론이야. 무엇을 살 건데?
A: 책상과 의자를 살 거야.

3 water는 셀 수 없는 명사이므로 two bottles of water가 적절, candy의 복수형은 candies가 적절
A: 물 두 병을 사줄래?
B: 알았어. 다른 필요한 건 없니?
A: 아, 나 사탕도 좀 필요해.

4 듣는 이가 이미 알고 있는 특정 물건과 장소를 지칭하므로 the bread knife와 the counter, the toaster가 적절
A: 카운터에 있는 빵 자르는 칼을 좀 건네줄래?
B: 찾을 수가 없어. 어디에 있니?
A: 자세히 봐봐. 토스터 옆에 있어.

C

1 a	2 the, a
3 the, the	4 a, the
5 the, a, a	

해설/해석

1 water는 셀 수 없는 명사로, a glass of water로 세는 것이 원칙
A: 마실 것을 드릴까요?
B: 네. 얼음 물 한잔 부탁드려요.

2 서로 알고 있는 특정한 CD를 지칭하므로 the CD가 적절, 막연한 것 중 하나는 a new one이 적절
A: 그 CD는 어디에 있니? 지난주에 네게 빌려 줬는데.
B: 미안해. 잃어버렸어. 내가 새로 사줄게.

3 이미 서로 알고 있는 것을 지칭하므로 the front door가 적절, 앞에서 언급한 것을 지칭하므로 the door가 적절
A: 데이비드! 또 앞문을 잠그지 않았니?
B: 네, 죄송해요. 다음번엔 꼭 잠글게요. 약속해요.

4 여러 개 중 하나를 뜻하므로 a pen이 적절, 앞에서 언급한 것을 의미하므로 the pen이 적절
A: 내가 네 필통에서 펜을 하나 빌려 갔어. 네가 싫어하지 않았으면 좋겠어.
B: 괜찮아. 다 쓰고 나서 내게 그 펜을 돌려주기만 하면 돼.

5 서로가 알고 있는 것을 지칭하므로 the department store가 적절, 막연한 것 중 하나를 뜻하므로 a gift가 적절, 수많은 핸드백 중 막연한 한 개를 가리키므로 a handbag이 적절
A: 이 건물 옆에 있는 백화점에 가자. 엄마 선물을 사고 싶어.
B: 그래. 생각해 놓은 게 있니? 새 핸드백은 어때?

D

1 ×, ×	2 the, the, the
3 the, ×, ×	4 ×, a, ×, a, a
5 a, ×, ×, ×, a	6 a, The, a

해설/해석

1 교통수단을 나타내는 「by+탈 것」에는 무관사
나는 오늘 버스를 타고 학교에 갔지만 나는 보통 지하철을 타고 학교에 간다.

2 sky(하늘), moon(달), Big Dipper(북두칠성)는 하나밖에 없는 유일한 것이므로 the를 사용하는 것이 적절
인하는 하늘을 쳐다보고 있다. 그녀는 달은 볼 수 있지만, 북두칠성은 못 찾는다.

3 여려 개의 주가 모여 하나의 국가를 이룬 미국(United States)는 앞에 the가 붙는다. English(영어), Chinese(중국어) 등 언어는 셀 수 없는 명사로 무관사가 적절
링의 가족은 중국에서 살았지만 작년에 미국으로 이사를 갔다. 링은 학교에서 영어로 말하지만, 집에서는 부모님과 중국어로 말한다.

4 London(런던)과 같은 고유명사 앞에는 무관사가 원칙, living room(거실)은 셀 수 있는 명사로 단수로 쓰였으므로 부정관사 a를 사용, bedroom(침실)은 two bedrooms(침실 두 개)로 복수로 쓰였으므로 무관사, bathroom(욕실)은 단수로 쓰였으므로 부정관사 a가 적절, mansion이 단수로 쓰였으므로 부정관사 a가 적절
런던에 있는 우리 집은 꽤 작다. 그 집에는 거실이 있고, 침실 두 개와 욕실 한 개가 있다. 언젠가 나는 바다가 내려다보이는 저택에서 살고 싶다.

5 치즈 샌드위치는 셀 수 있는 명사인데 단수로 쓰였으므로 부정관사 a가 적절, apples로 복수로 사용되었으므로 무관사, milk는 셀 수 없는 명사이므로 무관사, 식사 이름 앞에는 관사를 사용하지 않는 것이 원칙이므로 무관사, chocolate bar는 셀 수 있는 명사이고, 단수로 사용되었으므로 a가 적절
제임스는 치즈 샌드위치와 사과와 우유를 점심으로 먹었다. 그는 디저트로 단 것을 먹고 싶어서 친구의 초콜릿 바와 바꾸어 먹었다.

6 일반적인 우산 중 하나를 의미하므로 부정관사 a가 적절, 이미 앞에서 언급한 그 우산의 소재에 대한 설명을 하고 있으므로 정관사 The가 적절, 일반적인 신문 중 하나를 의미하므로 a가 적절
폭풍우가 칠 때 금속인 우산을 사용해서는 안 된다. 그 금속이 번갯불을 끌어당길 수 있다. 대신 천둥소리를 들었을 때 머리를 가리기 위해서 신문지를 사용해라.

REVIEW PLUS

p. 122

1 ②
2 ④
3 ④
4 (1) accessories (2) the (3) movies

해설/해석

1 ② 가위는 두 개의 칼날이 한 쌍으로 이루어져 있으므로 복수형인 scissors로 표현
① 행성은 태양을 주변을 돈다.
② 내 가위는 아주 날카롭다.
③ 나는 새 녹색 치마를 샀다.
④ 종이는 나무로 만들어진다.
⑤ 바나나가 바닥에 떨어졌다.

2 ① wallet은 셀 수 있는 명사이므로 wallet이 아니라 a wallet이 적절 ② hour는 발음이 모음으로 시작하므로 a hour가 아니라 an hour가 적절 ③ two 뒤에는 복수 명사가 와야 하고 milk는 셀 수 없는 명사이므로 two glasses of cold milks가 아니라 two glasses of cold milk가 적절 ⑤ photographer는 셀 수 있는 명사이므로 professional photographer가 아니라 a professional photographer가 적절
① 나는 오늘 길에서 지갑을 주웠다.
② 시내로 가는 버스는 한 시간에 한 대씩 온다.
③ 나는 차가운 우유 두 잔을 마시고 싶다.
④ 주디의 아빠는 강에서 큰 연어를 잡았다.
⑤ 우리 엄마는 전문 사진사이시다.

3 ④ 운동 경기 앞에는 관사를 사용하지 않으므로 play a basketball이 아니라 play basketball이 적절
① A: 당신은 직업이 뭡니까?
B: 수의사예요. 상처를 입고 아픈 동물들을 돌보죠.
② A: 낯선 차가 집 앞에 세워져 있어.
B: 경찰에 전화해야 할까?
③ A: 여기 그 책이 있어. 지난주에 네게 말한 책이야.
B: 고마워! 나중에 살펴보도록 할게.
④ A: 방과 후에 농구하러 가자.
B: 미안하지만 안 돼. 할머니를 찾아뵈어야 해.
⑤ A: 엄마, 나 공원 가요.
B: 제임스야, 날이 추워지는구나. 재킷은 입고 있니?

4 (1) accessory는 셀 수 있는 명사로 앞에 부정관사가 없고, 문맥상 복수형이 되어야 하므로 accessories가 적절, (2) 이미 제일 앞 문장에서 COEX라고 언급한 바가 있으므로 the 필요, (3) movie는 셀 수 있는 명사이므로 a movie나 movies가 되어야 한다. 또한 이미 언급한 영화나 특정 영화를 지칭하는 것이 아니고, 막연한 영화를 지칭하는 것이므로 the movie는 부적절

코엑스는 주말에 쇼핑하고 놀기에 내가 가장 좋아하는 장소이다. 나는 거기에서 패션 액세서리부터 최신 전자 제품에 이르기까지 거의 모든 것을 살 수 있다. 배가 고프면, 식당가에서 아주 매운 음식을 먹어 볼 수도 있다. 쇼핑몰 안에는 또한 커다란 복합 영화 상영관, 세계적인 규모의 수족관, 김치 박물관도 있다. 좌석이 아주 편안해서 나는 거기서 영화 보는 것을 좋아한다.

PART 8

Unit 27 EXERCISES p. 126~127

A

1 my, me
2 you, you
3 they, their
4 his, him
5 her, her
6 its, it
7 we, us

B

1 my
2 He
3 your
4 We
5 It
6 his
7 you
8 She
9 We
10 They
11 it
12 our

해석

1 제임스가 공을 던졌다. 그것이 내 눈을 쳤다.
2 이 아이는 존이야. 그는 나의 절친한 친구야.
3 행복해 보이는구나. 숙제를 끝마쳤니?
4 내일은 국경일이다. 우리는 신났다.
5 오늘 밤에 이 영화를 보자. 매우 재미있을 것 같아.
6 존슨 씨의 아들은 권투를 좋아한다. 그것은 그가 가장 좋아하는 스포츠이다.
7 나는 너와 즐거운 시간을 보냈어. 너를 곧 다시 만나길 바라.
8 나의 이웃은 음악 선생님이시다. 그녀는 피아노를 매우 잘 친다.
9 너와 나는 스터디 그룹을 시작해야 한다. 우리는 함께 영어를 배울 수 있다.
10 주디와 에이미는 오늘 수업이 없다. 그들은 방학이다.
11 저것은 아만다의 새 노트북 컴퓨터이다. 그녀는 싱가포르에서 그것을 샀다.
12 우리는 오늘 아침에 시험을 보았다. 점심 식사 후에 우리 선생님은 또 다른 시험을 줄 것이다.

C

1 their
2 Our, It
3 He, His
4 Her
5 They
6 your
7 my, her
8 my, She, my, her

해석

1 쌍둥이는 자기들의 학교 옆에 산다.
2 우리의 수업은 어렵지 않다. 그것은 쉽다.
3 그는 음악가이다. 그의 음악은 인기가 있다.
4 그녀는 패션 모델이다. 그녀의 옷들은 언제나 최신 유행을 따른다.
5 데이비드와 제이콥은 나의 형제이다. 그들은 나보다 나이가 많다.
6 잘 들리지 않아요. 당신의 이름을 다시 한 번 말씀해 주시겠어요?
7 손더스 선생님은 나의 담임이다. 나는 오늘 오후에 그녀를 길에서 만났다.
8 이번 금요일은 우리 언니 생일이다. 그녀가 늘 내 가방을 부러워했으니까 나는 언니에게 가방을 하나 사 줄 것이다.

D

1 It
2 His
3 He
4 him
5 We
6 them
7 her, she
8 He, him

해석

1 스콧의 스쿠터는 매우 빠르다. → 그것은 매우 빠르다.
2 우리 형의 아내는 화가이다. → 그의 아내는 화가이다.
3 내 여동생의 남자 친구는 키가 190cm가 넘는다. → 그는 190cm가 넘는다.
4 나는 어제 존과 이야기하지 않았다. → 나는 어제 그와 이야기하지 않았다.
5 우리 가족과 나는 지난 일요일에 소풍을 갔다. → 우리는 지난 일요일에 소풍을 갔다.
6 잭은 친구들과 농구를 한다. → 잭은 그들과 농구를 한다.
7 나는 제인을 좋아하지만, 제인은 데이비드를 좋아한다. → 나는 그녀를 좋아하지만, 그녀는 데이비드를 좋아한다.
8 마이클은 영어를 천천히 말했다. 아이들은 마이클의 말을 쉽게 이해했다. → 그는 영어를 천천히 말했다. 아이들은 그를 쉽게 이해했다.

Unit 28 EXERCISES p. 129

A

1 mine
2 ours
3 yours
4 his
5 hers
6 theirs

B

1 their, ours
2 her, hers, Hers
3 your, His
4 your, her
5 mine, yours, mine, Your

해석

1 A: 그들의 답이 맞니?

B: 아니, 우리의 것이 맞아.
2 A: 이것이 그녀의 새 교복이니?
B: 아니, 이것은 그녀의 것이 아니야. 그녀의 것은 파란색이야.
3 A: 너의 형은 너와 함께 사니?
B: 아니, 그렇지 않아. 그의 아파트는 서울에 있어.
4 A: 네 친구는 어디에 가는 중이니?
B: 식당으로 돌아가는 중이야. 그녀가 핸드백을 두고 왔어.
5 A: 실례지만, 이 교과서가 제 것인가요, 아니면 당신 것인가요?
B: 이것은 제 것이에요. 당신의 책은 저기에 있어요.

C

1 That is Jacob's wallet, and this is mine.
2 I left my phone at home. Did you bring yours?
3 Sarah forgot her calculator, so Tony lent her his.
4 I rarely cut my hair, but my sister cuts hers once a month.
5 I keep my bicycle inside, but they leave theirs outside.

해석

1 저것은 제이콥의 지갑이고, 이것은 나의 지갑이다.
2 나는 전화기를 집에 두고 왔어. 너는 전화기를 가지고 왔니?
3 사라가 계산기를 두고 와서 토니가 그녀에게 자신의 계산기를 빌려 주었다.
4 나는 머리를 좀처럼 자르지 않지만, 내 여동생은 그녀의 머리를 한 달에 한 번 자른다.
5 나는 자전거를 실내에 보관하지만, 그들은 자신들의 자전거를 실외에 둔다.

Unit 29 EXERCISES

p. 132~133

A

1 myself
2 ourselves
3 yourself
4 itself
5 himself
6 herself
7 themselves
8 yourselves

B

1 ×
2 herself
3 yourself
4 himself
5 ×

해석

1 그 곰은 동굴에서 자신을 따뜻하게 했다.
2 그 여배우는 그녀 스스로 대본을 썼다.
3 너는 너 스스로 숙제를 해야 한다.
4 대통령은 직접 군중에게 연설을 했다.
5 나는 오늘 아침에 토스터에 데었다.

C

1 themselves, them
2 itself, it
3 her, herself
4 ourselves, them
5 himself, him
6 herself, her

해석

1 그들은 자신들 스스로를 사랑한다.
그들은 그들을(다른 사람들을) 사랑한다.
2 고양이는 자신을 할퀴었다.
고양이는 그것(다른 대상)을 할퀴었다.
3 그녀는 그녀(다른 사람)만을 생각한다.
그녀는 자기 자신만을 생각한다.
4 우리는 피자를 먹었다.
우리는 그들에게 피자를 대접했다.
5 매튜는 자기 자신을 천재라고 부른다.
매튜는 그(다른 사람)를 천재라고 부른다.
6 메건은 거울 속에 비친 자신을 보았다.
메건은 거울로 그녀(다른 여자)를 보았다.

D

1 itself
2 yourself
3 himself
4 himself
5 herself
6 myself

해석

1 A: 저 곰은 저기서 무엇을 하고 있니?
B: 목욕하고 있어.
2 A: 너는 가끔 혼잣말을 하니?
B: 아니, 물론 안 하지!
3 A: 아버지는 오늘 아침에 면도를 하다가 베셨어.
B: 아, 그래서 밴드를 붙이셨구나.
4 A: 타일러의 눈이 왜 그래?
B: 그는 어젯밤에 농구를 하다가 다쳤어.
5 A: 너의 언니는 아직도 은행에서 일하니?
B: 아니, 그 일을 그만뒀어. 그녀는 지금 자영업을 해.
6 A: 너 왜 그렇게 화났니?
B: 나는 똑같은 실수를 또 했어. 나는 나 자신에게 너무 화가 나.

E

1 killed, himself
2 me, introduce, myself
3 teach, yourself, English
4 eat, by, myself
5 They, enjoyed, themselves
6 Help, yourself, to, the, snacks
7 made, themselves, at, home

Unit 30 EXERCISES

p. 135~137

A

1 those
2 this
3 These, those
4 that, Those
5 That, those
6 This, that

해석

1 나는 저 신발을 스페인에서 샀다.
2 이번이 너의 첫 번째 하와이 방문이니?
3 이 반바지는 깨끗하지만, 저 양말은 더럽다.

4 저 공작 좀 봐! 깃털들이 아름다워.
5 저 셔츠는 너에게 잘 어울리지만, 저 바지는 너무 길다.
6 이 테이블은 나무로 만들어졌지만, 저 테이블은 플라스틱으로 만들어졌다.

B

1 these	2 this
3 these	4 this
5 That	6 those
7 that	8 Those

해석

1 A: 이것들이 너의 애완동물이니?
B: 응, 그래.
2 A: 이것은 맛있니?
B: 아니, 그렇지 않아. 너무 짜.
3 A: 이것들이 아만다의 것이니?
B: 아니, 그것들은 사라의 것이야.
4 A: 나는 이 반지를 테드에게 받았어.
B: 정말이니? 정말 비싸 보인다.
5 A: 지구가 태양 주위를 도나요?
B: 맞아요.
6 A: 제이콥이 저 장난감들을 가지고 왔나요?
B: 네, 그래요.
7 A: 저 사람이 웬디의 남자친구니?
B: 아니, 그렇지 않아. 그는 그녀의 오빠야.
8 A: 저 초콜릿 컵케이크들은 정말 맛있어!
B: 그러니? 내가 직접 그것들을 만들었어.

C

1 It	2 He
3 They	4 It
5 They	6 They
7 They	8 She

해석

1 이것은 내 새 애완동물이야. 그것은 아롱이야.
2 이분이 우리 삼촌 로버트야. 그는 아나운서야.
3 저분들이 그녀의 조부모님이셔. 그들은 스코틀랜드에 사셔.
4 나는 저 식당을 어제 갔었어. 매우 근사했어.
5 저 검정색 청바지는 나의 것이 아니야. 그것은 내 여동생의 것이야.
6 이 책들은 우주에 관한 것이야. 그것들은 재미있어.
7 이 사람들은 우리 언니들이야. 그들은 나에게 늘 좋은 조언을 해 줘.
8 저분이 우리 과학 선생님, 신 선생님이야. 그녀는 우리를 매우 잘 이해하셔.

D

1 these, they	2 these, them
3 This, It	4 this, it's
5 this, it's, Those	6 that, it, that, It's
7 that, It's, it	8 These, This, this

해석

1 A: 이 컴퓨터들은 세일 중인가요?
B: 네, 세일 중이에요.
2 A: 이 안경을 써보는 게 어때?
B: 좋아! 써 볼게.
3 A: 나 어때 보여? 이것은 내가 가장 좋아하는 티셔츠야.
B: 너에게 잘 어울려.
4 A: 이게 너의 공책이니? 글씨가 너의 것 같아.
B: 아, 그거 내 꺼야! 고마워.
5 A: 이 차는 그랜저인가요?
B: 아니에요. 저 차들이 그랜저예요.
6 A: 맨 위의 책장에 있는 저 책이 필요한데, 손이 닿지 않아.
B: 저 의자를 써보는 게 어때? 저기 있잖아.
7 A: 저 높은 건물 보이니? 그것은 두 블록 정도 떨어져 있어.
B: 응, 그것이 보여.
8 A: 이 아이들이 우리 반 친구들이야. 이 아이는 톰이고, 이 아이는 사라야.
B: 만나서 반가워. 나는 마이크야.

E

1 these, They	2 these
3 that, It	4 those, They
5 this, She	6 that, He, he

해석

1 A: 너와 같이 있는 이 소녀들은 누구니?
B: 그들은 내 여자 조카들이야.
2 A: 이 바지 나한테 어때?
B: 난 색이 마음에 들지 않아. 너무 어두워.
3 A: 저기 표지판 보이니?
B: 응, 보여. '주차금지'라고 써 있어.
4 A: 하늘에 저 새들을 봐.
B: 그것들은 오리야. 북쪽으로 이동하고 있어.
5 A: 도대체 이 엉망진창은 뭐니?
B: 루시가 그랬어요. 그녀는 지금 과학 과제를 하고 있거든요.
6 A: 등 뒤에 11번을 단 소년 보이니? 그가 내 사촌이야.
B: 우와, 정말 훌륭한 축구 선수처럼 보여.

F

1 Are, these	2 This, is
3 These, are	4 Those, movies, are
5 This, bag, is, not	6 These, are, those, are

Unit 31 EXERCISES

p. 140~141

A

1 it	2 one
3 It	4 one
5 one	6 it
7 ones	

해석

1 이것이 네 계산기이니? 내가 그것을 빌려 가도 될까?
2 이 버스는 만원이야. 나는 다음 것을 기다릴래.
3 내 생각에 가방을 여기에 놓아 둔 것 같아. 그것은 파란색이야.
4 쿠키를 가지러 가려고 해. 너도 하나 원하니?

5 이 치마는 너무 길어요. 더 짧은 것을 가지고 있나요?
6 엄마가 나에게 스웨터를 사주셨어. 나는 그것이 정말 마음에 들어.
7 너는 더러운 옷을 깨끗한 것으로 갈아입는 것이 좋겠어.

Ⓑ

1 it
2 ones
3 one
4 one
5 one, It

해석

1 내 카메라가 어디 있니? 나는 지금 그것이 필요해.
2 이 바지는 너무 끼어요. 더 큰 것이 있나요?
3 사라는 예쁜 목걸이를 하고 있다. 나는 비슷한 것을 갖고 싶다.
4 그는 부모님으로부터 새 컴퓨터를 받았다. 그는 쓰던 것을 팔 것이다.
5 팀은 전화기를 잃어버려서 새 것을 하나 샀다. 그것은 매우 얇다.

Ⓒ

1 anyone
2 nothing
3 something
4 Someone
5 anything

Ⓓ

1 one
2 another
3 Others
4 Others
5 another
6 One, The other
7 One, the other
8 another
9 One, another, the others
10 One, another, the other

해석

1 나는 컴퓨터가 없지만, 하나 필요하다.
2 우리 개가 내 신발 끈을 먹어서 또 하나를 사야 했다.
3 어떤 양복에는 단추가 두 개 있다. 다른 것들은 단추가 세 개 있다.
4 어떤 사람들은 일찍 일어나는 것을 좋아한다. 또 다른 사람들은 늦잠 자는 것을 좋아한다.
5 나는 지난주에 요가 수업을 들었다. 나는 내일 또 다른 수업을 들을 것이다.
6 우리는 디저트를 두 개 주문했다. 하나는 아이스크림이다. 또 다른 것은 티라미수였다.
7 우리 삼촌은 직업이 두 개이다. 하나는 의사이고, 나머지 하나는 사진 작가이다.
8 파란색은 바닥 색과 어울리지 않는다. 너는 그것을 다른 색으로 페인트 칠하는 것이 좋겠다.
9 나는 모직 스웨터가 네 벌이 있다. 하나는 갈색, 다른 하나는 핑크색, 나머지는 검은색이다.
10 나는 케이크 세 개를 만들었다. 하나는 우리 부모님, 다른 하나는 우리 조부모님, 나머지 하나는 우리 선생님을 위한 것이다.

Ⓔ

1 Was, no one, was
2 anything
3 another
4 the others

해석

1 A: 길에서 사고가 났어.
B: 누군가 다쳤니?
A: 다행히 아무도 다치지 않았어.
2 A: 온돌에 대해서 좀 알아요?
B: 네, 알아요. 그것은 한국의 전통적인 난방 장치죠.
3 A: 이 펜은 써지지 않아. 나에게 다른 펜을 좀 빌려 줄래?
B: 물론이야. 여기 있어.
4 A: 유진, 너의 학급의 학생 수는 얼마나 되니?
B: 우리 반에는 20명이 있어요. 10명은 남학생이고, 나머지는 여학생이에요.

Unit 32 EXERCISES

p. 143~145

Ⓐ

1 (c) 2 (d) 3 (a) 4 (b) 5 (d)
6 (a) 7 (a) 8 (b)

해석

1 여기는 매우 어둡다.
2 지구에서 화성까지 거리가 얼마인가?
3 한국의 8월은 매우 습하다.
4 벌써 자정이 지났어! 집에 가자.
5 걸어가기에 너무 멀어. 택시를 타는 게 좋겠어.
6 기온이 섭씨 25도예요. 난방을 줄여 주세요.
7 이곳 한국은 겨울이지만, 호주는 여름이다.
8 오늘은 수요일이다. 우리는 오늘 아침에 과학 쪽지 시험이 있다.

Ⓑ

1 ③ 2 ① 3 ① 4 ② 5 ④
6 ① 7 ② 8 ④

해석

1 ① 날씨가 맑다.
② 아침 열한 시이다.
③ 그것은 파란 셔츠이다.
④ 여기는 너무 어둡다.
2 ① 일요일이다.
② 그것은 아름다운 반지이다.
③ 그것은 다리 위에 있다.
④ 그것은 나무 뒤에 있다.
3 ① 그것은 그의 자전거이다.
② 이제 봄이다.
③ 3월 25일이다.
④ 여기는 몹시 춥다.
4 ① 정오이다.
② 그것은 내 것이 아니다.
③ 수요일이다.
④ 몹시 흐리다.
5 ① 그것은 맛있다.
② 그것은 너무 작다.
③ 그것은 병원이다.
④ 밖은 춥다.
6 ① 그것은 우리 집이다.
② 벌써 7월이다.
③ 여기는 밝다.
④ 차로 두 시간 걸린다.
7 ① 아침 일곱 시다.
② 그것은 내 새 모자이다.
③ 새해다.
④ 캐나다는 가을이다.
8 ① 그것은 비어있다.
② 그것은 원숭이다.
③ 그것은 너의 선택이다.
④ 벌써 겨울이다.

Ⓒ

1 It's Friday.
2 It's October 10th.
3 It's pretty cool outside.

4 It's only 4 o'clock.
5 It's only a short walk
6 It's too bright in here.
7 It's almost winter.
8 It's too hot
9 It's too dark.
10 It takes three hours
11 It's already 10:30 a.m.
12 It's December 1st.

해석

1 A: 오늘이 무슨 요일이니?
B: 금요일이야.
2 A: 오늘이 며칠이니?
B: 10월 10일이야.
3 A: 날씨가 어떠니?
B: 밖은 꽤 시원해.
4 A: 나 지금 가야 해. 나중에 보자!
B: 뭐? 너무 일러. 4시밖에 안 됐어.
5 A: 해변이 여기서 먼 가요?
B: 아니요. 거기까지 조금만 걸으면 돼요.
6 A: 불 좀 꺼주시겠어요? 여기 너무 밝아요.
B: 아, 그렇군요. 제가 끌게요.
7 A: 밖은 정말 추워.
B: 알아. 거의 겨울이야.
8 A: 여기 너무 더워.
B: 내가 에어컨을 틀게.
9 A: 무슨 소리야? 내가 밖을 확인해 볼게.
B: 이 손전등 가지고 가. 너무 어두워.
10 A: 여기서 서울까지 얼마나 걸리나요?
B: 기차로 3시간 걸려요.
11 A: 지금 몇 시니?
B: 글쎄. 벌써 오전 10시 30분이야.
12 A: 네 생일이 언제니?
B: 다음 주야. 12월 1일이야.

D

1 It's, 9:20
2 It's, July, 8th
3 It's, too, late
4 It's, winter, in, Korea
5 It's, windy, outside
6 It's, Monday, January, 19th
7 It, takes, about, one, hour

E

1 It is fine today.
2 it is warm in Korea
3 It is still bright outside.
4 It is Tuesday, December 27th today.
5 It was midnight. It was raining heavily.
6 It will take about 30 minutes from here to the school.

REVIEW

p. 146~147

A

1 itself
2 one
3 yourself
4 Others
5 it
6 themselves
7 Our

해설/해석

1 원숭이 자신을 말하는 재귀대명사 itself가 적절. 이때 itself는 목적격으로 쓰임
그 원숭이는 거울에 비친 자신을 바라봤다.
2 같은 종류의 불특정한 것을 나타내기 때문에 one이 적절
내 휴대 전화가 작동하지 않아. 나는 새것을 살 거야.
3 enjoy oneself: 즐겁게 놀다, 즐기다
나는 네가 콘서트를 즐기게 될 거라고 확신해.
4 '(전체 중) 일부는 ~, 다른 일부 …'라는 의미가 되어야 하므로 Others가 적절
어떤 사람들은 중국 음식을 좋아한다. 다른 사람들은 이탈리아 음식을 좋아한다.
5 앞에 나온 an apple을 지칭하는 것이므로 대명사 it이 적절
너구리는 사과를 가져와서 집 뒤의 오두막 아래에 숨겼다.
6 '그들 스스로'라는 의미가 되어야 하므로 재귀대명사 themselves가 적절
그들은 추위를 느꼈다. 그래서 그들은 모닥불 옆에서 몸을 녹였다.
7 '우리의 비밀'이라는 의미로 소유대명사 Our가 적절
그것은 우리만의 비밀로 하자. 우리 비밀은 안전할거야.

B

1 your, these
2 those, them
3 anybody, No one
4 this, one
5 you, the other

해설/해석

1 '너의 친구들'에 해당하는 소유격 your, days가 복수이므로 these가 적절. these days(요즘)
A: 너의 친구들은 경기에 올 수 있니?
B: 아니, 올 수 없어. 그들은 요즘 너무 바빠.
2 멀리 있는 아이들을 가리키므로 those가 적절, join이 목적어를 필요로 하므로 목적격 them이 적절
A: 저기에 있는 저 아이들은 무엇을 하고 있니?
B: 그들은 스케이트를 타고 있어. 너도 그들과 함께 할래?
3 의문문에서는 보통 anyone을 사용, 문맥상 '아무도 언급하지 않았다'라는 의미가 되어야 하므로 No one이 적절
A: 너에게 그 사고에 대해 말해 준 사람 있니?
B: 아니. 아무도 그것에 대해 언급하지 않았어.
4 color가 단수이므로 this가 적절, 같은 종류의 불특정한 것을 나타내기 때문에 one이 적절
A: 나는 이 색이 마음에 들지 않아요. 더 화려한 드레스가 있나요?
B: 네, 분홍색이 있어요.
5 주어를 나타내는 주격 대명사 you, '(둘 중에서) 하나는 ~, 나머지

하나는 …'이라는 의미가 되어야 하므로 the other가 적절

A: 여자 형제나 남자 형제가 있니?

B: 응. 나는 언니가 두 명 있어. 한 명은 선생님이고, 나머지 한 명은 대학생이야.

C

(1) yours → your (2) mine → my (3) my → mine
(4) your → yours (5) one → it (6) your → you

해설/해석

(1) '너의 컴퓨터'에 해당하는 your, (2) '나의 과학 프로젝트'에 해당하는 my, (3) '나의 것'에 해당하는 mine, (4) 너의 것에 해당하는 yours, (5) 앞에 언급된 mine(나의 컴퓨터)을 받는 it, (6) 인칭대명사의 주격인 you가 적절

사라: 에밀리, 네 컴퓨터를 빌릴 수 있을까? 내 과학 프로젝트를 업로드 해야 하거든.

에밀리: 물론이지. 내 것을 사용해도 돼. 근데, 네 것은 무슨 문제가 있니?

사라: 어제 우리 오빠가 이메일을 확인하려고 그것을 사용했는데, 지금 켜지지가 않아.

에밀리: 그렇구나. 하지만 앞으로 오빠가 네 컴퓨터를 사용하도록 해서는 안 되겠다.

D

1 taught, herself, German
2 hurt, myself
3 speak, to, somebody[someone]
4 know, nothing, about, my, plan
5 These, are, my, those, are, yours
6 It, is, raining, another, day

해설

1 '독학하다'라는 의미의 재귀대명사 관용 표현은 teach oneself
2 '다치다'라는 의미의 재귀대명사 관용 표현은 hurt oneself
3 '누군가'라는 의미의 부정대명사는 someone, somebody
4 '아무것도 모른다'라는 의미가 되어야 하므로 nothing이 적절
5 '이것들'이라는 의미의 부정대명사는 these, '저것들'이라는 의미의 부정대명사는 those
6 날씨를 나타내는 비인칭대명사 it이 적절, '또 다른 하나'라는 의미의 부정대명사는 another

E

(1) Our (2) It (3) They (4) them (5) they
(6) his (7) her (8) us (9) our

해설/해석

(1) '우리의 학교'에 해당하는 소유격 Our, (2) 주어 자리이므로 It, (3) 주어 자리이므로 They, (4) join의 목적어이므로 them, (5) 주어 자리이므로 they, (6),(7) '그의' 또는 '그녀의'에 해당하는 소유격 his, her, (8) join의 목적어이므로 us, (9) '우리의'에 해당하는 소유격 our가 적절

교장 선생님의 이메일을 통한 훈화 말씀

8학년 학생들에게,

우리 학교 운동장이 지저분합니다! 운동장을 청소할 필요가 있어요. 그래서 이번 토요일에 유 선생님의 반은 오전 10시에 운동장에서 모일 것입니다. 그들은 정글짐 근처에서 쓰레기를 청소할 것입니다. 그러고 나서 김 선생님의 반이 그들과 함께할 것입니다. 그들은 함께 재활용 센터로 깡통과 병을 옮길 것입니다. 각각의 학생들은 쓰레기봉투와 장갑 한 켤레를 가져와야 합니다. 우리와 함께해서, 우리의 학교를 도시에서 가장 깨끗한 학교로 만들도록 도와주세요.

친애하는

교장 레이놀즈

REVIEW PLUS

p. 148

1 ① 2 ② 3 ②
4 (1) her (2) one (3) herself (4) It

해설/해석

1 ① '그녀 스스로가 일을 할 것'이라는 재귀대명사 '그녀 스스로'인 herself가 쓰여야 한다. 이 경우 herself는 강조용법

① 그녀는 스스로 그 일을 할 것이다.
② 하나 더 가져도 될까요?
③ 당신은 다른 사람들도 생각해야 한다.
④ 그것을 가지고 뭘 해야 하나요?
⑤ 그 안내 책자는 내 여동생의 것이다.

2 ① other가 아니라 또 다른 하나에 해당하는 부정대명사 another가 적절, ③ walls가 복수이므로 that이 아니라 those가 적절, ④ '나의 가방에서 무엇인가가 없어졌다'는 표현으로 Someone이 아닌 Something이 적절, ⑤ Somebody는 단수 취급하므로 are가 아니라 is가 적절

① 나는 하나 더 살 것이다.
② 저 사람들은 휴가 중인가요?
③ 네가 저 벽을 직접 칠했니?
④ 뭔가가 내 가방에서 없어졌다.
⑤ 누군가 너무 많은 소음을 내고 있다.

3 ② my new sofa를 지칭하고 있으므로 one이 아니라 it이 적절

① A: 이 자리는 주인이 있습니까?
B: 네, 주인이 있어요. 하지만 저 자리들은 비었어요.

② A: 이것은 내 새 소파야. 그것은 매우 편해.
B: 나도 그렇게 생각해.

③ A: 내 앵무새는 스무 개가 넘는 단어를 알아.
B: 와, 정말 자랑스럽겠구나.

④ A: 내 친구와 그녀의 오빠는 춤추는 것을 좋아해.
B: 그러니? 아마도 다음번에 그들과 같이 갈 수 있겠다.

⑤ A: 이 여행 가방은 내 것이에요. 이것을 카트에 올리는 걸 좀 도와주세요.
B: 와, 정말 무겁군요!

4 (1) '그녀에게'라는 목적격 her가 적절
(2) (불특정한) '새로운 어떤 것 하나'라는 의미로 부정대명사 one이 적절
(3) '그녀 자신'에 해당하는 재귀대명사 herself가 적절
(4) 지난 주말에 쇼핑몰에서 본 그 디지털 카메라를 지칭하므로 It이 적절

제니퍼는 오늘 오후에 크리스마스 쇼핑을 할 것이다. 하지만 먼저 그녀는 쇼핑 목록을 다시 한 번 점검하기를 원한다. 그녀의 엄마는 열심히 일하고 계셔서, 제니퍼는 엄마에게 일일 온천 이용권을 드릴 예정이다. 그녀의 오빠는 휴대 전화기가 고장이 났다. 그래서 오빠에게 새것을 사줄 예정이다. 그리고 그녀의 아빠에게는 전동 드릴을 사 드릴 계획이다. 그리고 제니퍼 자신은? 그녀는 자신을 위해 디지털 카메라를 살 것이다. 그녀는 쇼핑몰에서 지난 주말에 할인 판매 중인 디지털 카메라를 보았다. 그것은 너무 멋져 보였다.

Workbook

PART 1

UNIT 01

A **1** I'm **2** He's **3** She's **4** They're **5** We're
6 You're **7** It's

B **1** is **2** are **3** are **4** am **5** are **6** is **7** is

C **1** is, is **2** is, is **3** is, are **4** is, is, are
5 am, are **6** am, are, are

D **1** She is, busy
2 We are ready
3 It is cold and windy
4 I am in the bathroom
5 They are, dangerous animals
6 He is, poor at dancing
7 You are late for school

E **1** It is a beautiful day.
2 I am tired and sleepy.
3 They are my pets.
4 You are a bright student.
5 New York is a big city.
6 We are in the elevator now.
7 is popular with her friends

UNIT 02

A **1** is not **2** am not **3** are not **4** are not
5 are not **6** is not **7** is not

B **1** aren't **2** isn't **3** isn't **4** aren't **5** isn't
6 aren't

C **1** are not **2** aren't **3** is not **4** isn't[is not]
5 isn't **6** am not

D **1** She is not kind **2** You are not, lucky
3 He is not my hero **4** is not easy
5 We are not surprised **6** is not warm
7 My parents are not in Korea

E **1** Tickets are not free.
2 Whales are not fish.
3 It is not my mistake.
4 The man is not Mr. Robin.
5 Children are not in the playground.
6 Roberto is not from Spain.
7 Tyler and Ryan are not on the same team.

UNIT 03

A **1** Am I **2** Are we **3** Is it **4** Are you **5** Is he
6 Are you **7** Are they **8** Is this milk

B **1** Yes, it is **2** Yes, I am **3** No, it isn't
4 No, he isn't **5** Yes, you are **6** No, we aren't
7 Yes, they are **8** No, they aren't

C **1** Is it time **2** Are we there **3** Is she out
4 Am I too young **5** Are they on vacation
6 Are you interested **7** Is the museum open

D **1** Am I wrong?
2 Is it eight o'clock?
3 Is a tomato fruit?
4 Are you angry with me?
5 Are Alice and Maria sisters?
6 Is Ms. Baker your neighbor?
7 Is this your email address?

UNIT 04

A **1** were **2** was **3** was **4** were **5** was
6 were **7** was

B **1** was **2** am **3** Were **4** was **5** Is **6** were

C **1** was, is **2** was, is **3** were, are **4** was, am
5 was, is **6** were, are **7** were, are

D **1** Were you at the party
2 I was very sleepy
3 The children were excited
4 Your father was, ago
5 Was she your classmate
6 was not last Friday
7 They were not great golfers

E **1** I was not brave at that time.
2 Was she in the hospital?
3 It was a good choice.
4 Was the movie interesting?
5 The key was not in the drawer.
6 They were close friends two years ago.
7 My family was at the beach last weekend.

PART 2

UNIT 05

A **1** need **2** rains **3** go **4** drinks **5** have

6 opens **7** eats

B **1** kisses, kiss **2** live, lives **3** study, studies **4** plays, play **5** worries, worry **6** watch, watches **7** do, does

C **1** flies **2** uses **3** catches **4** fixes **5** drinks **6** like

D **1** She reads **2** lays eggs **3** He tries **4** Rachel finishes **5** They bake **6** Charles passes a ball **7** We wash our hands

E **1** I go jogging in the morning.
2 Jacob gets along with his classmates.
3 Parents love their children very much.
4 She buys organic food for her health.
5 Mr. Brooks teaches English in middle school.
6 Many tourists visit this temple every year.
7 Hannah misses her family and friends in Korea.

UNIT 06

A **1** doesn't eat **2** doesn't tell **3** don't drink **4** don't believe **5** doesn't have **6** don't know **7** don't understand

B **1** don't[do not] need **2** doesn't **3** doesn't read **4** don't **5** trust **6** don't

C **1** doesn't wear **2** don't eat out **3** don't sleep **4** doesn't walk **5** don't buy **6** doesn't listen

D **1** don't play **2** doesn't fit **3** doesn't go **4** doesn't exercise **5** don't put sugar **6** don't look like **7** doesn't watch sports

E **1** I don't feel good today.
2 We don't talk to each other.
3 They don't use smartphones.
4 This copy machine doesn't work.
5 Allen doesn't take piano lessons.
6 The store doesn't sell my size.
7 My little brother doesn't clean his room.

UNIT 07

A **1** Does, save **2** Do, know **3** Does, go **4** Does, cost **5** Does, drive **6** Do, watch **7** Do, learn **8** Do, need

B **1** Do, fly, they don't **2** Do, read, I do **3** Does, leave, it does **4** Do, look, you do **5** Does, want, he does **6** Do, eat, I don't **7** Does, snow, it does **8** Does, have, she does

C **1** Do I know **2** Does the movie start **3** Do we have **4** Does this bag belong to **5** Do you take **6** Does Mike spend **7** Does the team practice

D **1** Do you like sweets?
2 Does your school finish
3 Do they enjoy mountain biking?
4 Do we need a new computer?
5 Does your uncle live in the countryside?
6 Do they play the guitars
7 Does your mother work at the post office?

PART 2

UNIT 08

A **1** hardly **2** sometimes **3** always **4** never **5** usually

B **1** She is always cheerful.
2 He seldom raises his voice.
3 I hardly express my feelings.
4 Patricia occasionally goes out.
5 Christine never comes home late.
6 They often go for a short walk after lunch.

C **1** I never skip
2 She seldom wears
3 Cindy always smiles
4 They are sometimes noisy
5 Nick often calls
6 You hardly say hello
7 is usually crowded

D **1** I sometimes feel lonely.
2 She rarely gets angry.
3 He occasionally has back pain.
4 They are usually busy
5 Sam is seldom late
6 Paul never drinks coffee
7 We often meet and have a chat.

PART 3

UNIT 09

A **1** told **2** called **3** knew **4** stopped

B **1** grew **2** visited **3** loved **4** saw **5** met

C **1** left **2** wanted **3** swam **4** stole **5** asked **6** had **7** cut **8** sent **9** drew **10** went

D **1** The baby cried
2 The show began
3 spent most of his time
4 They went on a picnic
5 I received a letter
6 He taught science
7 We planned a surprise party

E **1** A boy broke the window.
2 My brother dropped my glasses.
3 A plane flew across the sky.
4 I really enjoyed the musical
5 The children sang Christmas carols.
6 They sold their car
7 He became a middle school student

UNIT 10

A **1** has **2** hurt **3** works **4** fell **5** changed **6** happened **7** came **8** wore **9** lives **10** moved

B **1** went to the gym
2 talked about sports
3 made toast for us
4 drank a glass of milk
5 met at the movie theater
6 watched a news program
7 bought strawberries and kiwis

C **1** They sat on **2** He arrived in
3 I heard screaming **4** She found a dollar
5 wrote a love letter **6** I read
7 finished his homework

D **1** The movie ticket cost ten dollars.
2 Tim spoke ill of his little brother.
3 I slept for four hours
4 Ruth put coins in his pocket.
5 He hit a homerun
6 My grandfather built our house
7 The girl blew out the candles

UNIT 11

A **1** didn't know **2** didn't work **3** didn't have **4** didn't receive **5** didn't feel **6** didn't catch

B **1** didn't see **2** didn't answer **3** didn't start **4** didn't say **5** didn't go

C **1** didn't learn **2** didn't raise **3** didn't get **4** didn't leave **5** didn't buy **6** didn't have **7** didn't sleep **8** didn't go

D **1** I didn't have **2** didn't work out
3 didn't brush **4** I didn't tell
5 My sister didn't eat **6** They didn't care about
7 You didn't pay

E **1** I didn't cut in line.
2 He didn't study hard.
3 Mark didn't break the mirror.
4 You didn't help me
5 The Korean War didn't end
6 It didn't snow a lot
7 We didn't go to work

UNIT 12

A **1** Did, hear **2** Did, tell **3** Did, wash **4** Did, get **5** Did, open **6** Did, take **7** Did, book **8** Did, send

B **1** Did I make **2** Did she learn
3 Did Alice bring **4** Did you have
5 Did they find **6** Did he teach
7 Did you ask

C **1** Did, come, I didn't
2 Did, go out, she didn't
3 Did, have, we did
4 Did, leave, it did
5 Did, fail, I didn't
6 Did, enjoy, they did
7 Did, win, he did
8 Did, forget, he didn't

D **1** Did Sam forgive you?
2 Did you feed your dog?
3 Did the alarm go off?
4 Did I call the wrong number?
5 Did she feel bad
6 Did they wait long

PART 4

UNIT 13

A **1** will call **2** Will, get **3** won't trust **4** Will, keep **5** won't listen

B **1** will do **2** will change **3** will stay **4** will be **5** will take

C **1** will be **2** will get **3** will like
4 won't tell **5** won't forget

D **1** I will be **2** Will you come **3** will take
4 You won't believe **5** Will he tell the truth
6 They won't punish **7** will be happy

E **1** Will you be late
2 Will she accept my apology?
3 Ben won't break the rules.
4 It will be a nice day
5 They will arrive at 8 p.m.
6 He won't answer the question.
7 You will meet a lot of interesting people.

UNIT 14

A **1** are going to cook **2** are going to buy
3 is going to start **4** is not [isn't] going to stay
5 am going to take

B **1** is going to change **2** am going to walk
3 is going to rain **4** are going to paint
5 is going to move

C **1** is going to lose **2** are going to fall
3 am going to work **4** are going to miss
5 are going to go

D **1** am not going to order
2 is going to see a doctor
3 Is, going to enter
4 is not going to happen
5 is not going to share
6 are going to have dinner
7 Is, going to study abroad

E **1** Are they going to rescue the girl?
2 Are you going to have a housewarming party?
3 We are going to spend our vacation
4 She is not going to argue
5 I am going to learn a new language
6 Don is not going to take a math class
7 All her friends are going to come

UNIT 15

A **1** will be **2** will finish **3** will go
4 is going to come **5** are going to move
6 is going to meet

B **1** will be **2** Will, go **3** will show **4** Will, arrive
5 am going to send **6** is going to buy

C **1** reads, read, will read
2 helps, helped, will help
3 makes, made, will make
4 watch, watched, will watch

D **1** He ate too much **2** She worked at
3 He will enjoy **4** is going to arrive
5 They won't attend **6** I'm going to take
7 We watched the weather forecast

E **1** I had a headache
2 The game won't be over
3 The shoes will be on sale
4 We will go skiing
5 She didn't practice the piano
6 I will tell you the whole story
7 You will receive the package

PART 5

UNIT 16

A **1** is taking **2** is not wearing **3** are making
4 are planning **5** are setting up

B **1** am walking **2** is eating **3** is standing
4 is looking at **5** are swimming

C **1** are, listening **2** is coming **3** is burning
4 are playing **5** are sitting

D **1** Are you asking **2** She is lying
3 am not washing **4** We are building
5 is running after **6** Is she cooking
7 is leaving for

E **1** Are you hiding in the closet?
2 Anne is changing her clothes.
3 We are not going shopping.
4 The girl is not looking at you.
5 I am meeting Ted
6 My father is cutting trees
7 The children are dancing on the stage.

UNIT 17

A **1** were driving **2** was singing **3** were studying
4 weren't telling **5** wasn't reading

B **1** were waiting **2** was listening **3** was parking
4 were practicing **5** were walking

C **1** was eating **2** was using **3** was knocking
4 was meeting **5** weren't[were not] speaking

D **1** We were packing **2** Were they digging
3 was blowing hard **4** She was not wearing
5 He was not taking pictures **6** was making
7 I was helping

E **1** She was shaking
2 Were you traveling overseas?
3 Was he sitting in the front row?
4 I was not writing a letter
5 Kate was looking for her house key.
6 The kids were jumping on the bed.
7 The students were visiting the old palace.

PART 6

UNIT 18

A **1** must be **2** can swim **3** can use
4 must follow **5** should go

B **1** Rick can play golf.
2 He may remember my name.
3 She should go to see a doctor.
4 You can borrow my notebook.
5 I must finish the science report on time.

C **1** Can you read Japanese?
2 Must he go there alone?
3 May I cross the road here?
4 Should we wait a little longer?

D **1** You may not come in.
2 You cannot[can't] dance the waltz.
3 This book may not be fun.
4 My father cannot[can't] cook very well.
5 Alex may not arrive at the concert hall on time.
6 You must not drive this way.
7 I may not play soccer on Saturday.

E **1** Should I pay now?
2 We must not say such a thing.
3 Can I ask you something?
4 You should not waste your time.
5 May I see your ID card?
6 You should be careful with scissors.
7 You can ask me any questions.

UNIT 19

A **1** 탈 수 있다 **2** 놓칠지도 몰라 **3** 사실일 리가 없어
4 사용해도 돼 **5** 놀아도 돼

B **1** May, taste **2** may start **3** can wait
4 Can, go

C **1** is able to fix **2** Is, able to speak
3 am not able to reach **4** was able to skate

D **1** May[Can] I sit **2** Can[May] I come over
3 It may rain **4** can write songs
5 Can you help me **6** will be able to walk
7 could climb up

E **1** You may leave the table
2 May I have your autograph?
3 She can't be our teacher.
4 Can you hold your breath
5 I couldn't say no
6 He may not know my phone number.
7 She won't be able to visit you

UNIT 20

A **1** 배가 고픈 것이 틀림없다 **2** 타는 것이 좋겠다
3 걱정할 필요가 없다 **4** 입어야 해

B **1** must not eat **2** don't have to hurry
3 don't have to get up **4** must not tell
5 should speak **6** shouldn't judge
7 shouldn't believe **8** should go

C **1** They have to wear school uniforms.
2 Do I have to tell him the truth?
3 Amie has to listen to her teacher in class.

D **1** had better say sorry **2** We should recycle
3 must be tired **4** You don't have to walk
5 We must not break **6** You should answer
7 Do I have to pay

E **1** You had better not go out
2 We should not make a noise
3 The boy must be a genius.
4 Jean had to hide her feelings.
5 You must have a passport
6 Should I book a ticket
7 Young children must not be alone

UNIT 21

A **1** can't be **2** may not come
3 must be **4** might go

B **1** Can you turn off the radio?
2 Would you turn down the volume?
3 Will you watch my bag for a minute?
4 Could you tell me the way to the train

station?

C 1 Could I have a receipt?
2 Can I try on these jeans?
3 May I have your cell phone number?
4 May I have some information about the course?

D 1 can't be right 2 Can we have dinner
3 Will you call a taxi 4 May I see
5 may get 6 He must be hungry
7 Could I speak to

E 1 Will you mail this letter?
2 Can I see you for a moment?
3 The restaurant must be famous
4 She can't be my age.
5 Would you step aside?
6 They may be disappointed
7 Could you say that

PART 7

UNIT 22

A joy, ice, milk, movie, zoo, life, desk, company, truth, letter, Canada, hand, window, honesty, Korea, TV, idea

B 1 Michael studies art in Paris.
2 A cat jumped up on the table.
3 Evelyn was crying with happiness.
4 Children are playing on the playground.
5 Sarah had coffee and two donuts for lunch.
6 The boys are looking up at the stars in the sky.
7 The box is filled with sweet candies and small toys.

C 1 (c) 2 (b) 3 (c) 4 (b) 5 (a) 6 (a) 7 (b)

D 1 Kelly is kind to her neighbors.
2 They have peace in their mind.
3 Their friendship grew into love.
4 Our new house is made of wood.
5 I hope to study science in college.
6 Jerry hung the picture on the wall.
7 Naomi stayed at a hotel in London.
8 A thief stole my camera and computer.

E 1 (1) Jerry, Edinburgh, the UK, Korean, English
(2) culture, week
(3) friend, name, dish
2 (1) Vincent van Gogh, Picasso
(2) skill, future
(3) painting, art gallery, artist, color, painter

UNIT 23

A 1 knives 2 Foxes 3 churches
4 deer 5 factories

B 1 apples, tomatoes 2 dictionaries
3 leaves, trees 4 teeth, jaws
5 Ladies, gentlemen

C 1 Geese 2 mice 3 pianos 4 countries
5 boxes

D 1 lots of fish 2 two feet 3 three thieves
4 many people 5 four potatoes
6 a pair of shoes 7 Two women

E 1 The roofs are covered
2 I exercise five days
3 The sheep are eating grass
4 He takes many photos of babies.
5 There are five benches along the river.
6 Joanne bought two pairs of socks.
7 The kids saw kangaroos and koalas

UNIT 24

A 1 money 2 salt 3 homework 4 sheets
5 furniture

B 1 six cans of cola
2 three bowls of soup
3 four glasses of water
4 two slices of cheese
5 two pieces of pizza
6 three cups of green tea
7 two bottles of wine
8 four loaves of bread

C 1 some money
2 have a lot of homework
3 drinks a cup of tea
4 has a slice of cake
5 need three pieces of paper
6 bought some furniture
7 A glass of orange juice

D 1 There is a lot of mail for you
2 He gave a piece of advice
3 She always carries a bottle of water.
4 I couldn't find much information

5 spread apple jam, two slices of bread
6 We should drink eight glasses of water
7 Matthew had a bowl of cereal

UNIT 25

A **1** (c), (b) **2** (a), (b) **3** (c), (a) **4** (a), (c), (b)
5 (a), (c), (b) **6** (c), (a), (b)

B **1** fish's eggs **2** children's book
3 students' grades **4** people's ideas
5 geese's feathers **6** women's clothes
7 my brother's glasses **8** babies' shoes
9 eagles' eyes **10** ladies' toilet

C **1** Kate's puppy **2** Picasso's paintings
3 Billy's house **4** Steve's school

D **1** Ian's computer **2** today's date
3 My sister's birthday **4** my neighbor's baby
5 a dinosaur's footprints **6** The boys' clothes
7 Our school's soccer team

E **1** The puppy's tail was wagging
2 Where is the men's restroom?
3 I didn't like the story's ending.
4 The birds' cage smelled terrible.
5 change my cat's name
6 My brothers' rooms are always
7 for our mother on Mother's Day

UNIT 26

A **1** an **2** a **3** × **4** an, a **5** a

B **1** × **2** × **3** The, the **4** The **5** a, an

C **1** a day **2** an hour **3** a deer **4** Chinese
5 the radio **6** the piano

D **1** the light **2** the violin **3** a year
4 breakfast **5** The Statue of Liberty
6 an MP3 file **7** a ladybug

E **1** The sun comes up early
2 There is an old house
3 We enjoy playing tennis
4 for dinner once a week
5 The restaurant was very nice.
6 He traveled around the country by bike.
7 My uncle is an artist, my aunt is an author

PART 8

UNIT 27

A **1** They **2** its **3** her **4** him **5** we
6 your **7** me

B **1** my **2** his **3** Its **4** them **5** her **6** They
7 We

C **1** She is excited about her new school life.
2 We are not in our bedroom.
3 They showed him some of their photos.
4 I was looking for you. I need your help.
5 He is very generous. Everybody respects him.

D **1** broke her arm
2 take care of my brother
3 build their houses
4 spoke to us
5 Its handle
6 went to the amusement park with her

E **1** Can you hear me?
2 We need your advice.
3 Is she sitting next to you?
4 She teaches me math.
5 His office is near her house.
6 The kitten always follows its mother.
7 I grow them in my garden.

UNIT 28

A **1** His **2** mine **3** Yours **4** hers **5** ours
6 theirs

B **1** mine **2** yours **3** ours **4** his

C **1** His house is far from ours.
2 That food is mine, and not his.
3 You can't have any of those candies. They're all mine.
4 I have every classmate's address except hers.
5 I gave them my telephone number, and they gave me theirs.

D **1** is different from mine
2 This chocolate is mine
3 our house, theirs
4 bought mine
5 I use yours
6 ate hers
7 saw his

E **1** Those sneakers are hers.
2 He put his hand on hers.
3 The dog is mine, not yours.
4 Our plan was similar to theirs.
5 I saw yours on the desk.
6 Your shoes are the same size as mine.
7 watch the game at their house or ours

UNIT 29

A **1** itself **2** myself **3** ourselves **4** himself **5** herself **6** yourself **7** themselves

B **1** himself **2** herself **3** yourself **4** itself **5** myself

C **1** teaching myself **2** hurt ourselves **3** introduced herself **4** by himself **5** help yourself **6** enjoyed himself

D **1** cut myself **2** look after themselves **3** bought himself **4** licks itself **5** herself replied **6** think of ourselves **7** she calls herself Cathy

E **1** Susan is talking to herself.
2 I am very proud of myself.
3 Did you do your homework by yourself?
4 My son ate all the food by himself.
5 The boys themselves led the team
6 We blamed ourselves for the accident.
7 The movie itself was fun

UNIT 30

A **1** these **2** This **3** That **4** those

B **1** this **2** This **3** these **4** That **5** Those **6** Those

C **1** these **2** This **3** These **4** Those **5** That **6** that

D **1** This is my sister **2** built that **3** That perfume smells **4** those people **5** take these bags take those **6** Are these **7** Is this your first visit

E **1** This is a public place.
2 These are all free.
3 These pants are too tight.
4 Those belong to Sarah.
5 Do you see that picture
6 I will have this chocolate cake.
7 This is mine, that is yours

UNIT 31

A **1** one **2** it **3** It **4** ones **5** another **6** one

B **1** One, the other **2** One, the others **3** Some, Others **4** One, another, the other

C **1** anything **2** Nothing **3** Somebody **4** something **5** anyone **6** No one

D **1** He knows nothing
2 There was somebody
3 have another piece
4 must find it
5 Some, others like rock music
6 One lives here, the others live abroad
7 One, another is red, the other is green

E **1** I don't hide anything from you.
2 Will you bring me another one?
3 buy a new one
4 wear white ones
5 the others are for his sisters
6 One is friendly to people, the other isn't

UNIT 32

A **1** (e) **2** (a) **3** (c) **4** (f) **5** (g) **6** (b) **7** (d)

B **1** (a) **2** (b) **3** (b) **4** (b) **5** (a) **6** (a)

C **1** It's ten to six.
2 It's May 7th.
3 It's Thursday.
4 It was Wednesday.
5 It's cold and windy.
6 It's 15 degrees Celsius.
7 It's about five miles.
8 It takes half an hour by bus.

D **1** It's spring **2** It's raining **3** It's Thursday **4** It's my birthday **5** It's nine o'clock **6** It is still bright **7** It takes two hours

E **1** What day is it today?
2 Is it October 10th today?
3 Was it Tuesday yesterday?
4 It is going to snow
5 It takes ten minutes on foot.
6 It gets dark at around 6 p.m.
7 It's about 500 meters

MEMO

MEMO

THIS IS GRAMMAR

이것이 진화하는 New This Is Grammar다!

· 판에 박힌 형식적인 표현보다 **원어민이 실제 일상 생활에서 바로 쓰는 생활 영문법**
· 문어체뿐만 아니라 **구어체 문법을 강조한 회화, 독해, 영작을 위한 실용 영문법**
· 현지에서 더는 사용하지 않는 낡은 영문법 대신 **시대의 흐름에 맞춘 현대 영문법**

이 책의 특징

★ 실생활에서 쓰는 문장과 대화, 지문으로 구성된 예문 수록
★ 핵심 문법 포인트를 보기 쉽게 도식화 · 도표화하여 구성
★ 다양하고 유용한 연습문제 및 리뷰, 리뷰 플러스 문제 수록
★ 중 · 고등 내신에 꼭 등장하는 어법 포인트의 철저한 분석 및 총정리
★ 회화 · 독해 · 영작 실력 향상의 토대인 문법 지식의 체계적 설명

This Is Grammar (최신개정판) 시리즈

초급 1, 2 — **기초 문법 강화 + 내신 대비**
예비 중학생과 초급자를 위해 영어의 기본적 구조인 형태, 의미, 용법 등을 소개하고, 다양한 연습문제를 제공하고 있다. Key Point에 문법의 핵심 사항을 한눈에 보기 쉽게 도식화·도표화하여 정리하였다.

중급 1, 2 — **문법 요(Key Point) + 체계적 설명**
중·고등 내신에 꼭 등장하는 문법 포인트를 철저히 분석하여 이해 및 암기가 쉽도록 예문과 함께 문법을 요약해 놓았다. 중급자들이 체계적으로 영문법을 학습할 수 있도록 충분한 콘텐츠를 제공하고 있다.

고급 1, 2 — **핵심 문법 설명 + 각종 수험 대비**
중·고급 영어 학습자들을 대상으로 내신, 토익, 토플, 텝스 등 각종 시험을 완벽 대비할 수 있도록 중요 문법 포인트를 분석, 정리하였다. 다양하고 진정성 있는 지문들을 통해 풍부한 배경지식을 함께 쌓을 수 있다.

www.nexusEDU.kr
넥서스 초 · 중 · 고등 사이트

www.nexusbook.com
넥서스 홈페이지

책에 대해 궁금한 사항은 넥서스에듀 홈페이지 1:1 고객상담 게시판을 이용하세요.

영역	초1	초2	초3	초4	초5	초6	중1	중2	중3	고1	고2	고3
Writing				공감 영문법+쓰기 1~2								
Writing						도전만점 중등내신 서술형 1~4						
Writing				영어일기 영작패턴 1-A, B · 2-A, B								
Writing				Smart Writing 1~2								
Reading					Reading 101 1~3							
Reading					Reading 공감 1~3							
Reading					This Is Reading Starter 1~3							
Reading						This Is Reading 전면 개정판 1~4						
Reading						원서 술술 읽는 Smart Reading Basic 1~2						
Reading									원서 술술 읽는 Smart Reading 1~2			
Reading									[특급 단기 특강] 구문독해 · 독해유형			
Reading										[앱솔루트 수능대비 영어독해 기출분석] 2019~2021학년도		
Listening						Listening 공감 1~3						
Listening					The Listening 1~4							
Listening						After School Listening 1~3						
Listening						도전! 만점 중학 영어듣기 모의고사 1~3						
Listening									만점 적중 수능 듣기 모의고사 20회 · 35회			
TEPS					NEW TEPS 입문편 실전 250+ 청해 · 문법 · 독해							
TEPS						NEW TEPS 기본편 실전 300+ 청해 · 문법 · 독해						
TEPS							NEW TEPS 실력편 실전 400+ 청해 · 문법 · 독해					
TEPS								NEW TEPS 마스터편 실전 500+ 청해 · 문법 · 독해